D1719544

Dr. Jörn Kohlhammer ist Abteilungsleiter für den Bereich Visual Analytics am Fraunhofer IGD. Er studierte Informatik mit Betriebswirtschaftslehre an der LMU München und promovierte 2005 an der TU Darmstadt. Dr. Kohlhammer ist Autor und Co-Autor mehrerer Bücher und vieler Fachartikel und Konferenzbeiträge. Er ist regelmäßiger Redner bei Veranstaltungen und Kongressen in der Industrie und der Forschung, und anerkannter Experte zum Thema Visual Analytics und Visual Business Intelligence.

Dirk U. Proff ist als Founder und Chief Executive Officer für die Bereiche Strategy und Corporate Development bei BLUEFORTE verantwortlich. Er studierte Wirtschaftsinformatik an der privaten Fachhochschule Wedel sowie Administration and Management an der Harvard University. Nach seinem Lehrauftrag für Betriebswirtschaftliche Informationsverarbeitung am Euro-Business-College war er für mehrere führende Unternehmensberatungen als Consultant und in unterschiedlichen Führungspositionen tätig. Neben Publikationen in Fachzeitschriften veröffentlicht er regelmäßig wissenschaftliche Artikel in Fach- und Lehrbüchern und hält zudem Vorträge auf Veranstaltungen und Konferenzen.

Andreas Wiener ist Management Consultant bei BLUEFORTE und verantwortlich für das Geschäftsfeld »Information Design & Visual Business Intelligence«. Als Hichert Certified Consultant berät er Unternehmen und schult deren Mitarbeiter in den Themen Reporting und Dashboarding. Zudem hält er regelmäßig Vorträge auf Messen und Kongressen sowie an Hochschulen. Er bloggt auf www.informieren-statt-dekorieren.de und ist Verfasser der Visual Business Analytics Studie 2013, die in Kooperation mit dem Fraunhofer-Institut für Graphische Datenverarbeitung veröffentlicht wird.

Jörn Kohlhammer · Dirk U. Proff · Andreas Wiener

Visual Business Analytics

Effektiver Zugang zu Daten und Informationen

Edition TDWI

Jörn Kohlhammer · joern.kohlhammer@igd.fraunhofer.de
Dirk U. Proff · dirk.proff@blueforte.com
Andreas Wiener · andreas.wiener@blueforte.com

Fachlektorat: Dr. Carsten Bange, Business Application Research Center - BARC GmbH
Lektorat: Christa Preisendanz
Copy Editing: Ursula Zimpfer, Herrenberg
Herstellung: Friederike Diefenbacher-Keita
Umschlaggestaltung: Anna Diechtierow, Heidelberg
Druck und Bindung: Stürtz GmbH, Würzburg

Fachliche Beratung und Herausgabe von dpunkt.büchern in der Edition TDWI:
Marcus Pilz · Marcus.Pilz@pilmar.com

Bibliografische Information der Deutschen Nationalbibliothek
Die Deutsche Nationalbibliothek verzeichnet diese Publikation in der Deutschen Nationalbibliografie;
detaillierte bibliografische Daten sind im Internet über http://dnb.d-nb.de abrufbar.

ISBN 978-3-86490-044-0

1. Auflage 2013
Copyright © 2013 dpunkt.verlag GmbH
Wieblinger Weg 17
69123 Heidelberg

Geleitwort

Die Visualisierung von Daten wird immer wichtiger zur Entscheidungsunterstützung. Die Gründe dafür sind vielfältig:

1. Unternehmen sehen sich stark wachsenden Datenmengen gegenüber, die analysiert und angezeigt werden sollen. Je größer die Menge an Daten, desto wichtiger und interessanter sind visuell dargestellte Muster und Entwicklungen statt einer Anzeige von Einzelwerten. Des Weiteren wächst auch die Vielfalt der auszuwertenden Daten (Stichwort Big Data). Gerade bei Datenströmen mit sehr vielen schnell aktualisierten Daten oder noch unbekannten Datenquellen helfen Visualisierungsmethoden Anwendern, interessante Konstellationen zu identifizieren und einen Mehrwert aus Big Data zu ziehen.

2. Mit fortschreitender Reife und Durchdringung von BI in Unternehmen wächst die Bedeutung des Einsatzes fortgeschrittener Analyseverfahren. Analyse schafft durch die Generierung neuer Information einen Mehrwert, der durch das Reporting historischer Daten so nicht erreicht werden kann. Um den Anwendern Muster und Modelle als Analyseergebnisse verständlich zu machen, sind Visualisierungsverfahren ein fester Bestandteil der fortgeschrittenen Analyse.

3. Anwender erwarten immer stärker intuitive Benutzungsoberflächen und visuell ansprechende Applikationen, gerade weil es hier in den letzten Jahren bei Anwendungen im Privatbereich große Fortschritte gab. Dies setzt die Standards auch für Geschäftsanwendungen (Consumerization of IT). Verknüpft mit der Erwartungshaltung nach größerer Freiheit und Flexibilität im Umgang mit Daten, ergibt sich eine wachsende Nachfrage nach visuell ansprechender Datenaufbereitung.

Diese Entwicklungen erzeugen eine verstärkte Nachfrage nach Möglichkeiten der Datenvisualisierung in Business-Intelligence-Werkzeugen. Spezialisten in diesem Bereich gehören zu den am schnellsten wachsenden Anbietern weltweit. Es sind aber nicht nur die Werkzeuge, die entsprechende Möglichkeiten anbieten müssen, sondern auch die Anwender, die im Sinne des Information Design Standards für die Aufbereitung von Information beachten sollten.

Die ausführliche Auseinandersetzung mit diesem Themenkomplex in Form eines Buches war überfällig und so bisher im deutschsprachigen Raum nicht verfügbar. Dem Autorenteam des vorliegenden Buches ist es gut gelungen, Ziele, Methoden und Verfahren umfassend vorzustellen, aber auch für den Praktiker greifbar zu machen. Neben dem fundierten Überblick über Grundlagen und Methoden vermitteln zahlreiche Praxisbeispiele einen konkreten Eindruck, wie Visualisierungsmethoden und -verfahren Eingang in die betriebliche Praxis finden können und dort einen Mehrwert stiften.

Ich wünsche viel Vergnügen und interessante Erkenntnisse bei der abwechslungsreichen Lektüre.

Dr. Carsten Bange

Geschäftsführer Business Application Research Center GmbH (BARC)
Würzburg, im Juni 2013

Vorwort

Visualisierung ist ein hochaktuelles Thema in Business Intelligence (BI)
und Business Analytics. Viele Anbieter haben die Funktionalität ihrer
Software gerade beim Benutzerinterface deutlich erweitert und werben
mit neuen Möglichkeiten der Analyse und Vorhersage. Die neuen Versionen der Self-Service-BI-Werkzeuge beinhalten vielfach erweiterte
Visualisierungstechniken, die bei sinnvoller Nutzung zusätzliche Einblicke in die Unternehmensdaten erlauben. Häufig verschwimmen
dabei noch die Grenzen zwischen Marketingbroschüren und nutzbaren Visualisierungstechniken. Unternehmen wollen Visualisierung
jedoch nur dann flächendeckend nutzen, wenn sie eindeutig verstanden haben, wie sie am Ende von den neuen Lösungen profitieren.

In dieser aktuellen Strömung haben wir und auch der TDWI-Verein
den Bedarf für ein Buch über Visual Business Analytics gesehen. Denn
der angesprochene Wissensbedarf in den Unternehmen lässt sich sicherlich am besten von einer neutralen Stelle beantworten. Mit dem Begriff
Visual Business Analytics (VBA) beschreiben wir drei Teilthemen, denen
wir jeweils ein Kapitel gewidmet haben: Information Design, Visualisierung und Visual Analytics. Das Hauptziel unseres Buches ist es dabei,
den Unternehmen Entscheidungshilfen und Vorgehensbeispiele in allen
drei Teilgebieten an die Hand zu geben. Wir möchten auch einige Missverständnisse ausräumen, die in vielen Unternehmen zu verwirrenden
oder ineffektiven Darstellungen führen.

Auch wenn heutige Werkzeuge eine Fülle an Visualisierungstechniken mitliefern, kann der Benutzer häufig nicht einschätzen, für welche
seiner Daten sich denn nun welche Technik am besten eignet. In vielen
Unternehmen können zwar ansprechende Dashboards entworfen werden, aber die Informationen werden anders dargestellt als in den täglichen Management-Reports. Dieses Buch möchte Wege aufzeigen, auch
in der Visualisierung eine klare Linie im Unternehmen zu definieren.
Absolutes Neuland betreten viele Unternehmen im Bereich Big Data. Es
gibt zwar viele Angebote, wie das Datenmanagement beispielsweise auf

Basis von Hadoop[1] und verwandten Ansätzen erweitert werden kann. Doch bei effektiven, entscheiderfreundlichen Analyseumgebungen für diese neuen Datenquellen ist das Angebot noch deutlicher dünner.

Ein Leitthema von VBA ist das Sprichwort »Ein Bild sagt mehr als tausend Worte«. Die Erweiterung und Verbesserung von Visualisierungsfunktionalität haben sich aktuell fast alle führenden BI-Anbieter auf die Fahnen geschrieben. Wo früher einige kleine Nischenanbieter erste Self-Service-BI-Werkzeuge bereitstellten, gehen heute auch die großen Hersteller genau in diese Richtung. Dabei ist nicht immer jede Funktion ein echter Mehrwert für die Nutzer, auch wenn die visuelle Darstellung mit vielen Farben und Glanzeffekten daherkommt und sich auf Marketingbroschüren gut verkaufen lässt. VBA adressiert auch die wachsenden Anforderungen der Benutzer insbesondere im Hinblick auf einen intuitiven, zielführenden und interaktiven Zugang zu Daten und Informationen. Neue, interaktive und grafische Darstellungen können dafür sorgen, dass Entscheider ihr Wissen und ihre Fähigkeiten stärker nutzen können – wenn zumindest die wesentlichen Grundlagen der Visualisierung beachtet werden. Diesen Grundlagen werden wir uns in handhabbaren Einheiten in diesem Buch immer wieder widmen.

In Kapitel 1 beginnen wir mit einer Einführung in Visual Business Analytics und die Teilthemen Information Design, Visual Business Intelligence (VBI) und Visual Analytics. In allen Bereichen wird die Frage beantwortet, wie man bessere Wege zur Entscheidungsfindung über visuelle Darstellungen findet. Im Falle des Information Design sind diese Darstellungen statisch, in VBI und Visual Analytics immer dynamisch und interaktiv. In diesem Kapitel werden wir auch einen detaillierten Überblick über den aktuellen Markt und zukünftige Trends geben. Am Ende des Kapitels wird Ihnen klar sein, welche Möglichkeiten der visuellen Unterstützung es gibt und welche weiteren Kapitel für Sie und Ihr Unternehmen am relevantesten sind.

Alle Kapitel dieses Buches betrachten die Nutzung und Visualisierung von Daten und Informationen. Kapitel 2 wird daher genauer klären, was wir unter Daten verstehen und welchen Einfluss die verschiedenen Arten von Daten auf Visualisierung und Entscheidungsfindung haben. Jeder Datentyp, z.B. hierarchische Daten, ist mit bestimmten Visualisierungen verbunden, die diesen Datentyp besonders gut darstellen, zum Beispiel eine Treemap. Dabei existiert eine breite Vielfalt an Visualisierungstechniken für alle möglichen Datentypen und Anwendungsszenarien, die in heutigen BI-Werkzeugen noch gar nicht verwen-

---

1. Apache Hadoop ist ein freies, in Java geschriebenes Framework für skalierbare, verteilt arbeitende Software.

det werden. In unserer Historie werden wir auch einen kurzen Überblick über die Vergangenheit der Visualisierung bieten. Denn es gibt einen großen Fundus an Vorarbeiten in den Forschungs- und Entwicklungslabors von Universitäten und Forschungsinstituten, auf die wir auch in den weiteren Kapiteln immer wieder zurückkommen werden.

Die Kapitel 3–5 widmen sich im Detail den drei Themen innerhalb von VBA: Information Design für das Reporting, Informationsvisualisierung für Business Intelligence und Visual Analytics für Big Data. In Kapitel 1 werden die Unterschiede dieser drei Themen im Detail dargestellt und dadurch Anhaltspunkte für die jeweiligen Einsatzmöglichkeiten gegeben. Alle drei Kapitel folgen dabei einem sehr praxisnahen roten Faden, der die Erklärung von VBA immer mit vielen Beispielen aus BI-nahen Anwendungsszenarien anreichert. Die Zusammenfassung am Ende und die verschiedenen Hinweise zur verwandten Literatur sollen einen abschließenden Überblick und viele Möglichkeiten zur weiteren Vertiefung geben.

Bevor wir in die Details von VBA einsteigen, möchten wir an dieser Stelle noch einigen Personen danken, die uns bei den vielen Dingen, die für dieses Buch zu erledigen waren, unterstützt haben. Zuerst einmal ganz herzlichen Dank an das Team im TDWI-Verein, die mit ihrem Buchprogramm eine sehr interessante Veröffentlichungsreihe etabliert haben. Genauso geht unser Dank an das Team des dpunkt.verlags, das uns über die gesamte Zeit hinweg mit Rat und Tat zur Seite gestanden hat. Ein besonderes Dankeschön möchten wir an Andreas Bannach am Fraunhofer IGD[2] für seine Recherucheunterstützung sowie an Kai-Uwe Stahl von BLUEFORTE für die Durchführung der Visual Business Analytics Studie 2012 richten.

Zuletzt möchten wir uns bei unseren Familien bedanken und insbesondere bei unseren Ehefrauen, die uns stets motiviert haben und es viele Feiertage und Wochenenden erdulden mussten, wie wir schreibend und mit Türmen von Büchern vor dem Computer saßen.

Jörn Kohlhammer, Dirk U. Proff, Andreas Wiener
Darmstadt und Hamburg, im Juni 2013

---

2.   Fraunhofer-Institut für Graphische Datenverarbeitung

Inhalt

1 Visual Business Analytics

Die ständige Verfügbarkeit großer Datenmengen bestimmt zunehmend unser persönliches und unternehmerisches Handeln. Immer mehr Daten werden immer schneller erstellt – und überall fehlt die Zeit, um die Spreu vom Weizen zu trennen. So wachsen die Datenberge weiter, in denen die interessanten Informationen unter einer massiven Menge an uninteressanten Daten begraben sind. Immer mehr Unternehmen machen sich auf den Weg vom Datenzeitalter ins Informationszeitalter und wollen ihre Datenberge besser und effektiver analysieren, um daraus entscheidungsrelevantes Wissen zu ziehen. Die Schlagworte Big Data und Business Analytics stehen für diese Bestrebungen und sind aktuell von großem Interesse für die Wirtschaft. Sie ergänzen die bisherigen Ansätze von Business Intelligence und Data Warehousing um Technologien und Herangehensweisen, die mit den hochdynamischen, heterogenen und häufig unstrukturierten Datenmassen besser zurechtkommen.

Vom Datenzeitalter ins Informationszeitalter

Eine wesentliche Grundlage für den Erfolg eines Unternehmens ist die effektive Verarbeitung einer wachsenden Masse an Daten und Informationen sowie der Einsatz des Wissens und der Erfahrung der Mitarbeiter für geschäftsrelevante Entscheidungen. Ein großer Teil des vorhandenen Potenzials liegt zunehmend brach, da sich die Technologien für die Erzeugung, Speicherung und den Abruf von Daten in den letzten Jahren schneller entwickelt haben als die Möglichkeiten, die Daten effektiv zu nutzen. Kennzeichnend für diese Entwicklung ist eine gewachsene Trennung von automatisierten IT-Prozessen und den strategischen und operationellen Entscheidungsprozessen, an denen der Mensch in den Geschäftsprozess eingreifen muss.

Diese Trennung hat sicherlich die Entwicklung effektiver Verfahren für die Datenakquisition und Datenhaltung begünstigt. An der Schnittstelle zwischen Mensch und Maschine konnte die Technologie aber nicht in gleicher Weise Schritt halten. In vielen Unternehmen besteht diese Schnittstelle in der grafischen Aufbereitung eines Reports

Schnittstelle zwischen Mensch und Maschine

aus einer Excel-Tabelle mit Kennzahlen. Der Entscheider wird hier als (passiver) Empfänger von vorbereiteten Informationen in den Geschäftsprozess integriert. Er kann seiner eigentlichen Rolle innerhalb der Unternehmensprozesse, nämlich der Nutzung seiner Expertise und Erfahrung in der Bewertung der Sachlage, dadurch aktuell nicht in vollem Umfang gerecht werden.

Der Entscheider im Mittelpunkt des Interesses

Das Ziel von Business Intelligence, Business Analytics und so ziemlich jedem Bericht im Unternehmen war schon immer die Unterstützung von Entscheidungsträgern. Manchmal scheinen die aktuellen Technologien und Angebote im Big-Data-Bereich diese Tatsache in den Hintergrund zu verdrängen. Dieses Buch rückt den Menschen und den Entscheider in den Mittelpunkt des Interesses. Wir stellen in den einzelnen Kapiteln dabei immer wieder die Frage, wie wir Daten verarbeiten und Informationen darstellen müssen, damit Entscheider möglichst schnell die wesentlichen Aspekte erkennen können. Die Visualisierung von Informationen für Berichte, Informationssysteme und Analysen, zusammengefasst unter dem Begriff Visual Business Analytics (VBA), ist das zentrale Element dieses Buches.

1.1   Bessere Wege der Entscheidungsfindung durch VBA

In Unternehmen werden täglich Tausende von Entscheidungen getroffen. Es gibt auch ungefähr genauso viele Theorien und Ansätze, die erklären, wie Menschen Entscheidungen treffen. Dieses Buch will definitiv keine weitere Theorie hinzufügen, sondern betrachtet die Entscheidungsfindung eher allgemein wie die folgenden zwei Definitionen aus [Harris 2012]:

Definition

1. Entscheidungsfindung bezeichnet die Identifizierung und Auswahl von Möglichkeiten basierend auf den Werten und Prioritäten des Entscheiders.
2. Entscheidungsfindung ist der Prozess, in dem Unsicherheit und Zweifel über die bestehenden Möglichkeiten so weit reduziert wird, dass eine der Möglichkeiten sinnvoll ausgewählt werden kann.

Uns ist dabei bewusst, dass viele Entscheidungen nicht durch die akribische Identifikation aller Alternativen und anschließende Auswahl der besten Alternative getroffen werden. Gerade Experten und erfahrene Entscheider haben einen breiten Fundus an Wissen, der es ihnen erlaubt, sich innerhalb von Sekunden für ein (in den meisten Fällen sogar das optimale) Vorgehen zu entscheiden, ohne schwächere Alternativen überhaupt zu bedenken. Gary Klein, um einen bekannten Ver-

treter der Forschung zu nennen, hat dies in vielen Untersuchungen eindrucksvoll demonstriert [Klein 1999].

Der für dieses Buch zentrale Aspekt steckt aber in der zweiten
Definition. Denn in einem Punkt sind sich eigentlich alle Ansätze einig:
Die Verringerung von Unsicherheit und ein besseres Verständnis der
Situation ermöglichen auch bessere Entscheidungen. Statt *Situation*
könnte man hier auch den Begriff *Entscheidungsumfeld* verwenden,
das sämtliche Informationen, Werte und Prioritäten (siehe 1. Definition) beinhaltet [Spradlin 1997]. Tatsächlich kann man Folgendes
sagen: Je mehr *relevante* Informationen vom Entscheider verarbeitet
werden, desto höher wird die Wahrscheinlichkeit für eine gute Entscheidung. Spradlin erklärt aber auch, das neben Unsicherheit vor
allem die Informationsüberflutung die größte Herausforderung darstellt. Auf der Suche nach *relevanten* Informationen bekommen wir
nämlich vor allem erst einmal *mehr* Informationen.

So betrachtet, basieren viele Prozesse in Unternehmen darauf, dass
aus großen Datenmengen relevante Informationen werden. Unternehmen definieren KPIs (Key Performance Indicators), die in prägnanter
Form die aktuelle Situation einzelner Aspekte des Unternehmens kommunizieren. Analyseabteilungen durchforsten die Verkaufsdaten ihres
Unternehmens nach neuen Erkenntnissen, um die Kunden besser zu
verstehen und so Entscheidungen über das Produktportfolio zu unterstützen. Auch das Marketing arbeitet daran, welche Nachrichten bei
potenziellen Kunden in all der Reizüberflutung vor allem als *relevante*
Informationen ankommen sollen.

Ein besserer Weg der Entscheidungsfindung wäre also einer, der
die Aufnahme relevanter Informationen erleichtert und so die Wahrscheinlichkeit guter Entscheidungen erhöht. Sie merken auch, dass wir
unsere Argumentation nicht bei den Daten beginnen, sondern beim
Entscheider. Die Entscheider auf den verschiedenen Ebenen der Datennutzung und -verarbeitung werden überhaupt im gesamten Buch im
Zentrum des Interesses stehen. Wir werden Ihnen im Verlauf dieses
Buches gleich drei *bessere Wege* zeigen, wie Sie von der Bereitstellung
von Daten zu einer Kommunikation relevanter Informationen kommen. Welchen Weg man am besten einschlägt, liegt vor allem daran,
welche Rolle man im Unternehmen spielt und mit welchen Daten man
es zu tun hat.

Verarbeitung relevanter Informationen

Bessere Wege der Entscheidungsfindung

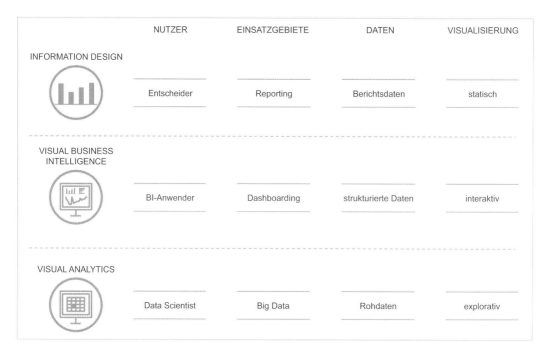

	NUTZER	EINSATZGEBIETE	DATEN	VISUALISIERUNG
INFORMATION DESIGN	Entscheider	Reporting	Berichtsdaten	statisch
VISUAL BUSINESS INTELLIGENCE	BI-Anwender	Dashboarding	strukturierte Daten	interaktiv
VISUAL ANALYTICS	Data Scientist	Big Data	Rohdaten	explorativ

Abb. 1–1
Die drei Wege der Entscheidungsfindung in Visual Business Analytics (VBA)

Betrachten wir hierzu Abbildung 1–1, die einen Überblick über die drei Wege in Visual Business Analytics und die drei zentralen Kapitel (Kapitel 3–5) in diesem Buch darstellt[1]: Information Design, Visual Business Intelligence und Visual Analytics. Diese drei Wege unterscheiden sich bezüglich Nutzer, Einsatzgebiet, Daten und Visualisierung, aber auch anhand weiterer Eigenschaften, auf die wir im Folgenden näher eingehen werden. Jedes Teilgebiet wird natürlich noch einmal detailliert im eigentlichen Kapitel vorgestellt.

Information Design

Information Design kümmert sich um die möglichst gute Herausstellung relevanter Informationen mittels statischer Visualisierungen. Dies betrifft vor allem Berichtsdaten, die im Rahmen von Präsentationen und dem Unternehmensreporting an Entscheider kommuniziert werden. Die Datenmenge ist dabei (in Relation zur heutigen Diskussion um Big Data) eher klein und einfach strukturiert. Die Problematik besteht eher darin, die relevanten Daten in den Vordergrund zu holen und die Lesbarkeit zu erhöhen. Dabei achtet Information Design darauf, dass keine besonderen Anforderungen an den Nutzer gestellt werden. Die Grafiken müssen also einfach lesbar sein, wie Sie in Kapitel 3 sehen werden.

Visual Business Intelligence

Visual Business Intelligence steht für die heutige Business Intelligence, nur unter starker Nutzung von visuellen und interaktiven

---

1.   Wir verwenden im Folgenden nur noch die Abkürzung VBA.

Benutzerschnittstellen. Heutige BI-Anwender lernen immer mehr, mit Visualisierungen verschiedenster Art umzugehen. War früher bei Balken- und Liniendiagrammen schon die Grenze erreicht, etablieren sich immer mehr auch Heatmaps, Netzdiagramme und Blasendiagramme. Die Datenmengen sind auch hier nicht massiv groß und liegen üblicherweise strukturiert vor. Der BI-Anwender kann sich aber bereits interaktiv durch die Daten bewegen. Die sinnvolle Zusammenstellung geeigneter Visualisierungen und das ideale, interaktive Zusammenspiel in einem Dashboard werden in Kapitel 4 näher betrachtet.

Visual Analytics hat sich einem neuen, visuellen Weg der Nutzung von Big Data gewidmet. Während das Arbeiten mit den Daten im Information Design und VBI ziemlich vorgegeben ist, ist Visual Analytics interaktiv und explorativ. Der typische Nutzer ist ein Data Scientist, der zu Beginn seiner Analyse eigentlich noch nicht wirklich weiß, was er am Ende finden wird. Die Datenmengen sind extrem groß (der Begriff Big Data ist zurzeit in aller Munde) und viele der Daten sind Rohdaten, die unstrukturiert vorliegen. Die Anforderungen an den Nutzer sind deutlich höher. Ein Data Scientist muss mit verschiedenen Werkzeugen und Programmierschnittstellen effektiv umgehen können, um Analysen durchzuführen. Kapitel 5 betrachtet die aktuellen Trends im Big-Data-Umfeld und zeigt, welche Schritte man auf diesem Weg schon heute gehen kann.

Visual Analytics

Diese drei Wege schließen sich nicht gegenseitig aus oder sind Alternativen für dieselben Daten und dieselben Ziele. Alle drei Wege werden idealerweise miteinander kombiniert und führen so auf verschiedenen Ebenen des Unternehmens zu besseren Entscheidungen. Abbildung 1–2 zeigt das Zusammenspiel von Information Design, Visual Business Intelligence und Visual Analytics. Gutes Information Design verbessert dabei nicht nur das statische Reporting von verdichteten Berichtsdaten, sondern auch die Verwendung von Dashboards und Cockpits für strukturierte Unternehmensdaten, auch wenn unterschiedliche Nutzer mit den Visualisierungen arbeiten.

Kombination der drei Wege

Die Anwender im VBA-Modell

[Kandel et al. 2012] unterteilen die Analysten im Unternehmen in drei Grundtypen: Big Data Scientists[2], Tool-Spezialisten und Anwender. Die Gruppe der *Big Data Scientists* ist dabei die kleinste, aber zukünftig wohl stark nachgefragte Gruppe von Analysten [Manyika et al. 2011]. Big Data Scientists kennen sich mit vielen Analysepaketen wie

---

2.   [Kandel et al. 2012] verwenden in ihrem Paper den Begriff »Hacker«, den wir zumindest im deutschen Sprachgebrauch als missverständlich ansehen.

Abb. 1–2
Das VBA-Modell der
Datennutzung und
Visualisierung

R oder Matlab aus, auch wenn sie einfachere statistische Modelle als die Tool-Spezialisten einsetzen. Sie können mit Skriptsprachen wie Perl und Python umgehen und haben keine Berührungsängste mit SQL oder Pig. Dadurch sind Big Data Scientists in der Lage, relativ schnell neue, umfangreiche Datenquellen zu erschließen. Auch bei der Nutzung von Visualisierungstechniken sind Data Scientists in einer Vorreiterrolle und nutzen neben Excel und PowerPoint auch Tools wie Tableau oder D3, um ihre Daten zu visualisieren.

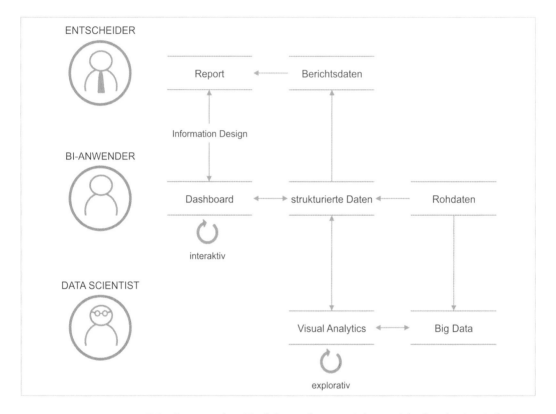

Tool-Spezialisten

Die Gruppe der *Tool-Spezialisten* zeichnet sich durch ein tiefes Verständnis eines bestimmten Analysewerkzeuges aus. Sie erhalten üblicherweise die Daten von anderen Stellen im Unternehmen, können dann aber hochkomplexe statistische Methoden und Modelle auf diese Daten anwenden. Tool-Spezialisten visualisieren ihre Ergebnisse meist innerhalb des Analysetools (wie R oder Matlab), um ein interaktives Testen ihrer Modelle zu ermöglichen. Die dritte Gruppe besteht aus *Anwendern* von sämtlichen Standardfunktionen in Softwaretools wie Excel, SAS/JMP oder SPSS. Die Visualisierung erfolgt dabei meist in

Form von Excel-Charts oder mithilfe von Reporting-Software wie Crystal Reports.

In unserem VBA-Modell (vgl. Abb. 1–2) verwenden wir zwei Anwendertypen. Der *BI-Anwender* nutzt Business-Intelligence-Werkzeuge und die darin verwendete Visualisierung. In der obigen Definition können unsere BI-Anwender sowohl Anwender als auch Tool-Spezialisten sein. Der *Data Scientist* im VBA-Modell setzt existierende Analysetools und selbst implementierte Programme ein, um aus großen Datenmengen interessante Unternehmensinformationen zu extrahieren. Sowohl Tool-Spezialisten als auch Big Data Scientists können diese Rolle im Unternehmen ausfüllen.

BI-Anwender

Data Scientist

BI-Anwender arbeiten interaktiv mit VBI-Werkzeugen wie Dashboards, Cockpits oder anderen visuellen BI-Werkzeugen. Die Daten sind strukturiert und sind aus Rohdaten extrahierte, veredelte Daten. Welche Daten dabei aus den Rohdaten auf welche Weise extrahiert werden, ist dabei festgelegt. Oftmals kann daher noch auf heutige Big-Data-Technologien verzichtet werden bzw. diese sind für den BI-Anwender komplett transparent. Der Data Scientist jedoch beeinflusst auch, welche Rohdaten für die Analysen verwendet werden und kann dies interaktiv und explorativ während der Analyse ändern. Hat sich eine Analyse als hilfreich für BI-Anwender herausgestellt, kann der Analyseprozess z.B. über die IT-Abteilung verstetigt werden, sodass diese Auswertungen auch den BI-Anwendern über strukturierte Daten zur Verfügung stehen.

Unterschiede der Rollen

1.2   Trends und Zukunft von VBA

Das BARC-Institut, führender Analyst für Business-Intelligence-Technologien, sieht Visualisierung in Berichten und BI-Tools als eines der Trendthemen der Zukunft [Bange 2013]. Kaum ein Kongress oder eine Messe kommen ohne einen Vortrag, in dem Visualisierung eine große Rolle spielt, aus. Zudem finden sich zahlreiche sehr gute Blogs zum Thema im Internet. Auf sehr hohem Niveau werden dort zahlreiche Lösungsmöglichkeiten vorgestellt, wie Unternehmen Visualisierungen erfolgreich einsetzen können. Auch Universitäten bieten gerade im Bereich der interaktiven Informationsvisualisierung viele freie Inhalte an. Vor allem in den USA erfahren die Themen einen regelrechten Hype. Edward Tuftes Buch »The Display of Quantitative Information« von 1983 und die in den 90ern aufgestellten Theorien von Ben Shneiderman und Stuart Card erfahren eine regelrechte Renaissance. In Deutschland gehört Prof. Dr. Rolf Hichert zu den bekanntesten Informations Designern mit seinem SUCCESS-Modell für die Geschäftskommunikation

Visualisierung als aktueller BI-Trend

(vgl. Abschnitt 3.2). Aber auch Stephen Few und Andy Kirk halten mittlerweile zahlreiche Vorträge zu den Themen Dashboard-Design und visuelle Analyse in Europa.

Visualisierung in heutigen
BI-Werkzeugen

Softwarehersteller beschäftigen sich auch stark mit den Möglichkeiten, die Visualisierung bietet, sowohl als Unterstützung für Reporting als auch für die visuelle Analyse großer Datenmengen. Gerade im letzten Jahr wurden dort schon gute Ergebnisse erzielt (vgl. Abschnitt 4.1 und Abschnitt 5.2). Vor allem spezialisierte Information-Design-Tools, wie etwa graphomate oder auch DeltaMaster von Bissantz, werden für ihre Visualisierungskomponenten in Fachartikeln und in Firmen gelobt. Ebenso genießen Tableau und TIBCO auch einen sehr guten Ruf. Die VBA-Studie 2012 zeichnet über die Branche hinweg dagegen eher ein durchwachsenes Bild in Bezug auf die Visualisierungskomponenten der aktuellen Werkzeuge.

Dies deckt sich auch mit dem im 3. Quartal 2012 erschienenen Research-Dokument mit dem Titel »Advanced Data Visualization«. In dem vor allem die verschiedenen Produkthersteller auf ihre Visualisierungskomponenten untersucht wurden [Evelson 2012]. Auch dort schnitten Tableau und TIBCO sehr gut ab. Aber auch IBM Cognos und Information Builders konnten gute Plätze belegen. Zudem werden in dem Research-Dokument die Anforderungen an die BI-Tools, die »Advanced Data Visualization« bieten, formuliert. Eine Vielzahl von Diagrammarten sollte verfügbar sein u.a. Microcharts oder Nadeldiagramme. Zudem soll sowohl die Möglichkeit zur visuellen Suche gegeben sein als auch Möglichkeiten für Geovisualisierung.

Im Jahr zuvor veröffentlichte der TDWI einen Best Practices Report zum Thema »Visual Reporting und Analysis« [Eckerson & Hammond 2011]. Auch dort kamen die Autoren Wayne Eckerson und Mark Hammond zu der Erkenntnis, dass Visualisierung zunehmend an Bedeutung gewinnen wird. Befragt wurden 210 BI-Professionells. 74 % aller Teilnehmer gaben an, dass Visualisierung ein sehr gutes Mittel sei, um Einblicke in das Business zu geben, die sonst verborgen geblieben wären. Als bestes Mittel dafür wurden in erster Linie interaktive Dashboards genannt, die das Wesentliche auf einen Blick darstellen, aber auch auf Anfrage Details durch Drill-downs zutage fördern.

VBA-Studie 2012

Zudem führten das Fraunhofer IGD und die BLUEFORTE GmbH die VBA-Studie 2012 in Deutschland durch [Kohlhammer et al. 2012]. 311 Teilnehmer beantworteten Fragen zu den Bereichen Information Design, Visual Business Intelligence und Visual Analytics. Überprüft wurden gängige Information-Design-Theorien, welches Dashboard-Design BI-Experten bevorzugen und inwieweit Visual Analytics in Unternehmen für große Datenmengen eingesetzt wird. Die Ergebnisse der Studie werden in den folgenden Kapiteln an gegebener Stelle vorgestellt. Der sich in der Studie abzeichnende Trend war eindeutig: Visualisierung wurde als sehr wichtig eingestuft. Kein Teilnehmer bezweifelte den Nutzen von Diagrammen. Viele BI-Verantwortliche haben vor, in den nächsten 1-2 Jahren stark in den Bereich zu investieren. Vor allem die Herausforderungen im mobilen Bereich erfordern kreative Lösungen, da nur wenig Platz auf einem Display eines Smartphones zur Verfügung steht.

2 Visualisierung von Daten und Informationen

Heutige Unternehmen sammeln, speichern und verwerten Daten in einem nie da gewesenen Ausmaß. Wo vor Jahrzehnten noch das Hauptaugenmerk auf den Möglichkeiten der besseren Sammlung und Speicherung von Daten lag, hat die Business-Welt und viele andere Bereiche von Regierungen bis zum individuellen Menschen ein Problem mit der schieren Masse an Daten. Dieser sogenannte Information Overload ist eigentlich erst einmal ein Data Overload. Wenn man es genau betrachtet, sind wir auch weniger im Informationszeitalter, sondern eher noch im Datenzeitalter, denn wir haben viele Probleme noch nicht gelöst, die mit dem Umgang verschiedener Datenarten und großen Mengen dieser Daten zu tun haben.

Wachsende Datenmengen

Viele Quellen stimmen darin überein, dass die Menge der Daten, wie auch die Dynamik der Änderungen, in Zukunft weiter zunehmen wird. Es liegt in jedem größeren Unternehmen eine Vielzahl von relevanten Datenquellen vor, die heute noch gar nicht angebunden werden, da die Datenmengen die aktuellen Möglichkeiten der Verarbeitung und Auswertung übersteigen. Erst allmählich beschäftigen sich Unternehmen mit sozialen Netzwerken, unstrukturierten Daten und all den Texten und Dokumenten, die bisher in den Verzeichnissen der Unternehmensserver liegen.

Neue Datenquellen

Dabei unterscheiden sich die für verschiedene Unternehmen relevanten Daten nicht unerheblich, auch wenn wir in diesem Buch den klaren Fokus auf diejenigen Daten setzen, die für Business Intelligence und Business Analytics wesentlich sind. Jedoch sind in den letzten Jahren neben betriebswirtschaftlichen Zahlen zum Beispiel eben auch Texte, soziale Netzwerke oder geografische Daten zunehmend geschäftsrelevant geworden.

Im Folgenden gehen wir auf verschiedene Aspekte von Daten und Informationen sowie deren Visualisierung ein. Dies legt den Grundstock für die weiteren Kapitel, die näher auf die drei Ausbaustufen der VBA eingehen.

2.1   Daten und Datentypen

Daten als Grundlage der Visualisierung

Als Leser dieses Buches haben Sie mit großer Wahrscheinlichkeit ein sehr gutes Verständnis von Daten sowie ihrer Sammlung, Speicherung und Verwendung. Wir werden daher in diesem Abschnitt keine Datenbankgrundlagen wiederholen, sondern sehr stark auf diejenigen Aspekte von Daten abheben, die für die Visualisierung und die weiteren Kapitel essenziell sind. Die Fragestellung ist immer, was wir über die Daten wissen sollten und was wir mit den Daten tun sollten, damit wir besser visualisieren und dadurch besser entscheiden können.

2.1.1   Daten

Daten sind die Rohmaterialien unserer heutigen Informationswelt. Sie haben aber für sich alleine genommen noch keinen großen Wert für Entscheider. Daten sind zum Beispiel Zahlenreihen, die ohne Kontext keinen Sinn ergeben. Die Zahlenreihe 4015555634 bekommt erst im Kontext »Telefonnummer« eine spezielle Bedeutung, die eine andere ist als im Kontext »Kontonummer«.

Das heißt, um eine Bedeutung zu erhalten, müssen Daten im Kontext erklärt werden, in Gruppen oder Strukturen organisiert werden, transformiert und präsentiert werden. Erst dann werden Daten zu Informationen. Diese Daten mit kontextueller Bedeutung können sinnvoll verwendet und visualisiert werden.

Struktur der Daten

Eine typische Datenmenge, wie sie in der Visualisierung betrachtet wird, ähnelt einer relationalen Datenbanktabelle. Die Datenmenge besteht aus Datensätzen, die wiederum über mehrere Attribute beschrieben werden. Jeder dieser Attribute hat einen bestimmten Datentyp, z.B. Text oder Zahl. Natürlich ist Text nicht gleich Text, da es nur eine definierte Menge an Ausprägungen geben kann, die ein Attribut tragen. Genauso sind Zahlen nicht gleich Zahlen. Sie können für einen Geldbetrag stehen oder einen Monat bezeichnen.

Daten und Datentypen interessieren uns insbesondere deshalb für die Visualisierung, da sich verschiedene Visualisierungstechniken für bestimmte Datentypen und die Struktur, in der die Daten vorliegen (Hierarchie, Netzwerk, Text etc.), eignen. Diese lernen wir in Kapitel 4 näher kennen. Ein Balkendiagramm eignet sich nicht für Netzwerkdaten, eine Darstellung von Netzwerken nicht für jährliche Verkaufszahlen. In Abschnitt 2.1.2 gehen wir näher auf diese Zusammenhänge ein.

2.1.2   Datentypen

Im Allgemeinen werden Daten in quantitative, ordinale und nominale Typen unterschieden. Quantitative Daten enthalten numerische Werte, auf denen mathematische Berechnungen ausgeführt werden können (z.B. Umsatzzahlen oder KPIs). Diese können diskret (also ganze Zahlen oder Werte einer definierten Menge von Zahlen, z.B. 0 und 1) oder kontinuierlich sein (also reale Zahlen). Ordinale Daten haben eine vorgegebene Ordnung. Diese Daten können numerisch (z.B. 1, 2, ..., 12 für die Monate des Jahres) oder nicht numerisch (z.B. Januar, Februar, ..., Dezember) sein. Nominale Daten enthalten beliebige nicht numerische Werte, die keine Ordnung haben (z.B. die Namen von Mitarbeitern).

In Abschnitt 5.2.5 betrachten wir noch weitere Beispiele für diese Datentypen und zeigen dabei auf, wie man diese Typen in eine visuelle Abbildung überführt. Tabelle 2–1 fasst die wichtigsten Eigenschaften der Datentypen für dieses Kapitel noch einmal zusammen.

Quantitativ	Ordinal	Nominal
Numerische Werte	Definierte Ordnung	Beliebige nicht numerische Werte
Berechnungen möglich	Numerische oder nicht numerische Werte	Beispiel: Nachnamen
Beispiel: Umsatzdaten	Beispiel: Monatsnamen	

Tab. 2–1

Datentypen

2.1.3   Datenakquisition und Datenherkunft

Bei der Datenakquisition ist die Herkunft der Daten und damit auch die Verlässlichkeit der Daten ein wesentliches Kriterium für die Datenverwertung, Analyse und Visualisierung. Dies hängt eng auch mit den Fragen der Datenqualität zusammen, auf die wir in Abschnitt 2.1.5 kurz eingehen werden.

Interne und externe Daten

Bestimmte Datenquellen haben Unternehmen dabei unter ihrer Kontrolle und Verfügungsgewalt. Sie können damit selbst entscheiden, welches Format diese Daten haben, wie oft sie erhoben werden und wie sie aggregiert und verarbeitet werden sollen. Diese Daten bezeichnen wir als *interne Daten*. Andere Datenquellen werden extern erhoben und verarbeitet oder als Rohdaten im Unternehmen weiterverwendet. Diese Daten bezeichnen wir als *externe Daten*. Diese können sowohl frei verfügbar als auch kommerziell vom eigenen Unternehmen erworben sein.

	Rohdaten	Aufbereitete Daten
Interne Daten	▫ Tägliche Verkaufszahlen ▫ Interne E-Mails ▫ Tagesaktuelle Kosten ▫ u.v.a.	▫ Geschäftskennzahlen ▫ Jahresberichte ▫ Analyse der Kunden-zufriedenheit
Externe Daten	▫ Neue Patente ▫ Kundenanfragen ▫ Aktienkurse ▫ Kommerzielle Newsticker ▫ u.v.a.	▫ Marktanalysen ▫ Branchenliteratur ▫ Kommerzielle Datenquellen (Hoppenstedt, Reuters etc.)

Aktualität   Eine Vielzahl von Dienstleistern bietet aufbereitete Daten und Informationen für verschiedene Unternehmensbereiche und Fragestellungen an. Die Dynamik der Daten reicht dabei von untersekündlichen Ticks an der Börse bis hin zu aggregierten Firmeninformationen im Überblick. Gerade in letzterem Fall stellt sich die Frage nach den Aktualisierungsmechanismen, die den Datenverwender von Änderungen an aggregierten Datensätzen in Kenntnis setzt. Anders als bei Data Warehouses, bei denen das Unternehmen die zeitlichen Abstände der Aktualisierung selbst unter Kontrolle hat, kann sich dies von Datenquelle zu Datenquelle unterscheiden. Ähnliches gilt für die Einschät-
Unsicherheit   zung der Unsicherheit von Daten.

2.1.4   Datenspeicherung

Eine Vielzahl von Datenquellen liegt heutzutage in Datenbanken oder in Form von Dateien vor. Dabei bieten sich im Betriebsumfeld vielfach relationale Datenbanken von verschiedenen Herstellern an. Diese reichen von kostenlosen SQL-Datenbanken bis hin zu mächtigen Datenbanklösungen für höchste Performanzanforderungen. Die Software Microsoft Excel und andere Tabellenkalkulationen sind zudem breit genutzte Werkzeuge. Diese werden auch häufig bis an die Grenzen der menschlichen und softwareseitigen Verarbeitbarkeit ausgereizt.

Relationale   Die Vorteile konsistenter Datenspeicherung in relationalen und
Datenbanken anderen Datenbanken liegt außerhalb der Thematik dieses Buches. Hier wird auf die einschlägige Literatur aus dem Datenbankbereich verwiesen. Praktisch jede BI-Software bietet eine Verbindung zu einer Vielzahl von Datenbanken an, sei es über Standardschnittstellen oder auch über native Schnittstellen zu den jeweiligen Produkten. Relationale Datenbanken sind heute aus der BI-Welt nicht mehr wegzudenken und bilden die Basis jeder BI-Plattform in Unternehmen.

Daten in relationalen Datentabellen sind auch der Ansatzpunkt vieler heutiger Visualisierungstechniken. So wie in der aktuellen Big-Data-Thematik neue Herausforderungen durch unstrukturierte Daten entstehen, haben sich auch spezielle Visualisierungstechniken für unstrukturierte, verteilte, dynamische und massive Datenmengen entwickelt. Auf die speziellen Formen der Datenhaltung wie Hadoop und NoSQL sowie die Auswirkungen auf Visualisierungs- und Visual-Analytics-Ansätze werden wir in Kapitel 5 näher eingehen.

2.1.5   Datenqualität in der Visualisierung

Wir werden in diesem Buch nur sehr oberflächlich auf das Thema Datenqualität eingehen. Der interessierte Leser sei auf das Buch »Datenqualität erfolgreich steuern« von Detlef Apel und Kollegen verwiesen, das ebenfalls in dieser TDWI-Reihe erschienen ist [Apel et al. 2011].

Die Datenqualität bedingt eindeutig auch die Qualität der Visualisierungen. Im Englischen hat sich der Grundsatz »garbage in, garbage out« etabliert. Dieser verdeutlicht, dass die Visualisierung keine Möglichkeit ist, die Datenqualität quasi im Nachhinein auszugleichen. Die größten Probleme der Visualisierung und auch des Information Design entstehen dann, wenn genau dies versucht wird. Wenn fehlende Daten, Ausreißer oder falsche Daten großzügig ausgeglichen werden, kann die entstehende Visualisierung eine Qualität suggerieren, die so nie vorhanden war.

Garbage in, garbage out

Card und Kollegen [Card 1999] legen zwei Qualitätsmerkmale fest, an denen sich Visualisierungen orientieren sollen: Expressivität und Effektivität. Eine Abbildung von Daten in einer visuellen Darstellung ist expressiv, wenn alle und ausschließlich die Daten der verwendeten Datentabelle in der visuellen Darstellung repräsentiert werden. Eine Visualisierung ist effektiver als eine andere, wenn sie schneller verstanden werden kann oder sie mehr Einzelheiten darstellt.

Insbesondere die Expressivität ist bezüglich Datenqualität wichtig. Dies ist insbesondere durch die enge Integration von Darstellung am Bildschirm und Verarbeitung der Daten im Hintergrund bedingt. Die Verwendung von Rohdaten in interaktiven Anwendungen bedingt immer auch eine hochperformante Vorverarbeitung. Das werden wir im folgenden Abschnitt sehen. Doch nicht in allen Anwendungsfällen können Rohdaten schnell genug vorverarbeitet und aggregiert werden. Für manche Visualisierungen werden tatsächlich die Rohdaten benötigt, und das Qualitätsmaß muss dann dem Betrachter verdeutlicht werden.

2.1.6   Datenvorverarbeitung

Datenbereinigung

Datenvorverarbeitung ist in vielen Fällen sehr hilfreich für die schnelle und interaktive Visualisierung von Daten. Grundsätzlich sind expressive Visualisierungen leichter zu erreichen, wenn möglichst wenig Vorverarbeitung durchgeführt wird. Viele Methoden der Vorverarbeitung laufen zum Beispiel Gefahr, bestimmte Aspekte der Daten zu »bereinigen«. So können potenziell interessante Aspekte verschwinden. Manchmal kann nur der Experte entscheiden, ob ein eigenartiger Wert ein fehlerhafter Ausreißer in den Daten ist oder ein interessanter Aspekt, der dringend näher untersucht werden sollte. Werden Daten vorverarbeitet, so muss dieser Umstand dem Benutzer der Visualisierung (wie auch dem Benutzer jedes anderen Informationssystems) verdeutlicht werden.

Die sicherlich häufigste Form der Vorverarbeitung ist die Bereinigung von Daten. Im Geschäftsumfeld gibt es häufig ganze Abteilungen, die sich nur auf das Bereinigen von Daten konzentrieren. Fehlende Daten müssen ergänzt werden, fehlerhafte Daten müssen korrigiert werden, am besten (teil-)automatisiert. Die Entscheidung, was fehlerhaft ist und was nicht, ist in vielen Fällen nur mit viel Erfahrung zu treffen.

Aggregation und Normalisierung

Es gibt eine große Menge an statistischen Methoden, die in der Vorverarbeitung eingesetzt werden. Daten werden häufig aggregiert und normalisiert. Eine Fülle von Clustering-Algorithmen wird heutzutage schon eingesetzt, um Daten in Gruppen zu unterteilen (z.B. gute Kunden, schlechte Kunden). Damit helfen sie, die Daten visuell besser strukturieren zu können. Auf diese Methoden gehen wir in Kapitel 5 näher ein. Dort behandeln wir auch Techniken, mit denen aus einer sehr großen Menge von Daten repräsentative Teilmengen ausgewählt werden, sodass die Visualisierung nicht mit zu großen Datenmengen kämpfen muss (sogenanntes Sampling).

Dimensions- und Datenreduktion

Manchmal kann es auch vorteilhaft sein, die Anzahl der Attribute so zu verringern, dass nur die wirklich relevanten betrachtet werden. Dies lässt sich aufgrund der Menge an Attributen nicht immer manuell durchführen und man vertraut auf Algorithmen, wie die PCA (Principal Component Analysis) oder selbstorganisierende Karten (SOM, engl. Self-organizing Map). Auch dies werden wir in Kapitel 5 zu Big Data näher beschreiben.

2.2   Syntax und Semantik

Struktur der Daten

Daten haben Struktur. Damit ist einerseits die syntaktische Struktur gemeint, also die Art und Weise, wie Daten repräsentiert werden (als Hierarchie oder als Liste von Namen). Zum anderen ist auch die semantische Struktur gemeint, also die Verbindung zwischen Datenelementen und ihrer Bedeutung. Viele Daten liegen in unserer heutigen Welt allerdings unstrukturiert oder semistrukturiert vor. Textdokumente, Audio oder Videos sind unstrukturierte Daten. Sie werden erst durch Vorverarbeitung in eine strukturierte Form gebracht.

Betrachten wir zunächst einmal die syntaktische Struktur von Daten, da sie im Wesentlichen festlegt, welche Visualisierungen überhaupt für eine Datenmenge geeignet sind. Shneiderman hat zur besseren Einordnung der Möglichkeiten eine Taxonomie erstellt, die Visualisierungen für Kombinationen aus Datentyp und Aufgabe definiert [Shneiderman 1996]. Andere Möglichkeiten der Einteilung finden wir in [Ward et al. 2010]. Die gesamte Struktur des Buches ist auf Möglichkeiten der Visualisierung bestimmter Datenstrukturen aufgebaut.

Datentypen

Im Folgenden beschreiben wir einzelne Datentypen, die wir als essenziell für Business Intelligence erachten, und geben dabei auch entsprechende Beispiele aus der BI-Umgebung.

Listen und Tabellen

Daten können in Listen und Tabellen strukturiert sein. Dies ist eine häufig anzutreffende Strukturierung in der Business Intelligence. Sie können eindimensional sein (z.B. Listen von Kunden), zweidimensional (Kunde, Umsatz) bis zu mehrdimensional (alle Attribute von allen Kreditkartentransaktionen über einen Tag hinweg). Im Unterschied zu geografischen Daten können Tabellen zwar ebenfalls zweidimensionale Daten enthalten (z.B. Umsatz pro Kundengruppe), diese Daten haben jedoch keine eindeutige Position in der physischen Welt.

Häufiger Datentyp im BI-Umfeld

Eine Visualisierung muss also die Tabelle in eine visuelle Struktur überführen. Eine häufig eingesetzte Applikation für ein solches Vorgehen ist Microsoft Excel. Es bietet viele Möglichkeiten für die Visualisierung von Listen und Tabellen. Beispiele für darüber hinausgehende Visualisierungen sind Streudiagramme (engl. Scatterplots), die auch für mehr als zwei Attribute geeignet sind. Wir werden später noch parallele Koordinaten kennenlernen, die für noch mehr Attribute verwendet werden können.

Text

Text ist ein wichtiger Datentyp, der heute in vielen Anwendungen eine besondere Rolle spielt. Text ist den unstrukturierten Daten zuzuordnen, daher gibt es eine Fülle von Algorithmen, die aus Texten Informationen und Strukturen extrahieren. Ein weiterer Aspekt liegt darin, dass Texte in großen Mengen ein Problem darstellen. Das kann nur

Wachsende Bedeutung als unstrukturierter Datentyp

über geeignete Vorverarbeitung gelöst werden. Im Endeffekt müssen geeignete Methoden gefunden werden, um den Menschen in die Auswertung von Textmengen zu integrieren.

Hierfür stehen verschiedene Visualisierungstechniken zur Verfügung, auf die wir in Kapitel 4 näher eingehen werden. Als Beispiel seien hier sogenannte Word Clouds genannt (für Beispiele vgl. [Feinberg o.J.]), die einen visuellen Eindruck eines einzelnen Dokuments oder von Dokumentsammlungen geben. Genauso können Netzwerkdarstellungen oder hierarchische Darstellungen für die Verbindungen zwischen Dokumenten verwendet werden.

Geografische Daten

Verortung von Daten

Während die Visualisierung räumlicher Daten, also im Wesentlichen die wissenschaftliche Visualisierung, in diesem Buch nicht im Fokus steht, stellen zwei- oder dreidimensionale geografische Darstellungen in bereits eine häufige Funktionalität in heutigen BI-Tools dar. Beispielsweise stellen geografische Darstellungen des Umsatzes oder von Wahlergebnissen einen sehr effiziente Weg dar, komplexe Zusammenhänge und Verteilungen schnell erfassbar zu machen.

Geografische Daten verorten Objekte, Dinge und Ereignisse in der tatsächlichen Welt. Geografische Abbildungen haben bereits eine lange Historie, wie wir in diesem Abschnitt noch sehen werden. Es gibt daher eine Fülle an Möglichkeiten und Best Practices in der geografischen Visualisierung, die in verschiedenen Büchern beschrieben sind. Als prominente Beispiele wollen wir hier [MacEachren 1995] und [Andrienko & Andrienko 2006] nennen. Wir gehen in Kapitel 4 auf Beispiele aus diesem Bereich näher ein.

Zeitabhängige Daten

Unterschiedliche Zeitwerte

Die Zeit ist ein wichtiger Aspekt in fast allen Daten in Business Intelligence. Die meisten Betrachtungen beziehen in irgendeiner Weise die Zeit als veränderliches Attribut in Analysen und Darstellungen mit ein. Dabei kann die Zeit sehr unterschiedliche Werte annehmen. Es macht einen Unterschied, ob wir Stunden, Monate oder Kalenderwochen betrachten. Die Umrechnung zwischen diesen drei Größen, zum Beispiel im HR-Umfeld, ist nicht trivial. Genauso sind auch Visualisierungstechniken für die eine oder andere Repräsentation der Zeit geeignet.

Eindimensionale Zeitreihen werden häufig als Liniengrafiken visualisiert. Diese Visualisierung entspricht nicht unbedingt unserer obigen Forderung nach Expressivität. Denn die Interpolation zwischen den einzelnen Zeitwerten suggeriert eine höhere Datendichte, als eigentlich vorhanden ist. Häufig sind auch periodische Zeitbezüge interessant, zum Beispiel »jeder November«. Hierfür haben sich spiralförmig angeordnete Visualisierungen als sehr hilfreich herausgestellt. Ein Beispiel zeigen wir hierzu im Kapitel zur Visualisierung. Die große Fülle an Visualisierungstechniken für zeitabhängige Daten haben [Aigner et al. 2011] in ihrem Buch »Visualization of Time-Oriented Data« zusammengestellt und bewertet.

Netzwerke und Graphen

Netzwerke sind eine der aktuell interessantesten Datenquellen in BI. Unternehmen interessieren sich für Social Networks und den Gesprächen darin zum eigenen Unternehmen, den eigenen Produkten und der Konkurrenz. Die Vernetzung von Unternehmen ist zunehmend interessant für Risikomanagement und Portfolioanalyse.

Beispiel:
Soziale Netzwerke

Für die Visualisierung sind Netzwerke erst einmal Graphen. Graphen bestehen aus Knoten und Kanten, die die Knoten miteinander verbinden. Graphen, und damit auch Netzwerke, können gerichtet oder ungerichtet sein, können einen niedrigen oder hohen Vernetzungsgrad haben oder einfach nur sehr groß werden. Für all diese Eigenschaften bieten sich verschiedene Visualisierungstechniken an. Das werden wir später beispielhaft sehen. Die sogenannten Layouttechniken sind ein essenzieller Bestandteil für effektive Netzwerk-Visualisierungen.

Hierarchien und Bäume

Bäume sind eigentlich nur spezielle Graphen und Hierarchien sind wiederum spezielle Bäume. Ihre Bedeutung für BI und für die Visualisierung lässt uns diese Thematik jedoch eigens erwähnen. In vielen Systemen und allen Data Warehouses (DWHs) gibt es explizit definierte Hierarchien. Unter anderem werden Roll-up und Drill-down über diese Definitionen realisiert. Zum Beispiel ist üblicherweise die gesamte Produktpalette eines Maschinenbauers hierarchisch heruntergebrochen bis zur einzelnen Schraube. Entsprechend wer-den auch die Lagerbestände für Bauteile verwaltet.

Beispiel: Produktportfolio

Diese teilweise umfangreichen und komplexen Hierarchien können durch Visualisierung schneller verstanden werden. Treemaps, beispielsweise, bieten einen schnellen Überblick über die gesamte Hierarchie und den enthaltenen Daten. Sie sind gut geeignet für interaktive Drill-downs und Roll-Ups. Wir werden ein paar Varianten der Treemaps mit anderen Beispielen im späteren Verlauf kennenlernen. Eine umfangreiche Übersicht hierzu bietet eine Webseite der Universität Rostock unter www.treevis.net [Schulz o.J.].

2.3   Informationen

Daten mit Bedeutung

Daten, Informationen und Wissen werden üblicherweise als voneinander abhängige Konzepte definiert, die ineinander überführt werden können. Daten können dabei als »Rohmaterial« gesehen werden, das in sich selbst noch relativ wertlos ist. Wie oben bereits angedeutet, könnte eine Zahl wie 4016835971 eine Kontonummer oder eine Telefonnummer sein, je nach Kontext. Um eine Bedeutung zu bekommen, müssen Daten in einem solchen Kontext erklärt, strukturiert und präsentiert werden. Informationen sind daher Daten mit einer kontextuellen Bedeutung oder einer Semantik.

Davenport und Prusak betrachten in ihrem Buch »Working Knowledge« Informationen aus einer etwas anderen Richtung. Sie bezeichnen Informationen als »Daten, die einen Unterschied machen« [Davenport & Prusak 1998]. Informationen sind bei ihnen Nachrichten, die von einem Sender an einen Empfänger gesandt werden und dafür sorgen, dass der Empfänger eine Wahrnehmungsänderung erfährt.

Metadaten

Informationen über Datenmerkmale

Im Bereich VBA verstehen wir Semantik als eine formale Beschreibung der Bedeutung von Daten. Eine typische Form einer solchen Beschreibung sind Metadaten, die ganz allgemein Informationen über Merkmale anderer Daten darstellen. Ein bekanntes Beispiel sind Tabellennamen oder Attributnamen in relationalen Datenbanken. Durch Verwendung und Auswertung von Metadaten können Menschen oder auch Programme Schlüsse über die beschriebenen Daten ziehen. Mithilfe von Metadaten können, beispielsweise im Rahmen eines Data Warehouse, Verbindungen zwischen verschiedenen Tabellen oder Datenbanken hergestellt und genutzt werden.

Metadaten werden auch in der Visualisierung genutzt und sind mitunter der entscheidende Hinweis für die Vorverarbeitung und Auswahl der geeigneten Visualisierung. Excel-Sheets, beispielsweise, enthalten üblicherweise eine Vielzahl von Metadaten, die wiederum als hilfreiche Beschreibungen in den Informationsgrafiken auftauchen. Häufig sind Metadaten auch die einzige strukturierte Information über unstrukturierte Daten, wie Dokumente oder Videos (z. B. Titel, Thema, Länge).

In den letzten Jahrzehnten haben sich verschiedene Bereiche, insbesondere der Internet-Community, darum bemüht, ein einheitliches Vorgehen für die Beschreibung von Metadaten zu finden. Ein wesentlicher Schritt war die Zielvorgabe der Semantic-Web-Initiative von Tim Berners-Lee, ein semantisches Internet aufzubauen [Berners-Lee et al. 2001].

Aus den darauf folgenden Schritten resultierte unter anderem die Sprache RDF (Resource Description Framework) zur Speicherung von Metadaten. RDF ist eine W3C-Empfehlung und wurde zunächst zur Beschreibung von Webressourcen entwickelt. RDF basiert auf XML und ermöglicht die Spezifikation einer standardisierten, interoperablen Semantik.

2.4 Wissen

An dieser Stelle wollen wir einen kurzen Überblick über die Verwendung von Wissen in Informationssystemen und für die Visualisierung geben. In den letzten Jahren wurden verschiedene Ansätze verfolgt, um Wissen in Unternehmen besser zu nutzen. Das Ziel des Wissensmanagements war dabei, sowohl Wissen dediziert zu sammeln als auch es möglichst sinnvoll zur Verfügung zu stellen. Viele Techniken haben darauf gesetzt, zusätzliche Informationen (z.B. obige Metadaten) manuell von Mitarbeitern eingeben zu lassen. Das stellte einen großen Zusatzaufwand dar und war häufig wenig fruchtbar. Andere Techniken verfolgen einen automatisierten Ansatz, der deutlich besser für größere Datenmengen geeignet ist.

Wissensmanagement

Es gibt viele verschiedene Definitionen von Wissen, die über die unterschiedlichen Forschungs- und Anwendungsgebiete hinweg extrem voneinander abweichen. In diesem Buch halten wir uns an die pragmatische Definition von Davenport und Prusak [Davenport & Prusak 1998]. Sie beschreiben Wissen als eine Mischung aus Erfahrungen, Werten, kontextbezogenen Informationen und Know-how. Wissen wird dabei aus menschlichen Gedanken erzeugt und auch im menschlichen Denken angewandt. Es ist also nicht möglich, das menschliche Wissen vollständig in Informationssystemen abzubilden.

Definition

Allerdings können bestimmte Aspekte aus Daten und Informationen extrahiert werden, die menschlichem Wissen in gewisser Weise ähnlich sind. In Abbildung 2–1 werden zwei Formen der Wissensgewinnung dargestellt. Zum einen können Daten visualisiert werden, wodurch die Daten über die Augen direkt in das Gehirn des Betrachters gehen und dort zu Wissen verarbeitet werden. Zum anderen werden Daten automatisiert über Modelle und sogenanntes Data Mining (im Englischen auch Knowledge Discovery genannt) in Erkenntnisse überführt, die der Mensch aufnimmt. Wir werden in Kapitel 5 noch mehr darüber schreiben, wie diese beiden Wege in Visual Analytics zusammenlaufen.

Gewinnung von Wissen

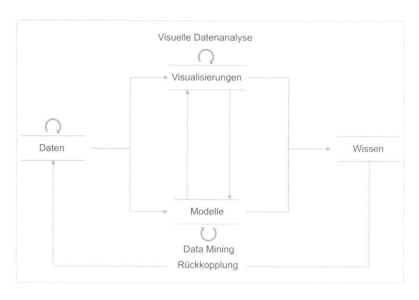

Abb. 2–1

*Gewinnung von Wissen
aus Daten*

Wissensrepräsentierung

Informationen, die dem menschlichen Wissen entstammen, können genau wie automatisiert erfasste Erkenntnisse in Systemen gespeichert oder *repräsentiert* werden. Die einfachste Form einer solchen Repräsentierung wird seit Jahrtausenden genutzt. Sie besteht in der Aufzeichnung von Gedanken in Texten. Durch das Lesen von Wörtern und Sätzen im Kontext entsteht in uns neues Wissen, genau wie es hoffentlich beim Lesen dieses Buches geschieht.

Explizites Wissen   Bei der Wissensrepräsentierung in IT-Systemen unterscheidet die Informatik unter anderem Methoden für explizites Wissen und implizites Wissen. Explizites Wissen kann zum Beispiel sehr gut mithilfe von Taxonomien und Ontologien (z.B. OWL in der oben angesprochenen Semantik-Web-Initiative) repräsentiert werden. Dies wird häufig für die Speicherung von statischem Domänenwissen getan, z.B. in Ontologien für bestimmte medizinische Teilgebiete. Der Vorteil liegt in der klaren Begriffsdefinition in solchen Ontologien und in der maschinellen Lesbarkeit dieser Repräsentierungen. Eine weitere Form der Repräsentierung von explizitem Wissen sind semantische Netze, auf die wir gleich noch einmal eingehen werden.

Implizites Wissen   Implizites Wissen ist sehr viel schwieriger zu speichern und zu überprüfen. Eine Menge Wissen in unserem Gehirn ist implizit, z.B. die menschliche Erfahrung. In der Informatik hat die künstliche Intelligenz Methoden entwickelt, solch implizites Wissen mit Systemen zu erlernen und zur Verfügung zu stellen. Dies ist beispielsweise bei neuralen Netzen der Fall. Diese bilden den Fluss menschlicher Gehirnströme nach, um auf bestimmte Eingangssignale intelligent zu reagieren.

Semantische Wissensnetze

Semantische Netze sind eine Form der expliziten Speicherung von Wissen. Dabei werden Begriffe und Beziehungen zwischen den Begriffen gespeichert. Zum Beispiel könnte ein Begriff eine Person »Heinz Mustermann« sein, ein weiterer Begriff ein Themenfeld wie »Informationsvisualisierung« und die Beziehung »ist Experte für«. Solche Wissensnetze werden zum Beispiel zur Repräsentierung von Unternehmenswissen eingesetzt. Ein Vorteil dabei ist der hohe Grad an Automatisierbarkeit durch die Extraktion von Begriffen aus existierenden Dokumenten im Unternehmen.

Abbildung 2–2 zeigt eine Grafik des Systems der Conweaver GmbH, das solche Wissensnetze für Unternehmen erstellt und repräsentiert. Durch diesen Mechanismus wird das implizite Wissen, wenn man so will, das in den nicht explizit vorhandenen Relationen zwischen Dokumenten im Unternehmen besteht, explizit repräsentiert und als Suchfunktionalität verfügbar gemacht. So können dann Informationsoberflächen geschaffen werden, die auf die Eingabe von unternehmensrelevanten Begriffen neben den internettypischen Dokumentenergebnissen auch weiterführende Informationen bereithalten. Dies können zum Beispiel die hausinternen Experten oder die wissenschaftlichen Ansprechpartner in Partneruniversitäten sein.

Beispiel: Conweaver

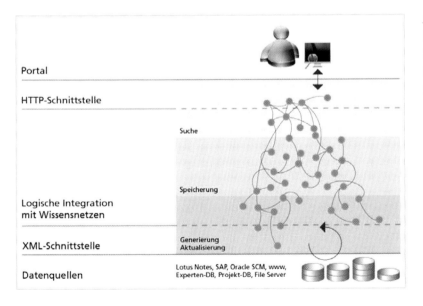

Abb. 2–2

Nutzung semantischer Netze für Unternehmensinformationen

(© Conweaver GmbH)

Generell können semantische Strukturen wie Ontologien und Wissensnetze nicht nur vom System ausgewertet werden, sondern auch für menschliche Entscheidungsträger oder Analysten interessant sein. Durch Semantik-Visualisierungen können so anhand von Begriffen und Beziehungen große Informations- und Wissensdatenbanken wie DBPedia oder Freebase durchsucht und navigiert werden.

2.5   Historie der Visualisierung

Ziel dieses Abschnitts ist es nicht, eine vollständige Darstellung der Historie der (Daten-) Visualisierung zu geben – diese verdient ein eigenständiges Buch –, sondern vielmehr Highlights zu zeigen, die bis in die Gegenwart reichen. Ein Blick in die Historie lohnt sich, da viele Ideen, die den heutigen Diskurs über Visualisierung begleiten, schon vor vielen Jahren entstanden sind. Es werden im Folgenden nicht nur sehr alte Visualisierungen gezeigt. Sondern es wird am Ende des Abschnitts auch ein kurzer Überblick von modernem Information Design, Informationsvisualisierung und der Visualisierung großer Datenmengen gegeben.

In kaum einem Buch zum Thema wird der Historie der Visualisierung mehr als einige wenige Seiten eingeräumt. Was schade ist, da die Geschichte viel zu bieten hat. Einen guten Überblick gibt [Friendly 2006] und [Tufte 1983]. Die Beschäftigung mit der Historie zeigt, dass es schon bereits vor dem Siegeszug des Computers sehr gute Visualisierungen gab. Sie und die dazugehörigen Veröffentlichungen sind insofern beachtenswert, als aus ihnen wertvolle Methoden und Begründungen entnommen werden können. Wir können auch heute noch davon profitieren. Allen voran sollen die Arbeiten von William Playfair und John Snow am Ende des 18. bzw. Anfang des 19. Jahrhunderts näher vorgestellt werden.

Quellenkritik   Wenn im Folgenden von einem Erfinder einer Diagrammart gesprochen wird oder vom erste Mal, dass solch eine Visualisierung erstellt wurde, dann muss bedacht werden, was für alle uns bekannten historischen Quellen gilt: Wir können uns nur auf jene beziehen, die uns überliefert sind. So ist es durchaus denkbar, dass z. B. in der Antike oder im Mittelalter sehr viel visualisiert wurde, aber die Quellen es nicht aufgrund von beispielsweise Bränden und bewusster Zerstörung in die Neuzeit geschafft haben.

2.5.1   Von der Antike bis zur frühen Neuzeit

Sachverhalte zu visualisieren, um dem Betrachter ein leichteres, einprägsames Verständnis von Daten, Informationen und Zusammenhängen zu geben, ist keineswegs eine Entdeckung der Moderne noch ein Trend. Die Menschheit visualisiert schon seit der frühen Antike. Es ist das Mittel, das dem Menschen neben der Sprache und Gestik zur Verfügung steht, um zu kommunizieren. Schrift ist letztlich auch nichts anderes als eine Form von Visualisierung, die es Ihnen ermöglicht, dieses Buch zu lesen.

Abb. 2–3
Çatalhöyük Map
(6200 v. Chr.)

Abbildung 2–3 zeigt eine Wandmalerei, die bei archäologischen Grabungen in der Türkei gefunden und 1964 von James Mellart veröffentlicht wurde. Laut Mellart und vielen Kartografen ist dies das erste kartografische Zeugnis. Es soll in der Mitte ein Vulkan zu sehen sein und um diesen herum verschiedene Häuser. Einige Interpretationen gehen so weit, dass die nicht bemalten Felder die Zimmer seien. Das ist aber heftig in der Wissenschaft umstritten. Das Besondere ist, dass hier erstmals die Vogelperspektive eingenommen wurde, um eine Siedlung zu visualisieren. Wir möchten an dieser Stelle keine historische Debatte lostreten. Aber der Vollständigkeit halber sei erwähnt, dass einige Betrachter, genauer gesagt Historiker, keine Karte sehen. Der Vulkan wird als Leopardenfell interpretiert, der anderen vor Ort gefundenen Wandmalereien verdächtig ähnelt. Ob der Wunsch, eine Karte aus dem Jahr 6200 v. Chr. entdeckt zu haben, die Wahrnehmung des Betrachters lenkt, kann nicht abschließend geklärt werden. Jedoch bleibt festzuhalten, dass man Karten aus der Vogelperspektive erst wieder Tausende von Jahren später gefunden hat.

Vulkan oder Leopardenfell?

Ebenso verwirrend, wie die Darstellung der Planetenbahnen in Abbildung 2–4 wirkt, ist auch die Geschichte um diese Visualisierung. Der Verfasser ist unbekannt und das Jahr kann auch nicht genau bestimmt werden. Eine gängige Variante ist 950. Die vertikale Achse, mit der Beschriftung und Visualisierung von sieben Himmelskörpern (Venus, Merkur, Saturn, Sonne, Mars und Mond) zeigt ihre Bewegung abhängig von der Zeit, die die horizontale Achse bildet.

Erste Darstellung der Planetenbahnen?

Abb. 2–4

*Unbekannter Verfasser
(10./11. Jh.): Die Planetenbahnen im Codex Latinus
14436*

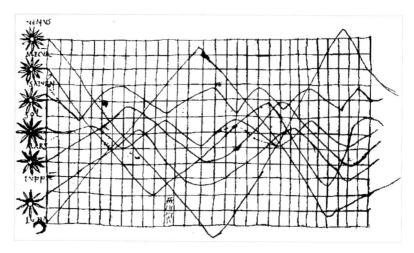

Die Visualisierung sticht in der Historie besonders hervor, da sie die einzige ihrer Zeit ist. Erst 800 Jahre später finden sich vergleichbare Diagramme, die eine Zeitreihe zeigen und Züge eines Koordinatensystems. Daran erinnern zumindest die 30 Intervalle in Form von Kästen. Ob Interpolation – also bewusste oder unbewusste Manipulation durch Überlieferung – vorliegt und ob es mehrere Visualisierungen dieser Art gibt, die das Mittelalter nicht überliefert hat, kann an dieser Stelle nicht genauer erörtert werden. Festzuhalten bleibt, dass die dort dargestellten Verläufe der Himmelskörper nicht annähernd unserem heutigen Verständnis entsprechen und vergleichbare Zeitreihen und die Rastertechnik erst in der Neuzeit wieder auftauchen.

Ansonsten sind die Visualisierungen im Mittelalter und der Antike stark durch die Kartografie geprägt. Viele Landkarten entstanden in dieser Zeit. Aber auch Illustrationen, die das geschriebene Wort verdeutlichen sollen. Ein prominentes Beispiel hierfür ist der Sachsenspiegel, der als ältestes Rechtsbuch des Mittelalters gilt (vgl. Abb. 2–5).

Die Visualisierungen in Abbildung 2–5 zeigen, wie die Wahl des Königs vorzugehen hat. Sie zeigen beispielsweise, wie viele Geistliche bei der Wahl zugegen sein müssen und welche Adligen noch teilnehmen müssen für eine legitime Wahl. Die Vorgehensweise, Text und Visualisierungen zu kombinieren, ist eine Methode, die derzeit vor allem im Journalismus sehr beliebt ist. Magazine und Tageszeitungen sind voll von Infografiken. Diese sollen dem Leser eine visuelle Stütze geben, um das geschriebene Wort zu verstehen. Während es Eike von Repgow sicherlich in erster Linie darum ging, Informationen zu vermitteln, geht es vielen Journalisten eher darum, die Zeitung ästhetisch ansprechend zu gestalten. Die oft zu hörende Interpretation, dass der Grund für die Visualisierungen der fehlenden Lesefähigkeit im Mittelalter geschuldet sei, wird hier nicht geteilt. Schließlich richtete sich der Sachsenspiegel, der als Rechtsbuch gesehen wurde, gerade an die obere Schicht, in der sich die Geistlichen tummelten, die allesamt lesen konnten.

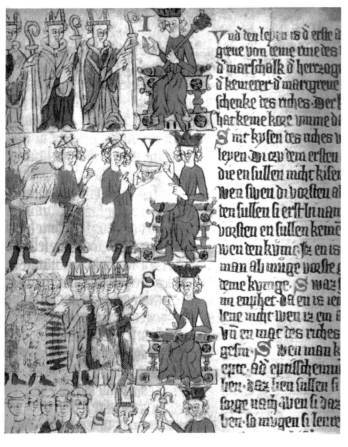

Abb. 2–5
Eike von Repgow
(um 1300):
Sachsenspiegel –
Wahl des Königs

Abschließend für die Epochen Antike und Mittelalter sei Bischof Nikolaus von Oresme hier vorgestellt (vgl. Abb. 2–6). Der in seinem Werk »Tractatus De Latitudinibus Formarum« Dinge visualisiert, die verdächtig an Balkendiagramme erinnern. Michael Friendly geht sogar so weit und nennt diese »*proto bar graph*« [Friendly 2006]. Die Interpretation der Visualisierungen ist allerdings sehr schwierig. Dargestellt werden physikalische Variablen in Abhängigkeit zueinander, allerdings bleibt die Datenbasis dabei völlig unklar. Bemerkt sei an dieser Stelle, dass die Erfassung von empirischen Daten bis ins 16. Jahrhundert unbekannt war. Oresme erklärt diese Prototypen von Balkendiagrammen auch nicht im Text oder geht mittels Bildunterschriften besonders darauf ein. Er zitiert allerdings in dem Werk antike Philosophen wie

»proto bar graph«

Aristoteles. Ob der Bischof vielleicht Formen von Diagrammen bei ihnen gesehen hat, um diese dann abzumalen, kann nur spekuliert werden. Denn wir finden in den uns überlieferten antiken Quellen keinerlei Balkendiagramme.

Abb. 2–6

Nikolaus von Oresme

(1350)

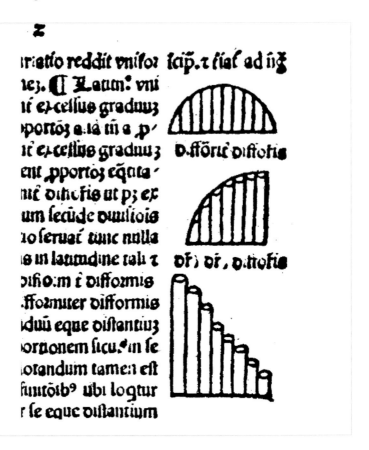

2.5.2   Die Neuzeit – Geburt der modernen Diagramme

Die in Abbildung 2–7 gezeigte Darstellung gilt als die erste bekannte statistische Visualisierung. Michael Florent van Langren präsentierte jene 1644 am spanischen Hof. Gezeigt hat er Entfernungen Roms zum Nullmeridian, den seinerzeit Toledo bildete. Diese Visualisierung verdient allerdings nicht nur Beachtung, weil sie die erste ihrer Art ist, sondern auch wegen eines anderen Merkmals.

Er setzte seine eigene Schätzung in den Vergleich der zwölf anderen bekannten Schätzungen, indem er die Namen seiner Vorgänger eintrug, die versucht haben, die Entfernung zu bestimmen. Er wählte einen Graphen, um dies zu verdeutlichen [Friendly 2006]. Er entschied sich nicht für eine tabellarische Form, die ihm sicherlich als Datenbasis vorlag. Ihm musste somit klar gewesen sein, dass die großen Abweichungen bei der Bestimmung der Längengrade visuell leichter für den Betrachter zu erfassen waren als in Tabellen.

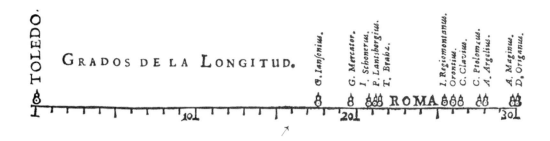

Als Gründungsjahr der modernen Visualisierung von Daten wird allerdings das Jahr 1786 genannt und nicht 1644. William Playfair veröffentlichte seinen «Commercial and Political Atlas», in dem sich zahlreiche Diagramme finden. Unter anderem gilt er als Erfinder des Balken-, Säulen-, Linien- und Kreisdiagramms in den Formen, wie diese heute auch genutzt werden. Mithilfe dieser Diagramme stellte er u.a. Bevölkerung und Einkommen in den europäischen Staaten dar (vgl. Abb. 2–8, Abb. 2–9, Abb. 2–10).

Abb. 2–7
Michael Florent van Langren (1644): Entfernung zwischen Nullmeridian und Rom

Warum er diese Art zu visualisieren wählte, beschreibt er in seinem Standardwerk »Statistical breviary« aus dem Jahr 1801 mit folgenden Worten [Playfair 1801]:

1786 Beginn der modernen Visualisierung von Daten

> »I have composed the following work upon the principle which I speak; this, however, I never should have thought of doing, had it not occurred to me, that making an appeal to the eye when proportion and magnitude are concerned, is the best and readiest method of conveying a distinct idea.«

Abbildung 2–8 zeigt die englische Handelsbilanz mit Dänemark und Norwegen in dem Zeitraum 1700-1780. Sehr schnell erkennt der Betrachter, dass zwischen 1750-1760 Exporte nach Dänemark und Norwegen gestiegen sind und die Importe von diesem Zeitpunkt an übertrafen. Im Diagramm nimmt Playfair zudem eine Wertung vor, indem er das Verhältnis Importe und Exporte nach Dänemark und Norwegen als schlecht (»*against*«) bzw. vorteilhaft (»*favour*«) für England wertet. Eine Methode, die leider in modernen Geschäftsdiagrammen selten genutzt wird. Das Diagramm wirkt umso beeindruckender, wenn man sich vergegenwärtigt, dass Playfair im 19. Jahrhundert nicht die technischen Hilfsmittel zur Verfügung hatte, die heute

William Playfair

genutzt werden können. Vor allem was die Genauigkeit des Dargestellten angeht, sind seine Diagramme eindrucksvoll.

Abb. 2–8

*William Playfair (1786):
Liniendiagramm –
englische Handelsbilanz
mit Dänemark und
Norwegen 1700-1780*

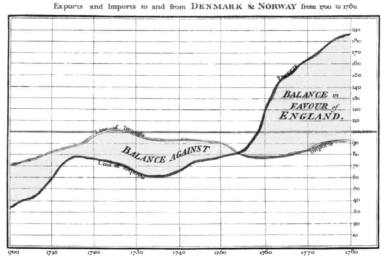

Abb. 2–9

*William Playfair (1786):
Balkendiagramm –
Exporte und Importe von
Schottland von
Weihnachten 1780 –
Weihnachten 1781*

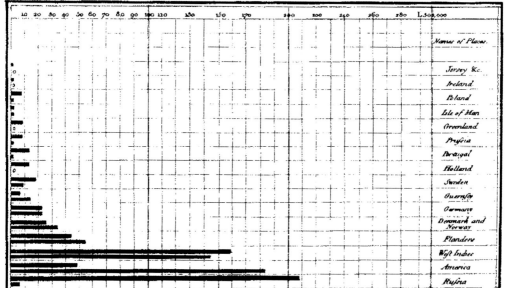

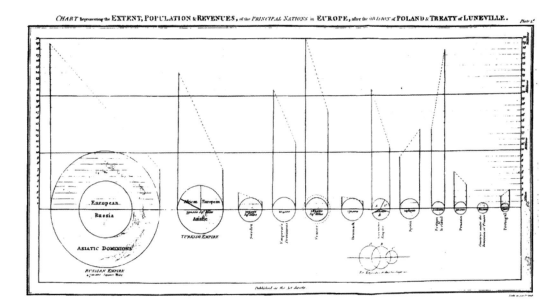

So wie William Playfair als Erfinder der modernen Diagrammarten angesehen wird, so gilt John Snow (1813-1858) als Ersteller der ersten räumlichen bzw. geografischen Analyse. Mitte des 19. Jahrhunderts kam es im Stadtteil Soho in London zu einem massiven Anstieg von Cholerafällen. In nur drei Tagen starben daran mehr als 120 Menschen. John Snow war zu dieser Zeit praktizierender Arzt in London und ging auf Ursachenforschung. Er zeichnete die Orte auf einer Karte ein, wo die Menschen verstorben waren.

Abb. 2-10

William Playfair (1801): Kreisdiagramme

Diese Todesfälle zeichnete er mittels Strichen parallel zur Straße ein. In Abbildung 2–11 fügen jene sich visuell zu Balken zusammen. Eine detaillierte und interaktive Karte, auf der die einzelnen Striche und somit die einzelnen Todesfälle zu erkennen sind, findet sich im Internet[1]. Zudem zeichnete er die Pumpen, die für die Londoner Wasserversorgung zuständig waren, als Kreise auf die Karte. Dadurch erkennt der Betrachter, dass sich die Todesfälle um die Broad Street häuften, verglichen mit dem restlichen analysierten Gebiet. Als Ursache konnte Snow so die Pumpe in der Broad Street benennen und ließ sie austauschen. Das bedeutete das Ende der Cholera-Epidemie in London.

John Snow

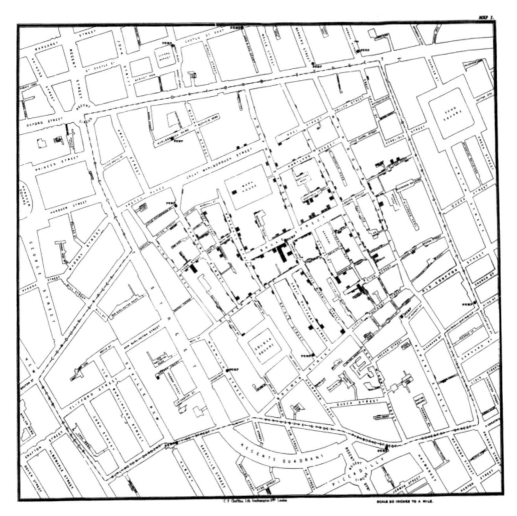

Abb. 2–11
John Snow (1854):
Cholera Map Soho,
London

Die Leistung von Snow ist umso beachtlicher, wenn man weiß, dass die bis dahin geltende Lehrmeinung war, dass Cholera sich durch Miasmen (üble Dünste) von Mensch zu Mensch überträgt. In der gängigen Literatur zum Thema Visualisierung wird diese Karte oft gezeigt und so getan, als hätte Snow nach der Ursache der Cholera geforscht, die Karte angefertigt und entdeckt, dass verunreinigtes Wasser Cholera überträgt. Dies war nicht der Fall. Snow hat im Vorfeld diesen Zusammenhang immer wieder proklamiert und die Hypothese geäußert. Die Karte diente dann eher als Beweis, dass er mit seiner Vermutung richtig gelegen haben könnte. Das soll allerdings die visuelle Versiertheit des Arztes aus London keinesfalls schmälern.

---

1.   Vgl. *http://www.umapper.com/maps/view/id/43438.*

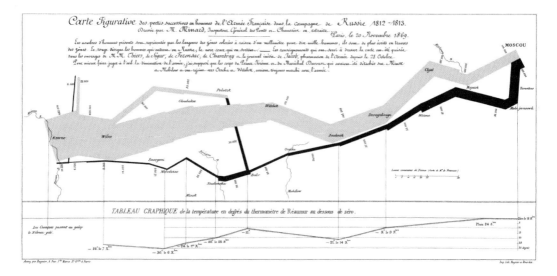

Über Abbildung 2–12, sagt Edward Tufte in seinem Standardwerk »The Visual Display of Quantitative Information« [Tufte 1983]:

> *»It may well be the best statistical graphic ever drawn.«*

Abb. 2-12
Charles Minard (1869): Napoleons Russland-feldzug 1812-1813

Seitdem kommen fast kein Buch und kaum ein Vortrag zum Thema Visualisierung ohne diese Darstellung aus. Doch warum bekommt Charles Minard posthum solch ein Kompliment und warum wird dieser visualisierte Feldzug als so wichtig erachtet? Der Grund ist die sehr hohe Informationsdichte. Der Ausspruch »Ein Bild sagt mehr als tausend Worte« ist hier sehr treffend.

Zu sehen ist Napoleons katastrophal endender Russlandfeldzug 1812-1813, zwei Jahre bevor er sein sprichwörtliches Waterloo erlebte. Die helle Fläche bzw. Linie zeigt die Truppenstärke Napoleons beim Angriff, die schwarze Fläche bzw. Linie zeigt jene beim Rückzug. Die Größe gibt dabei die Truppenstärke an und der Betrachter erkennt wo Hilfstruppen hinzukamen. 1812 startete Napoleon mit 422.000 Mann in Kowno, von denen nur 100.000 in Moskau ankamen. Der Verlauf der Flächen zeigt den Weg der Truppen, den sie beim Angriff wählten und beim Rückzug. Des Weiteren sieht man unterhalb den Temperaturverlauf und die sehr niedrigen Gradzahlen. Zudem ist beispielsweise zu erkennen, dass die Entscheidung, während des Rückzugs den Weg über den Fluss Berezina zu wählen, die Truppenstärke halbierte.

Charles Minard

Zusammengefasst hat es Charles Minard Mitte des 19. Jahrhunderts geschafft, eine Grafik zu erstellen, die Aufschluss über die Stärke der Truppe, ihre Marschrichtung sowie ihren geografischen Weg gibt, wo sie zu welchem Zeitpunkt war und welche Temperatur es hatte.

Hohe Informationsdichte

Die Forderung nach einer hohen Informationsdichte – wie es heutige Information Designer immer wieder auch für die Geschäftswelt fordern – ist in diesem Beispiel voll erfüllt. Diesen bereitgestellten Informationsgehalt in einem Text oder tabellarisch darzustellen, würde etliche Seiten Papier verschlingen.

Willard C. Brinton

Willard C. Brinton wird in der Geschichte der Visualisierung nur selten ein Platz eingeräumt. Liest man das Buch »Graphic Methods for Presenting Facts« erscheint dies umso erstaunlicher. Willard C. Brinton ist der erste Information Designer. Er gibt in seinem 371-seitigen Werk Empfehlungen für gutes Information Design und beschreibt ausführlich Vor- und Nachteile von Diagrammen. Zudem gibt er Empfehlungen, welchem Diagramm der Vorzug vor einem anderen gegeben werden soll, um eine Botschaft zu vermitteln. So schreibt er: »*Horizontal bars have all the advantages of circles with none of the disadvantages*« [Brinton 1919], vgl. Abbildung 2–13.

Abb. 2–13
Willard C. Brinton (1919):
Graphic Methods for
Presenting Facts, S. 37

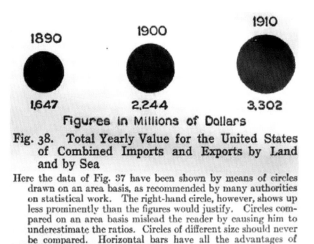

Otto Neurath

Gerüchten zufolge fand sich das Buch von Willard C. Brinton in dem Nachlass von Otto Neurath und soll diesen maßgeblich bei seinen Werken beeinflusst haben. Otto Neurath war österreichischer Philosoph und hat zusammen mit dem Grafiker Gerd Arntz ISOTYPE (International System of Typographic Picture Education) entworfen. Stellvertretend für die Vielzahl an Visualisierungen (eine Kombination von Diagrammen und Piktogrammen) soll hier Abbildung 2–14 gezeigt werden [Neurath 1930].

Die Ziele der Regeln von ISOTYPE sind, dass offensichtliche Unter-   *ISOTYPE*
schiede sofort ins Auge fallen und das Wichtigste auf den ersten Blick
deutlich wird. Die Methode besteht darin, dass nicht nur Zahlen und
Daten illustriert werden, sondern auch Zeichen, die unmittelbar zum
Bezeichneten stehen. So sind in Abbildung 2–14 die Geburten als Säug-
linge und die Sterbefälle als Särge dargestellt. Als weitere Forderungen
sind dieselben Zeichen für dieselben Dinge zu verwenden und eine
höhere Quantität durch eine höhere Anzahl von Zeichen bzw. Symbo-
len darzustellen und nicht etwa durch größere [Hartmann 2009]. Dieser Ansatz geht auf Willard Brinton zurück. Der hohe Grad an der
geforderten Standardisierung erinnert sehr stark an heute aktuelle und
erfolgreiche Konzepte wie SUCCESS von Rolf Hichert, das in
Abschnitt 3.2 vorgestellt wird.

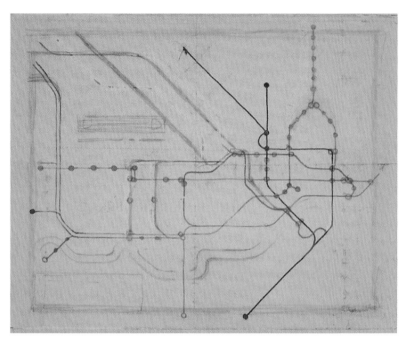

Harry Beck Bevor wir zur modernen Visualisierung kommen, sei hier noch die weltweit bekannte Karte von Harry Beck angesprochen. Sie zeigt die London Underground, die in Abbildung 2–15 als Skizze zu sehen ist. Sind die Information Designer, allen voran Edward Tufte, noch voll des Lobes bei Charles Minards Napoleon-Karte (vgl. Abbildung 2–12), dass er versucht, die geografischen Gegebenheiten exakt in seiner Visualisierung aufzuzeigen, verhält es sich hier anders. Der Verzicht auf geografische Genauigkeit macht den Reiz aus. Harry Beck gab Einfachheit und Konzentration auf das Wesentliche den Vorzug. Er selbst soll gesagt haben:

> *»If you're going underground, why*
> *do you need bother about geography?«*

2.5.3   Die Moderne – Information Design und interaktive Visualisierung

Jacques Bertin Information Design und interaktive Visualisierung sind relativ junge Felder in der Visualisierung von Daten. Die Wurzeln gehen auf die Arbeit von Jacques Bertin zurück, insbesondere seine Theorien über Grafiken und ihre Beschaffenheit in »The Semiology of Graphics« von 1967, die erst 1983 aus dem Französischen ins Englische übersetzt wurden [Bertin 1983]. Bertin beschreibt darin eine Rahmenstruktur bzw. Richtlinien für grundlegende Elemente in Diagrammen – in einer Zeit, in der die Diagrammerstellung noch nicht geprägt war durch Excel und PowerPoint.

Bertins Arbeit hat den wohl bekanntesten Information Designer unserer heutigen Zeit, Edward Tufte, sehr inspiriert, wie nebenbei bemerkt auch der oft vergessene Willard C. Brinton. 1983 veröffentlichte Tufte »The Visual Display of Quantitative Information«, das heute noch als das Standardwerk zum Thema Information Design gilt [Tufte 1983]. Vor allem die dort aufgestellten Prinzipien für »Graphical Excellence« und »Graphical Integrity« sind bis heute richtungsweisend für gutes Information Design. In der Tradition Tufte stehen auch Stephen Few und Rolf Hichert, deren Arbeiten in Abschnitt 3.2 und Abschnitt 4.3.1 vorgestellt und herangezogen werden, um Richtlinien für ein gutes Design von Informationen aufzuzeigen.

Edward Tufte

Mit der stärkeren Nutzung des Computers in immer mehr Lebens- und Unternehmensbereichen wurde das Design interaktiver Darstellungen und dynamischer Visualisierungen zunehmend wichtig. Die interaktive Visualisierung erweitert das Information Design um weitere Möglichkeiten. Die Grundlagen des Information Design bleiben aber weiterhin gültig. Abbildung 2–16 zeigt diesen Zusammenhang der beiden Themen im Überblick.

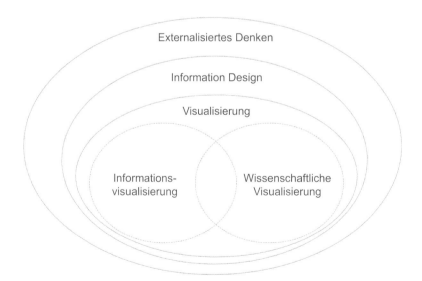

Abb. 2–16

Information Design und interaktive Visualisierung sind Methoden zur Unterstützung des Denkprozesses mit externen Hilfsmitteln.

Die ersten Nutzer interaktiver Visualisierung waren Forscher aus den Bereichen der Physik und der Geografie. Diese Forscher wollten Daten visualisieren, die aus Experimenten hervorgingen oder die einen direkten Bezug zur physischen Welt hatten. Jeder Datensatz hatte also eine vorgegebene Position in einem natürlich dreidimensionalen Umfeld.

Wissenschaftliche Visualisierung

Die Fragestellungen der Visualisierung drehten sich stark um die möglichst effiziente und einfach erfassbare Darstellung dieser physikalisch basierten Daten. Unter dem Namen »wissenschaftliche Visualisierung« arbeiten Forscher seit 1985 an Lösungen in diesem Umfeld.

Abb. 2-17
Beispiel einer wissenschaftlichen Visualisierung von physikalisch basierten Daten in Ergänzung einer CT-Aufnahme (Quelle: Fraunhofer IGD)

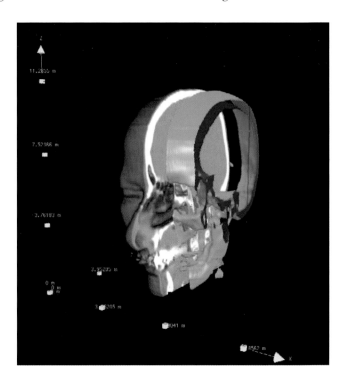

Informationsvisualisierung

Einige Jahre später entstand das Gebiet der Informationsvisualisierung unter maßgeblichem Einfluss u.a. von Stuart Card, Jock Makkinlay und Ben Shneiderman. Vor allem Shneiderman ist weltweit bekannt für sein in den 90er-Jahren aufgestelltes Mantra der Informationsvisualisierung. Es enthält die drei Kernaussagen: Zeige einen Überblick über alle Daten, biete gute Zoom- und Filterfunktionalitäten und zeige Details auf Anfrage. Eine Richtlinie, die den modernen Bau von Dashboards bis heute prägt bzw. prägen sollte, dazu mehr in Abschnitt 4.2. Einen weiteren großen Beitrag lieferte Stuart Card in seinem nunmehr zum Klassiker gewordenen Buch »The Psychology of Human-Computer Interaction« [Card et al. 1986], in dem er, wie der Name schon sagt, die Interaktion zwischen Mensch und Computer genauer untersucht. Welche Möglichkeiten aus dieser Zusammenarbeit entstehen – vor allem bezogen auf die visuelle Analyse – wird in Kapitel 5 genauer betrachtet.

2.6   Zusammenfassung

Dieses Kapitel hat sich mit Daten, Informationen und Wissen beschäftigt. Dies geschah immer unter dem Gesichtspunkt, was wir über Daten wissen sollten, damit wir sie besser visualisieren und für die Entscheidungsfindung nutzen können. Daten, Informationen und Wissen haben wir als voneinander abhängige Konzepte definiert, die ineinander überführt werden können. Daten sind das Rohmaterial der heutigen Informationswelt. Erst durch Kontext ergeben Daten einen Sinn und werden zu Informationen. Daher haben wir zwischen Syntax und Semantik unterschieden. Die Syntax der Daten wird über den Datentyp bestimmt, der wiederum Ausgangspunkt für die Auswahl einer geeigneten Visualisierungstechnik ist. Bei den Datentypen haben wir zwischen Listen und Tabellen, Text, geografischen Daten, zeitabhängigen Daten, Netzwerken und Graphen sowie Hierarchien und Bäumen unterschieden.

Durch Kontext und Metadaten erhalten Daten eine Bedeutung. Die formale Beschreibung dieser Bedeutung haben wir übereinstimmend mit einer gängigen Definition in diesem Buch als Semantik eingeführt. Eine solche Semantik wird gerne über Metadaten beschrieben. Sind Metadaten noch recht eingeschränkte Beschreibungen, so kann mit Ontologien und semantischen Netzen auch höherwertiges Wissen repräsentiert werden. Dieses Wissen kann wiederum genutzt werden, um Informationen und Suchergebnisse noch besser auf die Benutzer und ihre Entscheidungen zuzuschneiden.

Den Abschluss des Kapitels bildete eine Historie der Visualisierung. Den Beginn bildeten frühe Darstellungen, wie die von William Playfair, die Cholera-Karte von Dr. John Snow und die Darstellung des Napoleon-Feldzugs von Charles Minard. Diese Beispiele zeigen auch heute noch, wie eine Vielzahl an Informationen mittels Visualisierung verständlich vermittelt werden kann. Die weitere Historie erstreckte sich bis hin zum Beginn der wissenschaftlichen Visualisierung und der heutigen Informationsvisualisierung. Dieses Kapitel sollte Ihnen damit ein gutes Verständnis der bisherigen Arbeiten gegeben haben, sodass wir in den Kapiteln zum Information Design, zu Visual Business Intelligence und zu Visual Analytics in viele nützliche Details einsteigen können.

3 Reporting und Information Design

	NUTZER	EINSATZGEBIETE	DATEN	VISUALISIERUNG
INFORMATION DESIGN	Entscheider	Reporting	Berichtsdaten	statisch
VISUAL BUSINESS INTELLIGENCE	BI-Anwender	Dashboarding	strukturierte Daten	interaktiv
VISUAL ANALYTICS	Data Scientist	Big Data	Rohdaten	explorativ

3.1 Reporting

In der heutigen Geschäftswelt gilt es mehr denn je, in kurzer Zeit businessrelevante Fragen zu beantworten. Zeit ist zu einem sehr hohen Gut geworden. Nur schnelle Unternehmen sind erfolgreiche. Fehler bei der Kommunikation, die zu Verzögerungen von Entscheidungen führen, sind daher inakzeptabel. Deswegen müssen Antworten auf Fragen klar, unmissverständlich und präzise formuliert werden.

Das sind klassische Sätze in Büchern und Vorträgen zu den Themen Reporting und Information Design. Auch wenn die oben aufgeführten Sätze scharf klingen, so soll ihnen an dieser Stelle uneingeschränkt recht gegeben werden.

Abb. 3–1

Information Design als Weg der Entscheidungsfindung in Visual Business Analytics (VBA)

Relevanz von Daten und
Informationen

Unternehmen haben diese Sachverhalte schon länger erkannt und deswegen in den letzten Jahrzehnten sehr viel Zeit und Geld in ihre IT und Software investiert, um Daten und Informationen für die fundierte Entscheidungsfindung bereitzustellen. In (Groß-)Unternehmen stellt es in der Regel heutzutage kein Problem dar, eine ausreichende Quantität an Daten für das Management bereitzustellen [Bassler 2010]. Diese große verfügbare Informationsmenge – als Stichwort sei Big Data genannt – stellt Controller, Assistenten, BI-Spezialisten vor neue Herausforderungen. Sie müssen sich nicht mehr Gedanken machen: »Wie bekomme ich die Daten und Informationen?«, sondern: »Welche gebe ich weiter und wie bereite ich sie auf«, sodass Entscheidungen getroffen werden können.

»Information Overload«

Der Ersteller von Berichten, Präsentationen oder auch nur der Verfasser von E-Mails fungiert dabei als Filter. Er muss die Daten und Informationen analysieren, auswerten und schließlich präsentieren. Allerdings funktioniert diese Filterfunktion oftmals in Unternehmen nicht richtig. Den Entscheidern wird ein Überangebot an Informationen präsentiert. Schon seit den 90ern wird daher das Thema »Information Overloads« strapaziert. Wie viel des Informationsangebots in Unternehmen wahrgenommen wird, lässt sich nicht mit Gewissheit sagen. Experten sprechen von lediglich 8 % [Bassler 2010].

Entscheider sind oftmals gezwungen, sich die gewünschten Informationen selbst zu erarbeiten, was im stressigen Alltagsgeschäft kaum machbar ist. Daher kommt es in Unternehmen oft vor, dass Entscheider die bereitgestellten Informationen ignorieren, da ihre Aufnahmefähigkeit längst überschritten ist. Entscheidungen werden dann im schlimmsten Fall aufgrund von Bauchgefühl getroffen und nicht auf Basis der bereitgestellten Informationen. Dass dadurch die Wahrscheinlichkeit von Fehlentscheidungen steigt, liegt auf der Hand. Obwohl eine Vielzahl an Daten verfügbar ist – oft als ewig lange Tabelle –, beklagen trotzdem Entscheider, dass entscheidungsrelevante Informationen nicht ausreichend oder nicht rechtzeitig vorhanden sind.

Controlling und Business-
Intelligence-Einheiten

Im klassischen Reporting (Berichtswesen) ist das Controlling für die Versorgung des Managements mit führungsrelevanten Informationen verantwortlich. Gerade in jüngerer Zeit jedoch teilt sich diese Aufgabe das Controlling mit Business-Intelligence-Einheiten. Dies führt naturgemäß in Unternehmen zu Spannungen zwischen den einzelnen Bereichen. Diskussionen über fachliche Anforderungen und technische Machbarkeit sind oft unausweichlich. Gelten die eher IT-lastigen Mitarbeiter als Schwarzseher, so verfügen die Fachbereiche oftmals nicht über das technische Verständnis. Das Resultat ist, dass Zuständigkeiten nicht klar geregelt sind und das Reporting keinem formalen Prozess unterliegt, sondern nur projekt- und zufallsgetrieben ist. Oft müssen dann Entscheider Reports dezidiert anfragen, damit Controlling und IT sich aufeinander zubewegen.

Die Informationsversorgungsaufgabe des Managements besteht aus zwei großen Blöcken. Zum einen muss eine Lösung entwickelt und implementiert werden (Data Warehouse), zum anderen schließlich auch aktiv betrieben werden. Während bei der Einführung eher Business-Intelligence-Experten für laufende Systeme verantwortlich sind, so ist es doch während des Betriebs am Controlling, die Reports zu definieren, die dem Management vorgesetzt werden bzw. die sie selbst nutzen möchten, um Entscheidungen zu treffen.

Das Reporting ist natürlich nicht nur Hoheitsgebiet vom Management und Controlling, sondern auch Leiter von Unternehmensbereichen bis hin zu operativen Einheiten treffen auf Grundlage der bereitgestellten Reports Entscheidungen. Ziel und Zweck ist es jeweils, Transparenz zu schaffen, um Sachverhalte besser einschätzen zu können. Dies führt dann im Idealfall zur Verbesserung der gegenwärtigen Situation. Grob lassen sich Reports in vier verschiedene Zwecke unterteilen [Bassler 2010]:

Ziel und Zweck von Reports

- Dokumentation
- Planung
- Kontrolle (Monitoring)
- Steuerung

Die folgenden Abschnitte geben darüber Auskunft, wie Reports am besten gestaltet werden, damit der Entscheider schnell das Wesentliche begreifen und daraus eine Entscheidung ableiten kann.

3.2   Information Design

Abb. 3–2

Der Entscheider im

VBA-Modell

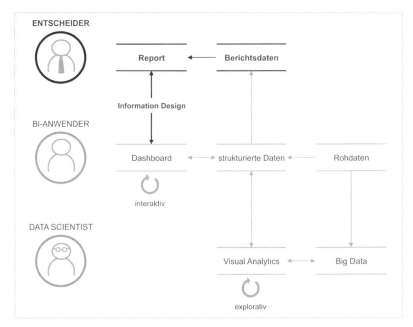

Abb. 3–3

Bedeutung von

Visualisierungen für die

Geschäftskommunikation

[Kohlhammer et al. 2012]

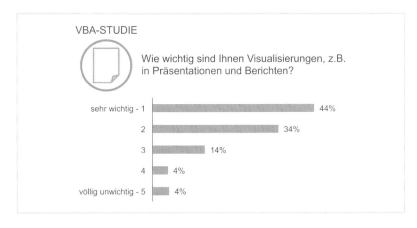

Die VBA-Studie 2012 [Kohlhammer et al. 2012] zeigt ein eindeutiges Bild (vgl. Abb. 3–3) Die Teilnehmer finden Visualisierung zu 78 % wichtig oder sehr wichtig. Dies bestätigt auch eine in 2011 durchgeführte Studie des TDWI [Eckerson & Hammond 2011]. Da liegt der Wert bei 74 %[1]. Dabei scheint die Unternehmensgröße keine Rolle zu

---

1.   210 Teilnehmer.

spielen. Schließlich betreiben alle Unternehmen Reporting und die meisten – wenn auch in verschiedenen Ausprägungen – BI.

Obwohl fast alle Teilnehmer beider Studien Visualisierung als sehr wichtig ansehen, zeigt die TDWI-Studie, dass 65 % der Inhalte in Form von Tabellen übermittelt werden. Dies deckt sich auch mit unseren Erfahrungen. Oftmals werden die Daten den Empfängern nur in Tabellen zur Verfügung gestellt. Die Möglichkeiten, die die Visualisierung bietet, werden nicht genutzt. Der Grund dafür ist meist, dass Kenntnisse zum Thema Visualisierung seitens der »Informationsaufbereiter« fehlen. Hinzu kommt oftmals noch eine schwierige Bedienung der BI-Tools, die Expertenwissen erfordern, um geeignet zu visualisieren. Zudem wird das Visualisieren zusätzlich dadurch erschwert, dass kaum Normen und Standards in Unternehmen etabliert sind, wie Daten und Informationen visuell vermittelt werden (vgl. Abb. 3–4). Nur 36 % geben an, dass solche Richtlinien im Unternehmen vorhanden sind. Dabei lässt sich allerdings erkennen, dass größere Unternehmen eher über solche Visualisierungsstandards verfügen als kleine. Welchen Detailierungsgrad die Normen und Standards haben, ist aus der Studie nicht ersichtlich. Ob es sich dabei um eine sehr ausführliche und detaillierte Information-Design-Richtlinie handelt (wie im weiteren Verlauf dieses Kapitels beschrieben), bleibt also offen.

Tabelle vs. Visualisierungen

VBA-STUDIE

Gibt es in Ihrer Organisation / Ihrem Unternehmen festgelegte Normen und Standards für die Visualisierung von Daten und Informationen?

nein 46%
ja 36%
nein, aber geplant 18%

Abb. 3–4
Einsatz festgelegter Normen und Standards für die Visualisierung von Daten und Informationen in Unternehmen [Kohlhammer et al. 2012]

Sehr beachtenswert ist auch, dass 18 % derzeit die Einführung von Normen und Standards planten. Dies zeigt, dass Visualisierung und insbesondere ihre Standardisierung in Form von Richtlinien ein Thema in Unternehmen wird. Vor allem die zahlreichen Vorträge von Rolf Hichert in den letzten Jahren zu diesem Thema werden einen sehr großen Anteil am Ergebnis haben.

Visualisierungen werden von ihren Erstellern oft missbraucht. Sie werden eingesetzt als schmückendes Beiwerk nach dem Motto: »Visualisierung darf nicht fehlen!« oder: »So sieht der Report besser aus!«. Dies geht komplett an der Funktion, die Visualisierungen erfüllen sollen, vorbei. Visualisierungen sollen nicht nur ein Zusatz zu Tabellen

Diagramme und Tabellen

oder anderweitig angeordneten Zahlen sein, sondern gerade diese sinnvoll ergänzen und im besten Fall ersetzen. Sie sollen dem Betrachter eine Hilfestellung geben, Sachverhalte schnell erkennen zu können. Die Hauptaufgabe von Tabellen und Diagrammen in Unternehmen besteht darin, die wichtigen Informationen in einer effektiven Art und Weise wiederzugeben. Sie sollen weder unterhalten noch zum Selbstzweck erstellt werden noch langweilige Zahlen interessant machen [Few 2009]. Im schlimmsten Fall führt schlechte Visualisierung dazu, dass es dem Empfänger erschwert wird, an die erforderlichen Informationen zu kommen.

Damit Visualisierungen ihren Zweck erfüllen – den Prozess des Verstehens seitens des Betrachters zu erleichtern –, bietet sich Information Design an. Information Design ist keine Wissenschaft, auch wenn es sich wissenschaftlicher Erkenntnisse verschiedener Disziplinen bedient z. B. der Wahrnehmungspsychologie oder Linguistik. Information Design beruht in erster Linie auf Erfahrungswerten und Studien.

Information Designer Die bekanntesten Information Designer sind Edward Tufte, Stephen Few und vor allem in Deutschland Rolf Hichert. Die VBA-Studie ergab, dass Hichert etwa 50 % der Teilnehmer kannten, Tufte 29 % und Few immer noch 22 %. Junge Information Designer, die vor allem in den USA beheimatet sind, wie etwa Noah Iliinsky oder Andy Kirk, sind kaum bekannt. 30 % der Teilnehmer kannten keinen.

Der als Vater des Information Design geltende Edward Tufte veröffentlichte bereits 1983 das bis heute als Standardwerk angesehene Buch »The Visual Display of Quantitative Information« [Tufte 1983]. Warum allerdings Information Design in einer Vielzahl von Unternehmen immer noch nicht angekommen ist und nicht aktiv genutzt wird, kann an dieser Stelle nicht detailliert erörtert werden. Im Folgenden sollen allerdings einige Vermutungen angestellt werden.

Richtlinien für visuelle Information Design erfordert einen hohen Aufwand. Richtlinien
Darstellungen für die Darstellung von Diagrammen und Tabellen im Reporting müssen aufgestellt, überprüft und schließlich eingehalten werden. Dies bedeutet für Unternehmen, dass sie entweder einen externen Information Designer beauftragen oder einen oder mehrere Mitarbeiter im Unternehmen dahingehend ausbilden müssen, wie gutes Information Design funktioniert. Damit dann auch einmal definierte Richtlinien für das Reporting umgesetzt werden, müssen Mitarbeiter zumindest aus der Abteilung Reporting ausgebildet werden. In der Schule oder Universität gab es schließlich kein Fach oder kaum ein Seminar, in dem gutes Information Design vermittelt wurde.

Neben diesem Aufwand ist wahrscheinlich auch die Unkenntnis ein Grund dafür, dass Unternehmen Information Design nicht konsequent umsetzen. Erst seit den letzten Jahren rückt das Thema verstärkt in den Mittelpunkt. In den USA werden viele Bücher rund um Information Design und Datenvisualisierung veröffentlicht. In Deutschland ist das Thema mittlerweile auch angekommen, nicht zuletzt durch Rolf Hichert und Researchanalysten, die die Visualisierung von Daten und damit auch Information Design als Trendthema platzieren.

Ein sehr gutes Regelwerk für gutes Information Design, das Visualisierungs- und Gestaltungsregeln sowohl für Diagramme als auch Tabellen mit dem Nutzen für das Business verbindet, ist SUCCESS von dem eben schon erwähnten Rolf Hichert (*www.hichert.com*, [Gerths & Hichert 2013]). Hichert schlägt sieben Regelbereiche vor, die sowohl für die schriftliche als auch mündliche Geschäftskommunikation gelten sollen. Die Buchstaben SUCCESS stehen dabei jeweils für einen Regelbereich, der sich aus mehreren Detailregeln zusammensetzt.

HICHERT® SUCCESS

SAY	Botschaften vermitteln.
UNIFY	Bedeutung vereinheitlichen.
CONDENSE	Information verdichten.
CHECK	Qualität sicherstellen.
ENABLE	Konzept verwirklichen.
SIMPLIFY	Kompliziertheit vermeiden.
STRUCTURE	Inhalt gliedern.

Tab. 3–1
SUCCESS nach
Rolf Hichert

Das Ziel von Information Design ist, durch die Wahl der geeigneten Darstellung Daten und Informationen derart zu vermitteln, dass Entscheider das zu Vermittelnde leicht verstehen und schließlich ihre Aufgabe erfüllen: Entscheidungen zu treffen. Im Folgenden werden Empfehlungen gegeben, wie dieses Ziel erreicht werden kann. Geeignete und ungeeignete Visualisierungen in Form von Diagrammen werden vorgestellt und Anwendungsbeispiele aufgezeigt. Zudem wird beschrieben, warum die Einführung einer Information-Design-Richtlinie in Unternehmen sinnvoll ist und was es bei der Einführung zu beachten gibt.

3.3   Diagramme

Lesen von Diagrammen

Ein Diagramm, abgeleitet von dem griechischen Wort diagramma, bedeutet dem sprachlichen Ursprung nach Umriss. Die heutige Definition ist allgemein die grafische Darstellung von Daten, Sachverhalten oder Informationen. Die Nutzung von Diagrammen dient vor allem dazu, einen oder mehrere Zusammenhänge zu verdeutlichen. Der Betrachter braucht allerdings Vorwissen (den Code), um Diagramme analysieren zu können. Dies unterscheidet Diagramme von Piktogrammen. Letztere sind meist ein einzelnes Symbol oder Icon, das eine Information direkt vermittelt anhand einer grafischen Darstellung. In der Regel ist diese Form der Darstellung für den Menschen unmittelbar verständlich [Meißner 2004]. In Abbildung 2–14 in Abschnitt 2.5.2 wird dieses deutlich an dem gezeigten Beispiel von Otto Neurath. Dargestellt ist ein Säugling, den der Betrachter mit einer Geburt assoziiert. Bei Diagrammen verhält es sich schwieriger. Wer saß noch nicht vor einem Diagramm (meist zu Schulzeiten), das er nicht sofort entschlüsseln konnte, weil ihm der Diagrammtyp fremd war (fehlender Code!) oder die Darstellung des Diagramms so unübersichtlich war, dass man einige Zeit brauchte, um sich zurechtzufinden.

Entscheidend für den Erfolg einer Visualisierung ist, dass das geeignete Diagramm für die vorliegenden Daten verwendet wird. Der richtige Einsatz von Diagrammen ist dabei keine Wissenschaft. Die Empfehlungen in den folgenden Kapiteln sollten daher vor allem als Orientierungshilfe dienen, Erstellern und Betrachtern das Leben zu erleichtern [Zelazny 2009].

Bezeichnung Diagrammtypen

Im Folgenden sollen die gängigen Diagrammtypen, die in der heutigen Geschäftswelt zum Einsatz kommen, vorgestellt, analysiert und bewertet werden. Dabei werden Vor- und Nachteile der Diagramme aufgezeigt. Diese Diagramme werden in der Regel für die Darstellung von Umsätzen, Gewinnen, Marktanteilen, Personalständen oder anderen betriebswirtschaftlichen Messgrößen genutzt. Die Bezeichnungen der folgenden Diagramme sind Microsoft Office 2010 entnommen. Die Entscheidung zugunsten Microsoft Office gegenüber der wissenschaftlichen Bezeichnung liegt darin begründet, dass diese Bezeichnungen in der modernen Geschäftswelt weite Verbreitung finden und dass sich ein Ersteller von Diagrammen aufgrund der Bekanntheit schnell zurechtfindet. Es sei an dieser Stelle ausdrücklich darauf hingewiesen, dass alle vorgestellten Diagrammtypen und ihre Verwendung auch für Software von BI-Herstellern gelten können.

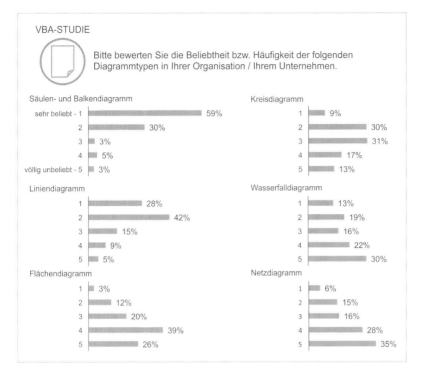

Abb. 3–5
Beliebtheit und Häufigkeit
von Diagrammen in
Unternehmen
[Kohlhammer et al. 2012]

Abbildung 3–5 zeigt ein recht eindeutiges Bild. Die Verwendung von Säulen- und Balkendiagrammen ist in Unternehmen sehr beliebt. Auch Kreis- und Liniendiagramme erfreuen sich größerer Beliebtheit, während Netz- und Flächendiagramme die hinteren Plätze belegen.

3.3.1 Säulen- und Balkendiagramme

Im allgemeinen Sprachgebrauch werden oft die Begriffe Säulendiagramm und Balkendiagramm synonym verwendet, wobei die Bezeichnung Balkendiagramme in der modernen Geschäftswelt überwiegt. Der Unterschied zwischen beiden Diagrammen liegt darin, dass im Säulendiagramm die Säulen vertikal an der x-Achse ausgerichtet sind, während bei einem Balkendiagramm die Balken horizontal an der y-Achse ausgerichtet sind (vgl. Abb. 3–6) [Jacobs 1994].

Unterscheidung Säulen-
und Balkendiagramm

Abb. 3–6

Säulen- und Balken-

diagramme

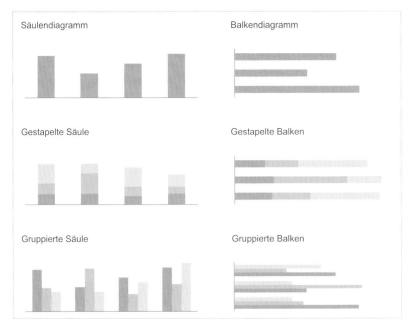

Die Höhe der Säulen bzw. Balken im Diagramm repräsentiert die Größe der ihnen zugeordneten Werte. Der Breite der Säulen bzw. Balken kommt in der Regel keine Bedeutung zu und hat keinen weiteren Aussagewert, es sei denn, ihr wurde eine bestimmte Diagrammnotation in einer Information-Design-Richtlinie zugeschrieben. Wie dies im Detail aussehen kann, wird in Abschnitt 3.4.4 genauer beschrieben.

Gruppierte und gestapelte
Säulen- bzw.
Balkendiagramme

Untergruppen des Säulen- und Balkendiagramms sind das gestapelte Säulen- bzw. Balkendiagramm sowie das gruppierte Säulen- bzw. Balkendiagramm. Das gestapelte Säulen- bzw. Balkendiagramm besteht aus Säulen bzw. Balken, die sich aus Teilsäulen bzw. -balken ergeben und jeweils einer anderen Kategorie zugeordnet sind. Die Summe aller Werte der Teilsäulen bzw. -balken ergeben die Höhe der Gesamtsäule bzw. des Gesamtbalkens. Ein gestapeltes Säulen- bzw. Balkendiagramm kann auch prozentual dargestellt werden. Die Höhe jeder Säule bzw. jedes Balkens entspricht dann immer der Gesamthöhe des Diagramms. Die Teilsäulen bzw. -balken werden dort als Prozentsatz der jeweiligen Gesamtsäule bzw. des Gesamtbalkens abgebildet. Gestapelte Säulen- und Balkendiagramme werden zudem oft durch gestrichelte Hilfslinien verbunden.

In gruppierten Säulen- und Balkendiagrammen werden Säulen bzw. Balken nebeneinander einer Kategorie zugeordnet dargestellt. Die Unterscheidung der Säulen bzw. Balken (genauso wie beim gestapelten

Säulen- bzw. Balkendiagramm) erfolgt in der Regel durch unterschiedliche Farben oder Schraffierungen.

Anwendungsbeispiele für Säulendiagramme

Säulendiagramme eignen sich besonders gut für Zeitreihenvergleiche. Durch die Höhe der Säulen ist gut erkennbar, wie sich eine Entwicklung im Laufe der Zeit vollzogen hat. Ebenso eignen sie sich gut für Häufigkeitsvergleiche (vgl. Abb. 3–7). Für gewöhnlich wird das Säulendiagramm dann als Histogramm bezeichnet [Zelazny 2009 b].

Zeitreihenvergleiche

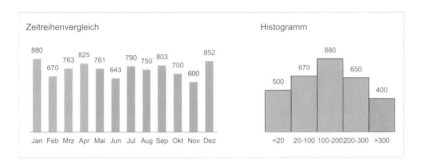

Abb. 3–7
Zeitreihen- und Häufigkeitsvergleich mit Säulendiagrammen

Säulendiagramme werden allerdings ab 12 Kategorien schnell unübersichtlich. Will ein Ersteller einen längeren Zeitraum, beispielsweise über zwei Jahre, auf Wochenebene darstellen, so sollte zu einem Liniendiagramm gegriffen werden (vgl. Abschnitt 3.3.3).

Auch als Microchart lässt sich ein Säulendiagramm sehr gut verwenden. Zwar werden die Datenbeschriftungen nicht direkt im Diagramm bzw. Microchart oberhalb der Balken angezeigt, was zulasten der Genauigkeit geht, aber der Betrachter kann den Wert visuell im Zeitreihenvergleich einordnen (vgl. Abb. 3–8).

Säulen- oder Liniendiagramm

UMSATZ PRO PRODUKTGRUPPE

Letzte 12 Monate		%	EUR	
	Produktgruppe A	42,5%	363.557	
	Produktgruppe B	28,2%	244.669	
	Produktgruppe C	12,3%	100.121	
	Produktgruppe D	9,7%	80.009	
	Produktgruppe E	9,1%	77.967	

Abb. 3–8
Säulendiagramme als Microchart nach Produktgruppen

Wenn solche Säulendiagramme als Microchart verwendet werden, sollte dem Betrachter auch stets die Möglichkeit gegeben werden, diese vergrößern zu können. Während dies in modernen BI-Tools meist kein

Microcharts

Problem darstellt (vgl. Abschnitt 4.3.1), sollten in Reports auf Papier die Diagramme in voller Größe im Anhang nochmals aufgeführt sein.

Anwendungsbeispiele für Balkendiagramme

Strukturvergleiche

Um Strukturvergleiche zu visualisieren, eignen sich besonders Balkendiagramme. Unter Strukturvergleichen verstehen wir beispielsweise Darstellungen, in denen nach Regionen, Produkten, Kunden, Wettbewerbern usw. unterschieden wird. Das Balkendiagramm stellt die Balken entlang der vertikalen y-Achse dar. Dies erlaubt es, dass die Bezeichnungen der Kategorien länger ausfallen können als beispielsweise in einem Säulendiagramm, ohne dass die Darstellung unübersichtlich wird (vgl. Abb. 3–9).

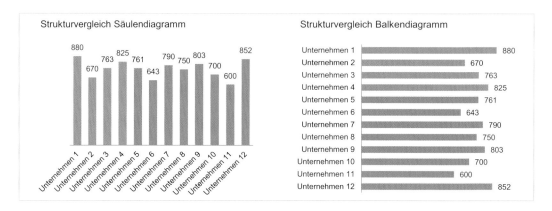

Abb. 3–9

Strukturvergleich mit Säulen- und Balkendiagramm

In den folgenden Beispielen, vor allem in Abschnitt 4.3, wird die Empfehlung, Balkendiagramme für Strukturvergleiche zu nutzen und Säulendiagramme für Zeitreihenvergleiche, stets befolgt.

Balkendiagramme eignen sich hervorragend, um Rangfolgenvergleiche darzustellen (vgl. Abb. 3 11). So ist es in der Diagrammform leicht möglich, nach Größe der Balken zu ordnen. Gängige Fragestellungen, wie beispielsweise: »Welche Region verzeichnet den größten Umsatz?« oder: »Welcher Wettbewerber hat den größten Marktanteil?« können mittels der Sortierung schnell beantwortet werden (vgl. Abb. 3–11).

3.3.2   Kreisdiagramme

Kreisdiagramme (auch Torten- oder Kuchendiagramme oder engl. Pie Charts genannt) gehören in vielen Unternehmen zu einer beliebten Darstellungsform (vgl. Abb. 3–5). Zudem trifft man sie häufig in journalistischen Publikationen an. Kreisdiagramme gibt es in verschiedensten Ausführungen (vgl. Abb. 3–10).

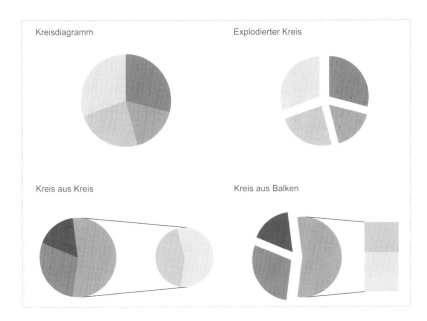

Abb. 3–10
Kreisdiagramme

Ein Kreisdiagramm ist kreisförmig und in mehrere Sektoren eingeteilt. Jeder Sektor bildet einen Teilwert ab und der Kreis ist somit die Summe aller Teilwerte. Meistens werden Kreisdiagramme eingesetzt für die Darstellung von Verteilungen und Anteilen.

Stephen Few bemerkt in seinem Buch »Now you see it«, in dem es eine wirklich sehr kurze Geschichte der Datenvisualisierung gibt, dass William Playfair das Kreisdiagramm an einen seiner »off Days« erfunden hat [Few 2009]. Spöttisch wird in zahlreichen Information-Design-Blogs behauptet, dass Kreisdiagramme eher dazu geeignet wären, Gedanken an das anstehende Kuchenbuffet auszulösen, als sinnvoll Informationen zu vermitteln. Aber warum stehen Kreisdiagramme so in der Kritik, obwohl sie ein sehr beliebtes Visualisierungsmittel sind? Kaum ein Geschäftsbericht in Deutschland kommt ohne Kreisdiagramm oder Ring aus.

Kritik an Kreisdiagrammen

Oftmals wird behauptet, dass es in Kreisdiagrammen aufgrund der Flächendarstellung schwerer sei, einzelne Anteile zu erkennen als in Säulen- oder Balkendiagrammen. Entgegen der Skepsis von Tufte und Few hat sich allerdings schon früh gezeigt, dass dies nicht der Fall ist [Bassler 2010]. Das Problem, warum Kreisdiagramme oftmals ungeeignet sind, liegt woanders.

Kreisdiagramme werden immer dann unübersichtlich und sind für Betrachter schwer zu lesen, wenn diese komplexere Sachverhalte abbilden sollen. Während beispielsweise Kreisdiagramme Marktanteile von bis zu 6 Teilnehmern noch sehr gut abbilden können, wird es darüber

Grenzen des Kreisdiagramms

hinaus schwierig. Oftmals werden dann weitere Marktteilnehmer unter Sonstige zusammengefasst. Dies geht natürlich zulasten der Genauigkeit. Vielleicht sind für den Betrachter gerade die kleinen Anteile besonders interessant. Dieses kann umgangen werden, wenn anstelle eines Kreisdiagramms ein Balkendiagramm verwendet wird (vgl. Abb. 3–11). Generell gilt, dass ein Balkendiagramm die Aufgabe, Daten und Informationen zu visualisieren, fast immer besser oder wenigstens genauso gut erledigt.

Abb. 3–11
Marktanteile dargestellt
mittels eines Kreis- und
eines Balkendiagramms

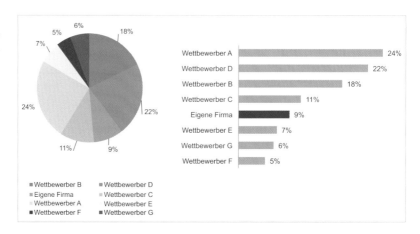

Kreis- oder
Balkendiagramm
Ein anderer Vorteil eines Balkendiagramms gegenüber einem Kreisdiagramm ist, dass die Beschriftung direkt an der Visualisierung steht, die den Wert wiedergibt. Während der Betrachter sich in einem Kreisdiagramm die jeweilige Farbe merken und diese in der Legende suchen muss, weiß er im Balkendiagramm intuitiv, dass der Balken rechts von der Beschriftung zugehörig ist. Zudem können im Balkendiagramm weniger Farben verwendet werden, da die Zuordnung durch die Anordnung erfolgt. Dies ermöglicht dann auch den Einsatz von Farben, um wie in Abbildung 3–11, die eigene Firma hervorzuheben. Ausführlich widmen wir uns dem Einsatz von Farben im Reporting in Abschnitt 3.4.1. Auch die Aufgabe, die Rangfolge anzuzeigen, das Balkendiagramm besser. Im Kreisdiagramm ist es nur schwer möglich, einen Anfang zu bestimmen. Oftmals wird mit dem größten Wert auf 12 Uhr begonnen, aber dies ist keine so anerkannte Konvention wie die Anordnung von oben nach unten im Balkendiagramm.

In der VBA-Studie 2012 [Kohlhammer et al. 2012] wurde gefragt, welches Diagramm die Teilnehmer für am geeignetsten halten, um Marktanteile zu ermitteln. Unter den angegebenen Diagrammen war das in Abbildung 3–12 gezeigte Kreis- und Balkendiagramm sowie ein gestapeltes Säulen- und Ringdiagramm.

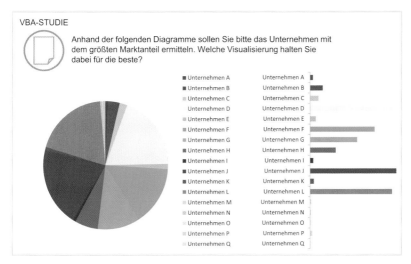

Abb. 3–12

Marktanteile dargestellt

im Kreis- und

Balkendiagramm

[Kohlhammer et al. 2012]

Das Ergebnis war sehr eindeutig 96 % bevorzugen das Balkendiagramm als Darstellung, während nur 1 % sich für das Kreisdiagramm aussprach. Umso erstaunlicher ist es, dass Kreisdiagramme dennoch so oft verwendet werden, um Marktanteile aufzuzeigen.

Eine andere große Schwäche des Kreisdiagramms ist, dass es sich schlecht eignet, um zeitliche Entwicklungen mittels mehrerer Diagramme darzustellen. Auch hier ist das Balkendiagramm eine bessere Wahl (vgl. Abb. 3–13).

Die unterschiedlichen Längen der Balken über die Jahre lassen sich in einer Linie besser vergleichen als die Flächen im Kreisdiagramm. Durch die Veränderungen der Werte ist es sehr schwer, einzelne Werte zuzuordnen.

Anwendungsbeispiele

Bei all den aufgezählten Schwächen hat das Kreisdiagramm allerdings auch eine Stärke gegenüber dem Balkendiagramm. Visuell ist es einfacher im Kreisdiagramm zu erfassen, wie viel ein einzelner Teil vom Ganzen ausmacht. Ein Balkendiagramm müsste man gedanklich stapeln, um denselben Effekt zu erreichen. So eignen sich Kreisdiagramme vor allem als Microcharts z.B. in Dashboards, um beispielsweise eine visuelle Stütze zu geben, wie viel eine Produktgruppe am Gesamtumsatz ausmacht (vgl. Abb. 3–14).

Kreisdiagramm als Microchart

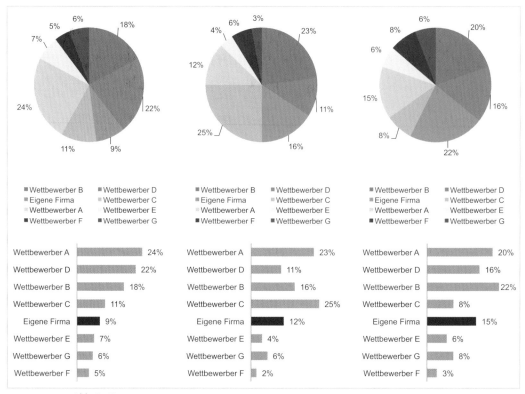

Abb. 3–13

Zeitliche Entwicklungen mittels Kreis- und Balkendiagrammen

Abb. 3–14

Kreisdiagramme als Microchart nach Produktgruppen

3.3.3 Liniendiagramme

Ein Liniendiagramm (auch Kurvendiagramm genannt) ist ein Punktdiagramm, in dem die abgetragenen Punkte durch eine Linie verbunden sind. Das Liniendiagramm trifft man oft als einfaches oder mehrfaches Liniendiagramm an. Für eine größere Genauigkeit werden üblicherweise bestimmte Datenpunkte auf der Linie angezeigt (vgl. Abb. 3–15).

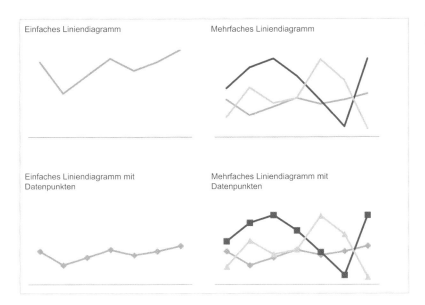

Abb. 3–15
Liniendiagramme

Die Dicke der Linie hat in der Regel keine Aussagekraft. In einem mehrfachen Liniendiagramm ist meist eine Legende erforderlich, damit die Linien unterschieden werden können. Die Unterscheidung der Linien wird durch unterschiedliche Farbwahl oder Formen (z. B. gestrichelt) gewährleistet. Ein mehrfaches Liniendiagramm wird schnell unübersichtlich, wenn mehr als drei Linien abgebildet werden. Vor allem dann, wenn die Werte nah beieinander liegen und sich die Linien über einen längeren Zeitraum überschneiden. Oftmals neigen Ersteller von Diagrammen dazu, die Skalierung anzupassen, damit die Überschneidung nicht zu stark ausfällt. Auch die Einführung einer weiteren y-Achse, die anders skaliert ist als die erste, ist ein beliebtes Mittel. Welche Folgen eine Manipulation der Skalierung hat und welcher Eindruck dadurch beim Betrachter besteht, sehen wir ausführlich in Abschnitt 3.4.3.

Mehrere Linien in einem Diagramm

Anwendungsbeispiele für Liniendiagramme

Liniendiagramme eignen sich sehr gut für Zeitreihenvergleiche [Zelazny 2009 b]. Gerade bei längeren Zeiträumen, die in kleinere Intervalle unterteilt sind, ist die Verwendung eines Liniendiagramms eine gute Wahl. Säulendiagramme werden dann schnell unübersichtlich. Zudem ist die Entwicklung der Werte besser in einem Liniendiagramm für den Betrachter nachzuvollziehen, da es übersichtlicher ist. Es empfiehlt sich, nicht alle Werte im Liniendiagramm anzuzeigen, sondern nur ausgewählte (vgl. Abb. 3–16). Das Liniendiagramm zeigt am deutlichsten, ob ein Trend ansteigt, fällt, schwankt oder konstant bleibt.

Darstellung längerer Zeiträume

Abb. 3–16

*Vergleich Säulen-
diagramm zu Linien-
diagramm beim
Zeitreihenvergleich*

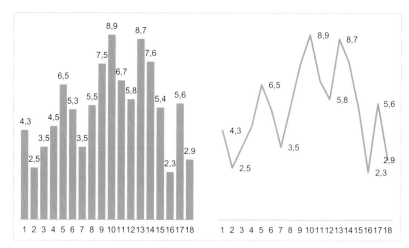

Auch gegenüber einem Punktdiagramm hat ein Liniendiagramm im Zeitreihenvergleich Vorteile. Das Erfassen der Entwicklung ist durch die verbundenen Punkte wesentlich einfacher, als wenn diese alleine für sich stehen (vgl. Abb. 3–17).

Abb. 3–17

*Vergleich Punkt-
diagramm zu Linien-
diagramm beim
Zeitreihenvergleich*

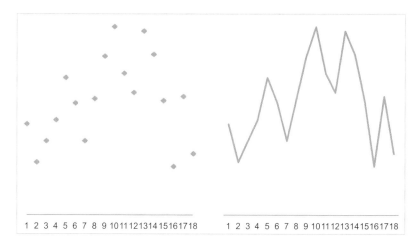

Sparklines Liniendiagramme sind auch als Microcharts ein gutes Mittel, um neben einem dargestellten Wert die zeitliche Entwicklung z.B. als Zusatzinformation anzuzeigen (vgl. Abb. 3–18). Die gängige Bezeichnung dafür ist Sparklines. Diese geben aber lediglich einen ersten Eindruck. Für eine tiefer gehende Analyse wäre eine Vergrößerung und das Anzeigen der Werte nötig.

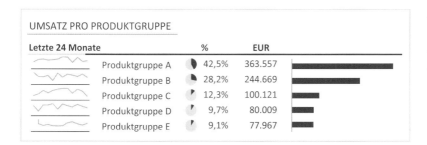

Abb. 3–18
*Liniendiagramme als
Microcharts (Sparklines)
nach Produktgruppen*

3.3.4   Punktdiagramme

Ein Punktdiagramm (auch Streudiagramm oder engl. Scatterplot genannt) stellt Werte in einem klassischen Koordinatensystem durch Punkte dar. Nutzt man die Größe der Punkte als Bedeutungsträger, hat das Diagramm auch noch eine dritte Dimension und wird Blasendiagramm genannt (vgl. Abb. 3–19).

Abb. 3–19
*Punkt- und Blasen-
diagramme*

Anwendungsbeispiele für Punkt- und Blasendiagramme

Ein Punktdiagramm wird in erster Linie dazu verwendet, um einen Eindruck vom Verhältnis zweier Variablen zu bekommen. Ziel ist es dabei, eine etwaige Korrelation oder Clusterbildung zu erkennen. Folgende Beispiele sollen dies verdeutlichen (vgl. Abb. 3–20).

*Korrelation oder
Clusterbildung*

Abb. 3–20

Punktdiagramme mit
Korrelationen

Das erste Beispiel zeigt eine Korrelation: Je niedriger der Preis, desto mehr Verkäufe werden erzielt. Das zweite Beispiel zeigt, dass je mehr Bestellungen eingehen, desto mehr Pakete benötigt werden. Ein weiteres Beispiel für die Verwendung eines Punktdiagramms findet sich in Abschnitt 4.1, Abbildung 4–3, dort lässt sich allerdings keine positive Korrelation feststellen zwischen der Bekanntheit eines VBI-Tools und der besseren Bewertung einer Visualisierungskomponente oder umgekehrt.

Blasendiagramm   Das Blasendiagramm ist ein Punktdiagramm erweitert um eine Dimension. Hier bekommt die Größe der Punkte bzw. der Blasen eine Bedeutung. Ein sehr gutes Beispiel für ein interaktives Blasendiagramm ist Gapminder (vgl. Abb. 4–13 in Abschnitt 4.2.5). Zudem wird das Blasendiagramm oft für eine Portfolioanalyse genutzt.

3.4   Eigenschaften von Diagrammen

»chart junk«   Im vorherigen Abschnitt 3.3 haben wir vor allem gesehen, wie die gängigen Diagramme am effektivsten eingesetzt werden sollten. In diesem Abschnitt liegt der Schwerpunkt auf der Gestaltung der Diagramme und darauf wie sie möglichst effizient die gewünschten Inhalte transportieren. Als Grundregel sollte gelten, dass die dargestellten Diagramme frei von Dekorationen (»chart junk«) und Redundanzen sein sollten [Tufte 1983]. Stattdessen soll konsequent auf Standardisierung und Vereinheitlichung der Darstellungen Wert gelegt werden.

3.4.1   Einsatz von Farben

Corporate Design   In vielen Unternehmen sind die eingesetzten Diagramme zu bunt. Das unternehmensweite Reporting ist oftmals durch Corporate-Design-Vorgaben geprägt. Dabei ist das Corporate Design in erster Linie dazu gedacht, das Erscheinungsbild des Unternehmens nach außen zu gestalten. Trotzdem beeinflussen diese Richtlinien die Gestaltung von internen Reports und Diagrammen in besonderem Maße. So ist es häufig der Fall, dass die Farbe des Unternehmenslogos auch als Farbe für

Diagramme verwendet wird. Die Signalfarben Rot oder Grün werden dann, wenn sie zufällig die Unternehmensfarbe sind, auch für die Einfärbung der Säulen, Balken und Linien in Diagrammen verwendet. Damit nimmt man dem Ersteller eine Möglichkeit, durch den Einsatz von Farbe besser zu reporten. Eine durchaus gängige Konvention ist es, Rot für negative Werte und Grün für positive Werte zu verwenden. Dies ist auch sinnvoll, da der Betrachter schnell erfassen kann, ob sich etwas schlecht oder gut entwickelt. Gerade für die Darstellung von Abweichungen ist die Anwendung der fast jedem geläufigen Konvention empfehlenswert (vgl. Abschnitt 3.4.5).

Rot für negative Werte und Grün für positive

Generell sollte gelten, dass unabhängig von der Unternehmensfarbe reportet werden sollte und dass Corporate-Design-Richtlinien nur eine untergeordnete Rolle spielen (vgl. Abschnitt 3.5). Die folgenden Beispiele zeigen, wie durch Farbe die Wahrnehmung des Betrachters schnell auf einen bestimmten Punkt gelenkt werden kann. Suchen Sie das blaue T (vgl. Abb. 3–21).

Suchen Sie das blaue »T«

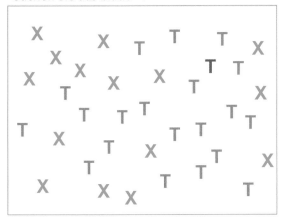

Abb. 3–21

Unterscheidung durch Farbe

Die Suche nach dem blauen T ist schnell abgeschlossen. Es springt regelrecht hervor. Dies passiert, wenn kein anderes ablenkendes Objekt dieselbe Eigenschaft besitzt, nämlich die Farbe Blau. Im nächsten Beispiel verhält sich dies anders. Suchen Sie das grüne T (vgl. Abb. 3–22).

Abb. 3–22

Unterscheidung
durch Form

Suchen Sie das grüne »T«

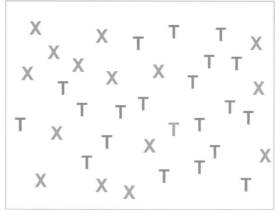

Das grüne T zu finden war schon schwieriger. Hier war eine serielle Suche nötig, da jede visuelle Eigenschaft des Zielobjekts auch unter den ablenkenden Objekten vorkommt. Die beiden Beispiele sollen zeigen, dass Farbe sehr gut von Erstellern genutzt werden kann, um die Aufmerksamkeit auf etwas zu lenken. Zudem zeigen sie, dass Farbe solch ein starkes Mittel der Visualisierung ist, dass sie nicht willkürlich eingesetzt werden sollte.

HI-NOTATION®   Rolf Hichert zeigt in seinem Konzept HI-NOTATION® eine sehr gute Variante, wie Unternehmen Farben sinnvoll einsetzen können [Gerths & Hichert 2013]. Farben werden einheitlich verwendet und nur dann eingesetzt, wenn sie auch Bedeutung haben. So schlägt er vor, dass das vorangegangene Jahr (previous year-PY), das Ist (actual-ACT), der Plan (budget-BUD) und die Prognose (forecast-FC) unterschiedliche Farben erhalten sollen (vgl. Abb. 3–23).[2]

Abb. 3–23

Auszug aus HI-NOTATION®

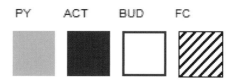

Dem Betrachter ist es durch diese Farbgebung schnell möglich zu erkennen, welcher Wert z.B. der aktuelle ist. Vor allem in Säulendiagrammen, die einen Zeitreihenvergleich darstellen, entfaltet diese Farbgebung ihr volles Können (vgl. Abb. 3–24).

---

2.   Eine Gliederung des Konzepts HI-NOTATION® und zahlreiche Beispiele können unter *www.hichert.com* eingesehen werden.

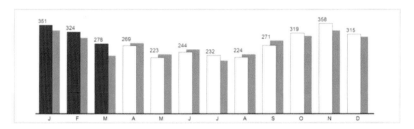

Abb. 3–24

Beispiel für den Einsatz
von Farben nach
HI-NOTATION®

Das Diagramm in Abbildung 3–24 ermöglicht es dem Betrachter, sich schnell zu orientieren. Bei den grauen Säulen handelt es sich um die Werte des vorangegangenen Jahres. Januar bis März zeigen die aktuellen Werte an und bei den Monaten April bis Dezember handelt es sich um Planwerte. Auch bei der Darstellung von Sachverhalten mit hoher Informationsdichte (möglichst viele Informationen werden auf dem verfügbaren Platz dargestellt) erleichtert die Farbnotation die Informationsaufnahme (vgl. Abb. 3–25).

Abb. 3–25

Beispiel für Einsatz einer
Farbnotation bei einer
Darstellung mit hoher
Informationsdichte

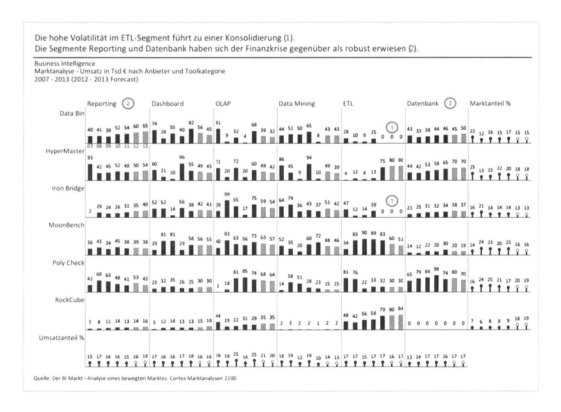

Es bleibt festzuhalten, dass Farben im Reporting stets gezielt eingesetzt werden sollten. Willkürlich oder als Dekoration sollten sie nicht verwendet werden (vgl. Abschnitt 3.4.2). Ebenso sollte das Corporate Design nicht die Gestaltung der Diagramme bestimmen, sondern eher Konzepte wie HI-NOTATION® von Rolf Hichert (vgl. Abschnitt 3.5).

Exkurs: Farben in Tabellen

In vielen Unternehmen sind Tabellen für die Informationsübermittlung sehr beliebt. Zweifellos lassen sich auch mittels der Tabellenform Analysen durchführen bzw. Erkenntnisse gewinnen. Nicht jede Banalität muss schließlich in einem Diagramm visualisiert werden.

Tabellenkonzept
Oftmals sind Tabellen aber sehr schwer zu lesen, da sie keinem klaren Konzept folgen. Sie werden willkürlich aufbereitet, ähnlich wie viele Diagramme. Auch hier dominieren die Unternehmensfarben sowie die willkürliche Wahl von Bezeichnungen und Spalten- bzw. Zeilengrößen. Folgende Beispiele sollen verdeutlichen, wie Tabellen mit einer Information-Design-Richtlinie aussehen im Gegensatz zu jenen, die mittels einer Formatvorlage in Excel erstellt wurden (vgl. Abb. 3–26).

Abb. 3–26
Tabellen mit und ohne
Information-Design-
Richtlinie

Standorte Jahr	2009	2010	2011	2012	2013
Hamburg	3,7	3,9	4	4,5	4,6
Bremen	2,2	2,1	2,1	2,2	2,4
Berlin	1,5	1,4	1,6	1,5	2
Hannover	1,6	1,8	2	1,9	1,8
Düsseldorf	1,1	1,2	1,3	1,1	1,2
Köln	0,8	1	1,2	1,3	1,4
Frankfurt	0,5	0,6	0,6	0,9	1,2
Nürnberg	0,5	0,5	0,4	0,6	0,7
Stuttgart	0,1	0,2	0,3	0,5	0,5
München	0,1	0,4	0,5	0,3	0,2
Gesamtumsatz	**12,1**	**13,1**	**14**	**14,8**	**16**

Umsatz pro Standort [MEUR]
2009 - 2013

	2009	2010	2011	2012	2013
Hamburg	3,7	3,9	4,0	4,5	4,6
Bremen	2,2	2,1	2,1	2,2	2,4
Hannover	1,6	1,8	2,0	1,9	1,8
Berlin	1,5	1,4	1,6	1,5	2,0
Köln	0,8	1,0	1,2	1,3	1,4
Düsseldorf	1,1	1,2	1,3	1,1	1,2
Frankfurt	0,5	0,6	0,6	0,9	1,2
Nürnberg	0,5	0,5	0,4	0,6	0,7
Stuttgart	0,1	0,2	0,3	0,5	0,5
München	0,1	0,4	0,5	0,3	0,2
DataViz GmbH	12,1	13,1	14,0	14,8	16,0

Die zweite Tabelle in Abbildung 3–26 ist übersichtlicher als die erste Tabelle. Auf eine abwechselnde Einfärbung der Zeilen, wie in der ersten Tabelle, wurde verzichtet, da sie keine Bedeutung hat und willkürlich ist. Zudem lenkt die Einfärbung das Auge des Betrachters immer stärker auf das Markierte. Generell gilt, dass Inhalte in Tabellen nur hervorgehoben werden sollten, wenn diese auch Besonderheiten aufweisen bzw. der Ersteller der Tabelle den Betrachter auf einen Sachverhalt hinweisen möchte.

Vor allem bei komplexeren Tabellen wie in Abbildung 3–27 ist es besonders sinnvoll, auf willkürliche Farbgebung zu verzichten. Zudem wurde die bereits erwähnte Farbgebung nach HI-NOTATION®, die wir in den Diagrammen kennengelernt haben, auf die Tabelle übertragen. Das Vorjahr wird grau unterstrichen, der Plan ist weiß bzw. hohl und das Ist wird in einem dunklen Grau abgebildet.

Abb. 3–27

Beispiel für eine komplexe Tabelle mit HI-NOTATION®

RockCube AG
Kapitalfluss in TEUR
Indirekte Berechnung mit Abweichungen zu VJ und PL
Q3 2011

Stand: 1. November 2011
Quartalsbericht
Klaus Schulz

	Q3							Q1..Q3						
	VJ	2011		ΔVJ		ΔPL		VJ	2011		ΔVJ		ΔPL	
	Ist	Plan	Ist					Ist	Plan	Ist				
Ergebnis nach Steuern aus fortzuführendem Geschäft	1.756	2.200	1.816	+60	+3%	-384	-17%	4.161	4.275	2.916	-1.245	-30%	-1.360	-32%
Steuern vom Einkommen und vom Ertrag	-1.901	-2.000	-2.187	-286	+15%	-187	+9%	-4.372	-5.790	-4.571	-199	+5%	+1.219	-21%
Zinsergebnis	6.362	8.000	7.167	+905	+13%	-833	-10%	13.210	21.997	18.405	+5.195	+39%	-3.593	-16%
Erhaltene Dividenden	393	400	696	+303	+77%	+296	+74%	923	1.125	1.712	+788	+85%	+587	+52%
Erhaltene Zinsen	653	700	931	+278	+43%	+231	+33%	1.426	1.666	2.086	+661	+46%	+420	+25%
Gezahlte Zinsen	-10.127	-18.000	-16.375	-6.248	+62%	+1.625	-9%	-27.667	-41.060	-29.662	-1.995	+7%	+11.397	-28%
Gezahlte Steuern	-2.194	-2.000	-1.834	+360	-16%	+166	-8%	-5.791	-4.064	-5.007	+784	-14%	-942	+23%
Abschreibungen und Wertminderungen	12.789	10.000	9.153	-3.636	-28%	-847	-8%	25.406	22.030	21.161	-4.245	-17%	-869	-4%
Eliminierung anderer Non Cash Items	1.409	1.000	1.384	-25	-2%	+384	+38%	2.874	2.384	4.061	+1.187	+41%	+1.677	+70%
I Cashflow	9.140	300	751	-8.389	-92%	+451	+150% ①	10.178	2.964	11.100	+930	+9%	+8.536	+333%
Veränderung der betrieblichen Aktiva	6.639	10.000	12.298	+5.659	+85%	+2.298	+23%	10.661	17.858	31.451	+20.790	+195%	+13.593	+75%
Veränderung der betrieblichen Passiva	5.232	-6.000	-8.912	-14.144	-270%	-2.912	+49%	-3.069	-11.227	-17.053	-13.985	+456%	-5.826	+52%
I Veränderung des Working Capital	11.871	4.000	3.386	-8.485	-71%	-614	-15%	7.592	6.631	14.397	+6.805	+90%	+7.766	+117%
I Verbrauch von Rückstellungen	-3.073	-2.000	-1.998	+1.075	-35%	+2	-0%	-6.009	-4.575	-5.300	+709	-12%	-725	+16%
II Mittelfluss aus operativer Geschäftstätigkeit	17.938	2.300	2.139	-15.799	-88%	-161	-7%	11.753	4.620	20.197	+8.443	+72%	+15.577	+337% ③
Immaterielle Vermögenswerte	-248	10	12	+260	-105%	+2	+20%	-696	50	22	+718	-103%	-28	-57%
Sachanlagen	-7.710	-12.000	-8.952	-1.242	+17%	+3.048	-25%	-17.402	-27.866	-22.088	-4.685	+27%	+5.779	-21%
Tochterunternehmen und sonstige Geschäftseinheiten	-348	-500	-456	-108	+31%	+44	-9%	-754	-1.362	-1.403	-649	+86%	-41	+3%
Finanzanlagen	-244	-500	-372	-128	+52%	+128	-26%	-785	-1.357	-1.117	-332	+42%	+240	-18%
I Zahlungswirksame Investitionen	-8.550	-12.990	-9.768	-1.218	+14%	+3.222	-25%	-19.638	-30.535	-24.586	-4.949	+25%	+5.949	-19%
Tochterunternehmen und sonstige Geschäftseinheiten	585	800	83	-502	-86%	-717	-90%	1.623	2.505	164	-1.459	-90%	-2.341	-93%
Sonstiges Anlagevermögen	2.267	2.000	2.164	-103	-5%	+164	+8%	5.926	4.768	4.030	-1.896	-32%	-737	-15%
I Zahlungswirksame Desinvestitionen	2.852	2.800	2.247	-605	-21%	-553	-20%	7.549	7.273	4.194	-3.355	-44%	-3.078	-42%
I Abgegebene / übernommene liquide Mittel	-45	100	89	+134	-298%	-11	-11%	-147	185	225	+372	-253%	+40	+21%
II Mittelfluss aus Investitionstätigkeit	-5.743	-10.090	-7.432	-1.689	+29%	+2.658	-26%	-12.236	-23.078	-20.167	-7.932	+65%	+2.910	-13%
Erhöhung des Kapitals nach Einbehaltung	22.629	25.000	32.642	+10.013	+44%	+7.642	+31%	67.837	45.104	87.528	+19.691	+29%	+42.424	+94%
Auszahlung für Kapitalerhöhungskosten	-302	-500	-211	+91	-30%	+289	-58%	-591	-765	-482	+109	-18%	+283	-37%
Dividende an Muttergesellschaft	-150	-200	-75	+75	-50%	+125	-63%	-428	-530	-134	+293	-69%	+396	-75%
Dividende an Fremde	-349	-500	-712	-363	+104%	-212	+42%	-959	-1.122	-1.374	-415	+43%	-252	+22%
Minderung von Anteilen an Tochterunternehmen	2.160	50	34	-2.126	-98%	-16	-32%	2.443	127	57	-2.386	-98%	-70	-55%
Erhöhung von Anteilen an Tochterunternehmen	1.328	2.500	3.274	+1.946	+147%	+774	+31%	-42	4.999	6.891	+6.933	-16588%	+1.892	+38%
Aufnahme von Anleihen und Krediten	115.113	200.000	198.000	+82.887	+72%	-2.000	-1%	272.776	463.022	613.121	+340.345	+125%	+150.099	+32%
Tilgung von Anleihen und Krediten	-145.570	-120.000	-186.920	-41.350	+28%	-66.920	+56%	-302.100	-220.439	-522.090	-219.989	+73%	-301.650	+137%
II Mittelfluss aus Finanzierungstätigkeit	-5.141	106.350	46.032	+51.173 ②	-995%	-60.318	-57%	38.937	290.395	183.517	+144.581	+371%	-106.878	-37%
III Nettoveränderung der liquiden Mittel	7.054	98.560	40.739	+33.685	+478%	-57.821	-59%	38.455	271.938	183.547	+145.092	+377%	-88.391	-33%

1 Cashflow Q3
Die Refinanzierungsmaßnahmen des letzten Jahres führten durch die geringere Zinsbelastung zu einem deutlich über dem Plan liegenden Cashflow.

2 Mittelfluss Finanzierungstätigkeit Q3
Der Mittelfluss Finanzierungstätigkeit konnte im Q3 weit über den Vorjahreswert gesteigert werden. Dies liegt vor allem in der Erhöhung des Kapitals nach Einbehaltung und der Aufnahme von Anleihen und Krediten begründet.

3 Mittelfluss aus operativer Geschäftstätigkeit Q1..Q3
Sowohl gegenüber dem Vorjahr als auch gegenüber dem Plan konnte der Mittelfluss aus operativer Geschäftstätigkeit stark gesteigert werden. Dies liegt in der branchenüblichen Stärke des zweiten Quartals begründet.

Highlighting

Hervorhebungen

Highlighting ist eine Methode der Informationsübermittlung, die viel zu selten von Erstellern von Reports genutzt wird. Durch den Einsatz von Markierungen und Schrift werden interessante Stellen hervorgehoben. Folgendes Beispiel zeigt den Einsatz von Highlighting (vgl. Abb. 3–28).

***Abb. 3–28**
Highlighting-
Möglichkeiten*

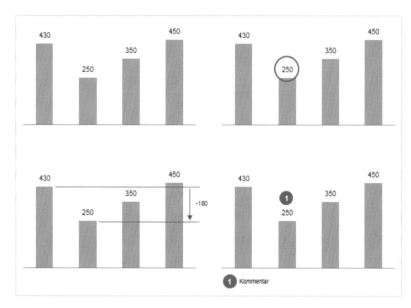

*Höhere Aufmerksamkeit
durch Highlighting*

Die Aufmerksamkeit des Betrachters wird unweigerlich an die gewünschte Stelle gelenkt, wie wir schon in dem Beispiel in Abbildung 3–21 gesehen haben. Die Methode des Highlighting war bereits am Ende des 18. Jahrhunderts durchaus üblich und fand Anwendung. William Playfair hat in seinen Darstellungen Bewertungen vorgenommen, die er mittels Schrift in seine Diagramme eingefügt hat (vgl. Abb. 2–8). Dass Highlighting wenig Verbreitung findet, liegt nicht an den fehlenden technischen Möglichkeiten. Vielmehr liegt es in vielen Unternehmen daran, dass eine Reporting-Kultur herrscht, in der man Zahlen darstellt, aber als Ersteller keine Einschätzung dazu abgeben möchte. Die Betrachter sollen unvoreingenommen die Zahlen und Diagramme bewerten. Hier sollen Ersteller jedoch ermuntert werden, in Reports Stellung zu beziehen und Empfehlungen zu geben. Unsere Erfahrungen zeigen, dass die Empfänger sehr positiv auf Kommentierungen reagieren. Abbildung 3–29 enthält ein Schaubild, in dem Highlighting in Kombination mit Erklärungen eingesetzt wurde.

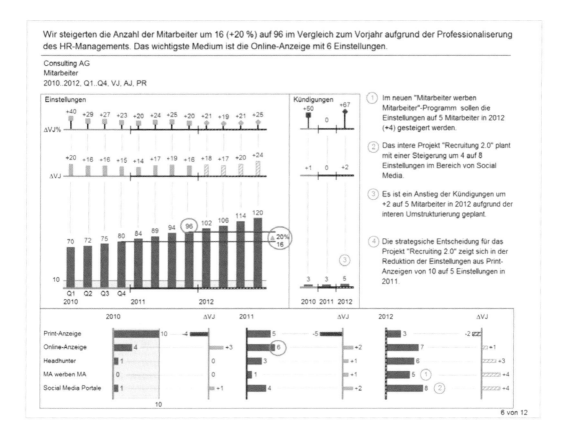

Das Schaubild ist eine Seite aus einer zwölfseitigen Präsentation. Gezeigt werden Einstellungen, Kündigungen und Recruiting-Maßnahmen inklusive Vorjahresvergleiche. Die Aussage des Schaubild-Titels findet sich in dem Diagramm »Einstellungen pro Quartal« wieder. Durch die blaue Markierung wird die Aufmerksamkeit genau auf diese Stelle gelenkt. Zudem wird visuell die Steigerung um 20 % angezeigt. Des Weiteren befinden sich weitere Erklärungen auf der rechten Seite des Schaubilds. Die Nummern finden sich auch in den Diagrammen wieder und ermöglichen so eine Zuordnung. Der Betrachter wird durch die Methode des Highlighting geführt und bekommt eine Empfehlung, worauf er achten soll. Alle anderen Informationen sind dennoch vorhanden, sodass durchaus die Möglichkeit besteht, trotzdem unvoreingenommene weitere Erkenntnisse zu gewinnen, die der Ersteller nicht hervorgehoben hat.

Abb. 3–29

Highlighting am Beispiel eines Schaubildes

Nummerierung als Lesehilfe

3.4.2   Schlanke Visualisierung

»Graphical Excellence« Das Ziel eines Diagramms ist es, Daten und Zusammenhänge in eine visuell erfassbare Form zu bringen. Damit das Erfassen dem Betrachter möglichst leicht fällt, müssen Diagramme derart gestaltet sein, dass nichts vom Wesentlichen ablenkt. Damit dies gelingt, postuliert Edward Tufte die Notwendigkeit von Graphical Excellence [Tufte 1983]:

 - *Well-designed presentation of data of substance, statistics and design*
 - *Complex ideas communicated with clarity, precision and efficiency*
 - *The greatest number of ideas in the shortest time with the least ink in the smallest space*

Im Folgenden betrachten wir Diagramme, die Graphical Excellence nicht erreichen. Die Gründe dafür sind vielfältig. Diagramme werden dekoriert, in 3D dargestellt oder verfügen über Elemente, die von der eigentlichen Aussage ablenken und bzw. redundant sind.

Dekoration

Geschäftsberichte Die Dekoration von Diagrammen trifft man vor allem in journalistischen Artikeln und in Geschäftsberichten an, aber auch im internen Reporting in Unternehmen. Die in Abbildung 3–30 dargestellten Visualisierungen sind ein Nachbau von Diagrammen, die in Geschäftsberichten von Konzernen abgebildet waren. Alle Beispiele sind Geschäftsberichten entnommen, die in den letzten Jahren zu den Top 10 der besten Geschäftsberichte in Deutschland zählten.

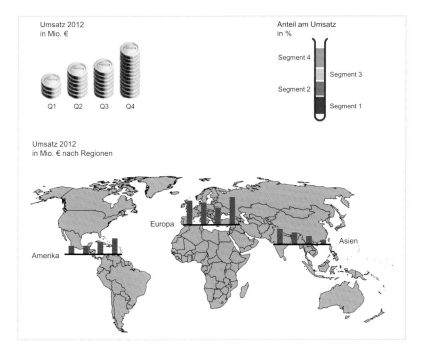

Abb. 3–30

Nachbau von dekorierten Diagrammen aus Geschäftsberichten

Die gezeigten Beispiele sind nicht die Ausnahme, sondern die Regel. In Geschäftsberichten werden Diagramme sehr oft dekoriert. Designer werden beauftragt, die Diagramme möglichst visuell ansprechend zu gestalten. Dies geht in den meisten Fällen zulasten der Verständlichkeit und lenkt von den Daten ab.

Das erste Beispiel in Abbildung 3–30 zeigt ein Säulendiagramm. Anstelle der bekannten Säulen werden Piktogramme in Form von gestapelten Münzen verwendet. Im Unternehmensbereich Prozessmanagement (Operations) sind Piktogramme ein anerkanntes Mittel, dem Betrachter einen Prozess schnell verständlich zu machen. So wird beispielsweise die Aufgabe, eine E-Mail zu schreiben, im BPMN 2.0 als Briefumschlag visualisiert. Hier ersetzt das Piktogramm den Text und ist somit für den Betrachter schnell begreifbar. Diagramme sollen aber Daten möglichst genau abbilden. Die Dekoration durch Piktogramme verhindert dies und erschwert den visuellen Vergleich der dargestellten Säulen untereinander.

Piktogramme als Dekoration

Das zweite Beispiel in Abbildung 3–30 zeigt den Anteil am Umsatz des Konzerns nach Segmenten. Dekoriert wird hier das Stapeldiagramm durch ein Reagenzglas. Durch die Dekoration wird kein zusätzlicher Erkenntnisgewinn erzielt. Es lenkt nur von dem eigentlichen Diagramm ab. Dass ein Reagenzglas als schmückendes Beiwerk gewählt wurde, liegt daran, dass es sich um einen Geschäftsbericht eines Pharmakonzerns handelt.

Icons als Dekoration

Karten als Dekoration

Das dritte Beispiel in Abbildung 3–30 zeigt die Umsätze der letzten vier Jahre eines weltweit agierenden Konzerns in Form von Säulendiagrammen auf einer Weltkarte. Die Säulen sind dabei in Unternehmensfarben eingefärbt (vgl. Abschnitt 3.4.1). Die Anordnung der Säulendiagramme ist dabei nach der im Hintergrund abgebildeten Weltkarte erfolgt. Sinnvoll wäre es, alle drei Säulendiagramme auf einer Linie abzubilden. So wäre ein visueller Vergleich der Kontinente untereinander besser möglich, da dann die einzelnen Säulen über die Diagramme hinweg besser verglichen werden können. Die Ersteller haben es allerdings bevorzugt, die Diagramme auf der Landkarte nach Kontinenten anzuordnen. Der Erkenntnisgewinn für den Betrachter besteht darin, dass er weiß, wo Europa, Amerika und Asien liegen. Man darf allerdings davon ausgehen, dass ein Leser eines Geschäftsberichts in der Regel über diese geografischen Kenntnisse verfügt.

Die Dekoration von Diagrammen wird oftmals mit dem Argument verteidigt, dass das Dargestellte sonst langweilig wäre. Wir schließen uns hier Edward Tufte an [Tufte 1983]:

> *»..., if the statistics are boring,*
> *then you've got the wrong numbers.«*

3D

2D und 3D

Ein weiteres beliebtes Mittel, um Diagramme vermeintlich visuell ansprechender zu gestalten, ist die Darstellung in 3D. Fast jedes verfügbare Diagramm in den gängigen Microsoft-Office-Anwendungen liegt neben der 2D-Variante auch in 3D vor. Die Einstellungsmöglichkeiten, inwieweit die 3D-Drehung auf der y-, x- oder z-Achse erfolgen soll, sind vielfältig.

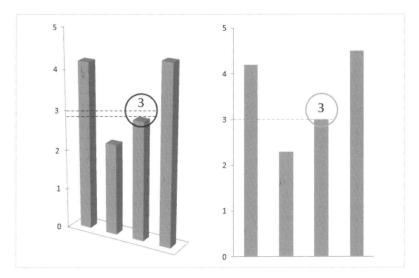

Abb. 3–31
Säulendiagramm in 3D
und 2D

Abbildung 3–31 zeigt zwei Säulendiagramme. Die Daten sind iden- *Mehr Genauigkeit in 2D*
tisch. Allerdings sieht man in der 3D-Darstellung wie sehr durch den
Effekt die Perspektive verzerrt wird. Der 3D-Effekt sorgt dafür, dass
die Werte schwerer zugeordnet werden können als bei einer 2D-Dar-
stellung. Generell gilt, dass im Reporting aufgrund der Ungenauigkeit
auf Diagramme mit 3D-Effekt verzichtet werden sollte. 3D wirkt
zudem oft unseriös auf den Betrachter. Schließlich käme auch keine
Schreiber einer E-Mail auf die Idee, eine 3D-Schrift zu wählen, wenn er
dem Empfänger etwas Wichtiges mitteilen möchte.

X- bzw. y-Achse in Säulen- und Balkendiagrammen

Säulen- und Balkendiagramme gehören zur beliebtesten Diagramm- *Gestaltung von Säulen-*
form in Unternehmen (vgl. Abschnitt 3.3). Ihr Erscheinungsbild ist *und Liniendiagrammen*
allerdings oft unterschiedlich, und zwar nicht nur von Unternehmen
zu Unternehmen, sondern auch innerhalb des Reportings einer Organisation. Säulen- bzw. Balkendiagramme werden mit und ohne x-
bzw. y-Achse, Führungslinien, Hilfsstrichen oder Datenbeschriftungen erstellt (vgl. Abb. 3–32). Meist gibt es für die Erstellung keine
Richtlinien oder Standards im Unternehmen, sondern sie werden nach
der Präferenz des Erstellers gestaltet.

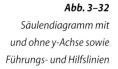

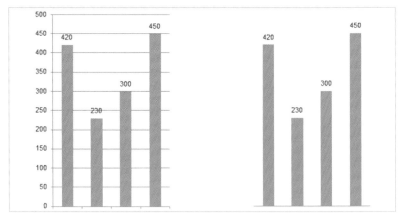

*Verzicht auf die y-Achse
und Hilfslinien*

Im Regelfall braucht es keine x- bzw. y-Achse in Säulen- bzw. Balkendiagrammen, wenn eine Datenbeschriftung auf den Säulen bzw. Balken erfolgt. Die dargestellten Informationen sind redundant. Auch die Führungslinien sind hinfällig, da der exakte Wert direkt auf den Säulen bzw. Balken abgelesen werden kann. Die kleinen Hilfsstriche, die die Kategorien visuell voneinander abtrennen sollen, sind in den meisten Fällen auch nicht nötig. Besteht die Notwendigkeit, sollte die Beschriftung angepasst werden, z. B. dadurch, dass gängige Abkürzungen verwendet werden.

3.4.3   Skalierung

In der VBA-Studie 2012 [Kohlhammer et al. 2012] haben wir Abbildung 3–33 gezeigt und die Frage gestellt: »In welchem Land erzielte die Markt- & Trendforschung GmbH im Jahr 2012 ihre größte Umsatzsteigerung im Vergleich zum Vorjahr?« Eine durchaus gängige Frage, die so oder so ähnlich auch in Unternehmen gestellt wird.

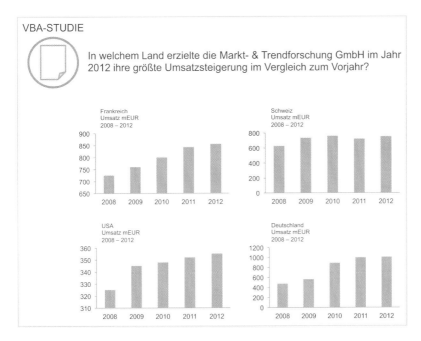

Abb. 3–33

Aufgabe zur Skalierung

[Kohlhammer et al. 2012]

Die Teilnehmer hatten unbegrenzt Zeit, sich zu entscheiden. Sie bestimmten selbst, wann sie die Antwort geben. 59 % konnten mittels der Darstellung der Säulendiagramme die Frage nicht beantworten (vgl. Abb. 3–34).

Abb. 3–34

Antworten zu Aufgabe

zur Skalierung

[Kohlhammer et al. 2012]

Die Schwierigkeit liegt darin begründet, dass die Diagramme unterschiedlich skaliert sind. Die y-Achse wird zwar als Informationsträger angezeigt, aber trotzdem ist es schwer, die Schweiz als richtige Antwort zu identifizieren. Die Angabe der y-Achse allein reicht dem Betrachter nicht aus, die richtigen Antworten zu finden (vgl. Abschnitt 3.4.2) Mittels der Datenbeschriftung auf den Säulen wird es wesentlich einfacher, die Frage zu beantworten (vgl. Abb. 3–35).

Abb. 3–35

Aufgabe zur Skalierung
mit Datenbeschriftung
und Differenzen
[Kohlhammer et al. 2012]

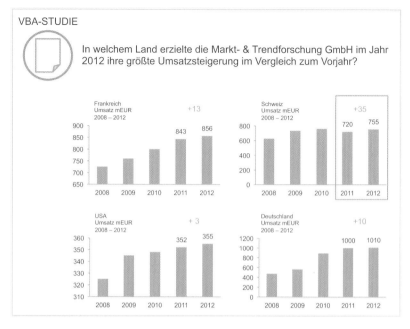

Dass wir nun die Frage leichter beantworten können, liegt allerdings nicht an der visuellen Unterstützung, sondern daran, dass wir in der Lage sind, die angegebenen Werte zu subtrahieren, um auf die Lösung zu kommen. Eine Darstellung mit einheitlicher Skalierung und die den Gestaltungsregeln aus Abschnitt 3.4.2 folgt, ist in Abbildung 3–33 zu sehen.

Abb. 3–36

Aufgabe zur Skalierung
mit Datenbeschriftung
einheitlich skaliert
[Kohlhammer et al. 2012]

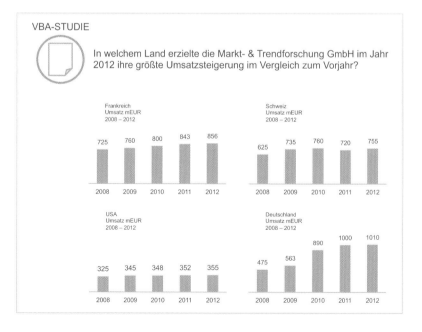

Alle Diagramme sind nun einheitlich skaliert. Sie fangen bei null an   *Einheitliche Skalierung*
und haben ein Maximum von 1200. Die Datenbeschriftungen ober-
halb helfen zusätzlich, die Verhältnisse abschätzen zu können. Zudem
bekommt der Betrachter durch die einheitliche Skalierung auch visuell
ein Stütze. So erkennt man sehr leicht und schnell, dass die Umsätze in
den USA stets niedriger sind als in den anderen Ländern. In Abbildung
3–33 war dies visuell nicht zu erfassen.

Um Betrachter nicht zu verwirren, sollte stets einheitlich bei null
skaliert werden [Bosbach & Korff 2011]. Diagramme sollten vergleichbar sein. Als Faustregel kann gelten, dass auf einer Reportseite
(auch Bildschirmseite) immer einheitlich skaliert werden sollte, da die
dort aufgeführten Daten meist im Verhältnis zueinander stehen.

Eine einheitliche Skalierung hat oftmals zur Folge, dass kleine
Werte in Diagrammen nicht mehr zu sehen sind bzw. ihre Entwicklung
bzw. Veränderung nicht mehr visuell erfassbar ist (vgl. Abb. 3–37).

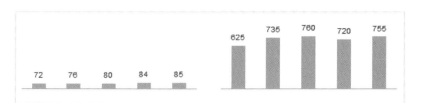

Abb. 3–37
Einheitliche Skalierung
bei großen und kleinen
Werten

In Fällen wie in Abbildung 3–37, in denen es die Geschäftsfrage verlangt, falsch zu skalieren, sollte der Ersteller dies unbedingt kenntlich
machen, damit der Betrachter nicht in Versuchung kommt, die beiden
Diagramme miteinander zu vergleichen. Eine gute Variante ist es für
diesen Fall, ein »Lupe« in die Reports einzubauen (vgl. Abb. 3–38).

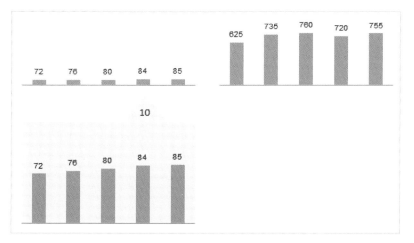

Abb. 3–38
Lupenfunktion zur
falschen Skalierung

Uneinheitliche Skalierung führt zu falschen Eindrücken.

Solch eine »Lupenfunktion« ist ein gutes Mittel, um Diagramme mit kleinen Werten zu vergrößern. Die 10 in der Darstellung gibt zudem an, um welchen Faktor vergrößert wurde. Der Betrachter kommt durch die sehr auffällige Markierung nicht in Versuchung, die Vergrößerung mit dem rechten Diagramm zu vergleichen. Das Beschneiden der zu großen Werte hingegen ist selten eine gute Lösung (vgl. Abb. 3–39).

Abb. 3–39

Beispiel für falsche visuelle Eindrücke durch beschnittene Säulen

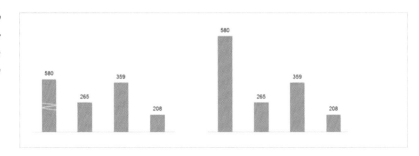

Es ist dem Betrachter nicht möglich, zu erkennen, um wie viel die Säule beschnitten wurde. Es entsteht der Eindruck, alle Säulen seien ungefähr gleich groß. Richtig skaliert zeigt sich jedoch, dass der erste Wert die anderen bei Weitem übertrifft.

Abb. 3–40

Kombiniertes Diagramm mit und ohne doppelte y-Achse

Auch auf eine doppelte y-Achse sollte verzichtet werden. Durch die zweifache Achse kommt es leicht zu Verwirrungen und Fehleinschätzungen (vgl. Abb. 3–40).

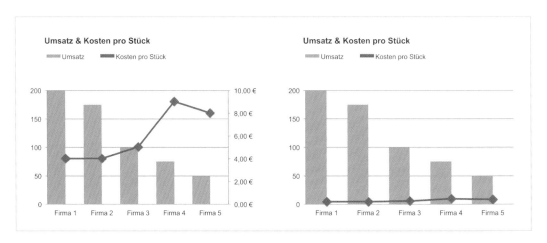

In dem ersten Beispiel in Abbildung 3–40 werden die Säulen auf der linken y-Achse abgetragen und die Linie auf der rechten y-Achse. Die Kombination zweier Diagramme wird in der Regel gewählt, um den Vergleich zwischen den Werten der beiden verbundenen Diagramme zu ermöglichen. Genau dieses schlägt durch die uneinheitliche Skalierung allerdings fehl. Damit der Vergleich visuell gegeben ist, müssen alle Werte an nur einer y-Achse abgetragen werden, wie im zweiten Beispiel.

Zusammenfassend lässt sich sagen, dass Ersteller von Reports sehr sorgfältig mit dem Thema Skalierung umgehen sollten. Viele Betrachter werden durch falsche Skalierungen in die Irre geführt und treffen im schlimmsten Fall falsche Entscheidungen. Auf jeden Fall kostet die Entschlüsselung durch falsche Skalierung den Betrachter viel Zeit.

Uneinheitliche Skalierung führt zu falschen Eindrücken.

3.4.4   Diagrammnotation für Säulen- und Balkendiagramme

Um dem Betrachter die visuelle Aufnahme von Informationen zu erleichtern, empfiehlt es sich, eine Diagrammnotation einzuführen. Dies bedeutet, dass eine bestimmte Art der Darstellung eines Diagramms schon direkt Aufschluss über den Inhalt gibt. In Abbildung 3–41 ist eine recht einfache, aber praktikable Möglichkeit für eine Diagrammnotation abgebildet.

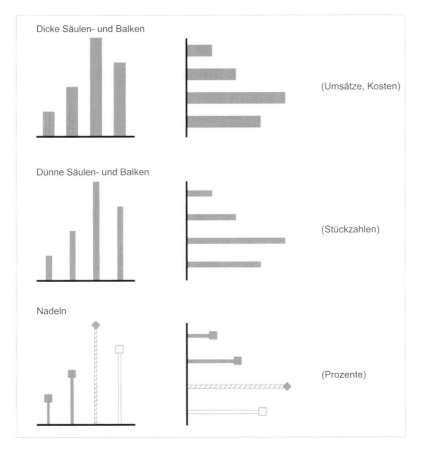

Abb. 3–41
Beispiel für eine einfache Diagrammnotation

Dicke der Säulen als
Bedeutungsträger

Dicke Säulen bzw. Balken werden verwendet, um salopp gesagt, alles, was in Währungen ausgedrückt werden kann, zu visualisieren. Dünne Balken geben Stückzahlen an und Nadeldiagramme beispielsweise Prozente. Ebenso ist es denkbar, dass die Dicke der Säulen zeitliche Perioden wie Jahre, Monate, Wochen etc. wiedergeben [Gerths & Hichert 2013]. Wie solche Notationen im Detail aussehen, sollte ein Unternehmen an seinen Belangen festmachen. Eine Diagrammnotation ist sehr hilfreich für Betrachter, wenn mehrere Diagramme auf einer Reportseite oder Bildschirmseite erfasst werden sollen (vgl. Abschnitt 4.3). Ein weiterer Vorteil ist, dass durch die Diagrammnotation uneinheitliche Skalierung nicht gekennzeichnet werden muss, da der Betrachter dies schon durch die Diagrammnotation erkannt (vgl. Abb. 3–42).

Abb. 3–42
Unterschiedliche Skalie-
rung mit unterschiedli-
cher Diagrammnotation

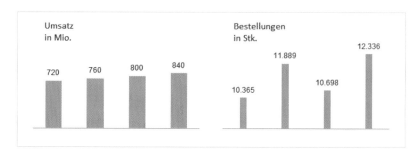

3.4.5 Darstellung von Abweichungen

Es gibt zahlreiche Möglichkeiten, Abweichungen z.B. zum Vorjahr darzustellen (vgl. Abb. 3–43).

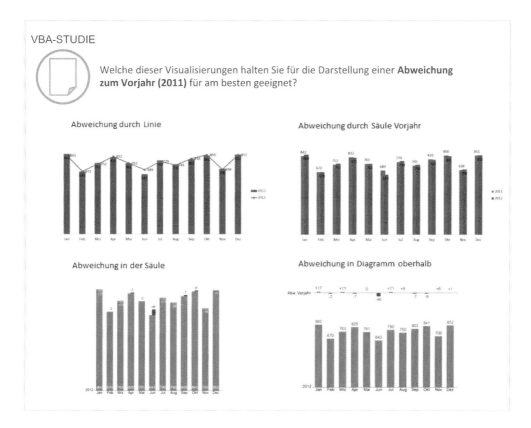

Die in der VBA-Studie beliebtesten Darstellungsformen für Abweichungen waren das Anzeigen der Abweichungen direkt in der Säule und als Diagramm oberhalb des Säulendiagramms. Der Vorteil in beiden Varianten ist, dass sich die Abweichung sehr gut erkennen lässt. Durch die einheitliche Skalierung sieht man auch visuell die Veränderung zum Vorjahr in beiden Beispielen.

Verwendet man zudem die Diagramm- und Farbnotation, lassen sich die absoluten Abweichungen und die Abweichungen in Prozent schnell unterscheiden (vgl. Abb. 3–44).

Abb. 3–43

Möglichkeiten zur Abbildung von Abweichungen

[Kohlhammer et al. 2012]

Abb. 3–44

Beispiel für Darstellung
von Abweichungen mit
Diagramm- und
Farbnotation

Abb. 3–44

Beispiel für Darstellung von Abweichungen mit Diagramm- und Farbnotation

3.5   Einführung einer Information-Design-Richtlinie

Corporate Design   Fast jedes Unternehmen hat ein Corporate Design, das weitestgehend eingehalten wird. Das Logo steht immer an derselben Stelle, die Schriftart und die Farben, die genutzt werden, sind immer dieselben. Allerdings gibt es in nur wenigen Unternehmen Richtlinien und Anleitungen, wie Visualisierungen und Tabellen gestaltet werden sollen. Unternehmen legen oft mehr Wert darauf, dass Reports nach erfolgter Implementierung im Corporate Design erscheinen, als darauf, dass die dort erstellten Analysen in einheitlichen Diagrammen dargestellt und somit besser verstanden werden. Dieser Sachverhalt ist mehr als erstaunlich, da es wichtiger erscheint, z.B. Farben vom Unternehmenslogo einzubinden als sich darauf zu konzentrieren, wie die Informationen dargestellt werden. Der VBA-Studie [Kohlhammer et al. 2012] zur Folge haben 64 % keinerlei Standards im Unternehmen, wie Informationen dargestellt werden sollen (vgl. Abb. 3–4). Auch die vorhandenen Standards sind meist nur sehr unvollständig und beziehen sich oftmals nur auf Präsentationsvorlagen und Folienbibliotheken.

In einer Information-Design-Richtlinie sollte festgehalten werden, wozu welches Diagramm eingesetzt wird, welche Farben bzw. welche Farbnotation verwendet werden und allgemeine Regeln für die Gestaltung von Diagrammen. Zur ersten Orientierung können die vorangegangenen Abschnitte genutzt werden. Der Vorteil einer Information-

Design-Richtlinie ist, dass Standards im Unternehmen vereinbart werden, die Erstellern das Reporten erleichtern und zu besseren Entscheidungen führen (vgl. Abb. 3–45).

Abb. 3–45
Nutzen einer Information-Design-Richtlinie

Diskussionen über die Darstellung eines Sachverhaltes entfallen, wenn Standards zur Visualisierung eingeführt wurden. Persönliche Präferenzen sind nicht mehr ausschlaggebend. Ersteller versuchen nicht mehr den »Geschmack« der Empfänger zu treffen, sondern halten sich an Vorgaben. Auch für die Empfänger hat die Standardisierung einen großen Vorteil. Sie bekommen ihre Informationen immer auf die gleiche Art und Weise dargestellt. Dies führt dazu, dass sie die Informationen schneller aufnehmen können, weil sie immer das gewohnte Bild betrachten. Auch bei Personalwechseln bleibt die hohe Qualität des Reportings erhalten. Neue Mitarbeiter können nach der Lektüre der Information-Design-Richtlinie sofort mit dem standardisierten Reporting loslegen.

Bessere Informationsaufnahme durch Standardisierung

   Unsere Erfahrungen zeigen, dass Unternehmen nach dem Motto »Think big, start small« vorgehen sollten. Es ist empfehlenswert, dass eine Abteilung oder ein Bereich die Entwicklung der Information-Design-Richtlinie übernimmt (vgl. Abb. 3–46).

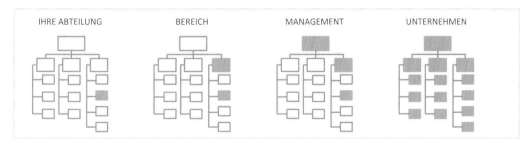

Eine Information-Design-Richtlinie sollte sehr detailliert ausgearbeitet sein, aber dennoch so viel Spielraum lassen, dass langfristig alle Bereiche danach reporten können. Von Speziallösungen, die nur einer Abteilung helfen, sollte abgesehen werden. Es gilt immer, den Blick auf die gesamte Organisation zu richten. Was für den Einkauf gilt, muss nicht für Marketing oder Vertrieb relevant sein.

Abb. 3–46
Entwicklungsstufen einer Information-Design-Richtlinie

Die Einführung einer Richtlinie können einzelne Abteilungen und Bereiche anfangs sehr autark durchführen. Da es in vielen Abteilungen keine verbindlichen Richtlinien gibt, ist es somit auch nicht verboten, nach den eigenen erstellten Richtlinien zu reporten. Meist zeigen die anderen Bereiche auch schnell Interesse an der entwickelten Richtlinie und übernehmen diese. Wichtig für den Umgang einer solchen Richtlinie ist allerdings, dass ein Verantwortlicher für diese festgelegt ist. Nur diesem sollte es erlaubt sein, Veränderungen in dem Dokument vorzunehmen. Unserer Erfahrung nach eignen sich dafür am besten leitende Angestellte aus dem Bereich Controlling oder Business Intelligence (Abb. 3–47).

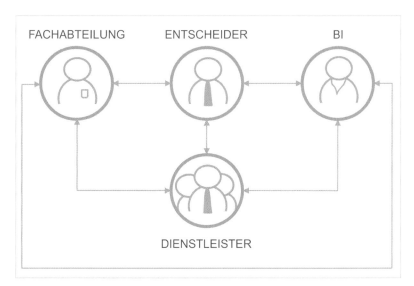

Es ist wichtig, regelmäßig Workshops zum Thema zu veranstalten, bei denen über das zukünftige Reporting abgestimmt wird. Auch technische Voraussetzungen sind zu prüfen. Ist gerade die Entscheidung gefallen, dass ein Unternehmen stärker mittels BI-Tools reporten möchte und nicht länger Excel und PowerPoint führend sind, gilt es, dies zu berücksichtigen. Excel und PowerPoint verfügen über eine sehr hohe Flexibilität, während in Business-Intelligence-Tools dieser Freiheitsgrad nicht besteht. Daher muss die Information-Design-Richtlinie auch frühzeitig an die Möglichkeiten des BI-Tools angepasst werden. Auch die Hinzunahme eines externen Dienstleisters kann sehr sinnvoll sein. Dieser ist nicht geprägt durch das alte Reporting, sondern kann neue Ideen abseits des Bestehenden entwickeln. Zudem haben spezialisierte Beratungen bereits Erfahrungen aus anderen Unternehmen und kennen Stolpersteine bei der Einführung. Des Weiteren ist der Schulungsaufwand nicht zu unterschätzen. Die festgelegte Richtlinie muss von den zukünftigen Erstellern und auch Empfängern verstanden werden, sowohl inhaltlich als auch hinsichtlich der Notwendigkeit. Im Idealfall deckt eine Information-Design-Richtlinie alle gängigen Typen in der Geschäftskommunikation ab (vgl. Abb. 3–48).

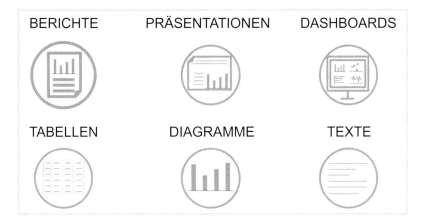

Abb. 3–48

Typen einer Information-Design-Richtlinie

3.6   Zusammenfassung

Das Ziel von Information Design ist denkbar einfach: Daten derart zu präsentieren, dass sie leicht vom Betrachter verstanden werden. Damit dies erreicht wird, sollten konsequent auf Standardisierung und Reduzierung auf das Wesentliche gesetzt werden. Dies gilt wie wir gesehen haben vor allem für Diagramme. Durch den Verzicht auf redundante Elemente wird es leichter, das Entscheidende zu erkennen. So können Ersteller von Diagrammen beispielsweise getrost darauf verzichten, eine y-Achse anzeigen zu lassen, wenn die Datenbeschriftungen direkt an den Säulen bzw. Balken erfolgt.

Ebenso haben wir gesehen, dass Farbe ein sehr starkes visuelles Mittel ist. Farbe sollte gezielt eingesetzt werden, um den Blick des Betrachters zu lenken und ihm das Lesen von Diagrammen zu erleichtern. Vor allem die von Rolf Hichert vorgeschlagene Notation, Vorjahre grau, Ist schwarz und Plan hohl darzustellen, ist eine sehr gute Art, Farbe gezielt einzusetzen und Mehrwert zu schaffen. Auf jeden Fall sollte Farbe nicht für dekorative Zwecke in der seriösen Geschäftskommunikation verwendet werden. Auch Corporate-Design-Vorgaben sollten dem internen Reporting nicht diktieren, wie Diagramme auszusehen haben.

Einer der größten Probleme ist allerdings die nicht einheitliche Skalierung. Wir haben gesehen, wie unterschiedliche Skalierung verwirren kann und zu falschen Schlüssen führt. Als Leitspruch sollte gelten: »Wir müssen die Daten so zeigen, wie sie sind!« Willkürliche Änderungen der Skalierung sind zu vermeiden. Selbst wenn angezeigt wird, dass »falsch« skaliert wurde, löst es nicht das Problem des falschen Eindrucks. Wir haben Ansätze vorgestellt, wie man das Problem um die Skalierung beheben könnte, aber es handelt es sich hierbei nur um Ideen und nicht um eine finale Lösung.

Auf jeden Fall sollten Unternehmen eine Information-Design-Richtlinie einführen. Nur so kann sichergestellt werden, dass willkürliche und uneinheitliche Darstellungen durch Standards ersetzt werden. Diese sind entscheidend für ein gutes und nachhaltiges Reporting. Die in dem Kapitel vorgestellten Regeln für gute Visualisierungen bieten zwar eine gute Ausgangsbasis, aber eine gute Information-Design-Richtlinie muss individuell auf ein Unternehmen abgestimmt sein. Regelmäßige Workshops, in denen der Bedarf geklärt und Ideen entwickelt werden, sind ebenso Pflicht, wie auf die Einhaltung der definierten Regeln zu pochen, damit ein erfolgreiches Reporting gelingen kann.

4 Business Intelligence und Visualisierung

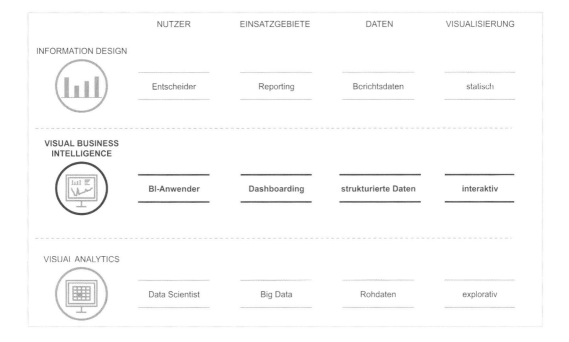

	NUTZER	EINSATZGEBIETE	DATEN	VISUALISIERUNG
INFORMATION DESIGN	Entscheider	Reporting	Berichtsdaten	statisch
VISUAL BUSINESS INTELLIGENCE	BI-Anwender	Dashboarding	strukturierte Daten	interaktiv
VISUAL ANALYTICS	Data Scientist	Big Data	Rohdaten	explorativ

4.1 Visual Business Intelligence

Business Intelligence ist seit Jahren in Unternehmen angekommen. Kaum ein Unternehmen bezweifelt mehr den Nutzen von BI. Sowohl Fach- als auch IT-Abteilungen akzeptieren BI. Die meisten Unternehmen nutzen aber die gewonnenen Ergebnisse nicht für eine schnelle und gute Entscheidungsfindung. Vor allem im letzten Schritt von BI, wenn man BI als dreigliedrigen Prozess begreift (Daten werden zu Informationen, die zur Entscheidungsfindung dienen), zeigen sich Schwachstellen. Entscheider finden ihre Informationen nicht so vor, dass sie den Sachverhalt, das Problem, die Möglichkeit sofort begrei-

Abb. 4–1

Visual Business Intelligence als Weg der Entscheidungsfindung in Visual Business Analytics (VBA)

Wichtigkeit von
Datenvisualisierung

fen. Ein Mittel, diese Schwäche zu bekämpfen ist ein Verständnis für die Wichtigkeit von Datenvisualisierung zu entwickeln. So ist es die Aufgabe sowohl von BI-Herstellern als auch von Unternehmen, verstärkt darauf zu achten, wie entscheidungsrelevante Informationen dargestellt werden. Zu oft wird der Fokus auf die Datenerhebung und -verarbeitung gelegt. Es herrscht die Annahme, dass sobald eine Kennzahl geliefert wird, der Empfänger alle anderen Abhängigkeiten sofort selbst verarbeitet bzw. überblickt.

Informationsflut

Die Fähigkeit, Informationen zu beschaffen, hat sich dabei wesentlich schneller entwickelt als die Fähigkeit des Menschen, diese aufzunehmen. Deswegen wird nur durch Visualisierung es dem Menschen möglich sein, der großen Informationsflut Herr zu werden. Die Herausforderung liegt darin, möglichst viele Informationen so zur Verfügung zu stellen, dass diese für den Menschen begreifbar werden. Der Fokus von BI muss daher von der technologischen Komponente zur menschlichen Komponente wechseln. Nur so kann BI seine eigentliche Aufgabe erfüllen: Der Mensch soll Entscheidungen auf Basis von Unternehmensdaten treffen können. Visualisierung scheint hier eine gute Möglichkeit zu sein. Denn der Mensch kann visuell viel mehr und schneller Informationen aufnehmen als in Text- oder Tabellenform.

Ungeeignete
Visualisierung

Die Anforderung an die Visualisierung ist denkbar einfach: Daten und Informationen derart umzuwandeln, dass diese für den Betrachter einfacher begreifbar werden. Ziel ist es dabei, dass der Nutzer schnell Sachverhalte verstehen kann, um daraus Entscheidungen ableiten zu können. In der Praxis scheitert dies allerdings oft. Dies liegt nicht an einer schlechten Datenqualität oder gänzlich fehlenden Daten, sondern häufig daran, dass zu einer ungeeigneten Visualisierung der Daten gegriffen wurde, die es dem Empfänger nicht ermöglicht, das Entscheidende zu erkennen.

Visualisierung kann aber auch verwirren und falsche Sachverhalte vermitteln, obwohl die Daten richtig sind. Die angestrebte Erleichterung der Informationsaufnahme kann sich so ins Gegenteil verkehren. Schlecht visualisierte Daten können dazu führen, dass der Empfänger gezwungen wird, mehr nachzudenken. In diesem Fall verwirrt ihn die Visualisierung eher, als dass sie ihm hilft. Dies führt dann oftmals dazu, dass die Akzeptanz fehlt und die BI-Tools von vielen Anwendern nicht sinngemäß genutzt werden. In der Folge erzeugen die Anwender Insellösungen in Excel und stellen sich die Daten so zusammen, dass es für sie einen Erkenntnisgewinn bringt. Oftmals gewinnt bei diesem Vorgehen eine Tabelle gegen eine Visualisierung.

BI-Tools sind daher in der Pflicht, mehr zu liefern als nur die richtigen Kennzahlen in irgendwelchen Tabellen, Texten oder willkürlich gewählten Diagrammen. Neben der geforderten Richtigkeit der Daten müssen die Kennzahlen in Relation zu anderen Kennzahlen gebracht werden. Nur so kann der Empfänger sinnvolle Vergleiche anstellen. Ebenso wichtig ist dabei, dass die Informationen leicht und verständlich dargestellt werden und es keine Möglichkeit für Fehlinterpretationen oder Missverständnisse gibt. Generell gilt, dass jede Visualisierung einen Mehrwert für den Empfänger mit sich bringen muss. Dieser muss so klar erkenntlich sein, dass dem Empfänger direkt eine Maßnahme oder Handlung empfohlen wird.

Visualisierungen von Unternehmensdaten können nach Stephen Few in folgenden Einsatzbereichen genutzt werden [Few 2006]:

Einsatzbereiche von Datenvisualisierung in Unternehmen

- Analyse von Daten
- Monitoring
- Planung
- Kommunikation[1]

In den folgenden Abschnitten wird aufgezeigt, wie traditionelles Business Intelligence zu Visual Business Intelligence wird. Nach einem kurzen Marktüberblick wird dem Leser gezeigt, welche Möglichkeiten sich durch interaktive Visualisierung ergeben und wie die menschliche Wahrnehmung vorteilhaft genutzt werden kann. Im zweiten Teil liegt der Fokus auf den gewonnenen Erkenntnissen und wie sich diese für das Business nützlich verwerten lassen. Neben allgemeinen Empfehlungen zum Dashboard-Design stellen wir verschiedene weiterführende Anwendungsbeispiele dar.

Marktüberblick

Fast ¾ der Unternehmen, die BI einsetzen, nutzen auch Dashboards (vgl. Abb. 4–2). Dashboards sind in Zeiten der »Data-Driven Companies« zu einem wichtigen Instrument geworden, um gute Entscheidungen zu treffen. Schon seit ein paar Jahren geht der Trend immer mehr hin zu Dashboards – anstatt alle Informationen in Excel-Tabellen zu verstecken. Dazu ein Beispiel aus den USA: Laut Angaben des TDWI hat eine Bank in den USA in 2011 rund 1000 Managern Dashboards zur Verfügung gestellt[2]. Die Daten wurden visuell aufbereitet und sollen dazu dienen, die Produktivität der einzelnen Standorte per Monitoring zu beobachten. Die Dashboards haben 25 Excel-basierte Reports abgelöst, die eine Vielzahl an Tabellenblättern enthielten. Der Vice President der Bank sagte zur Umstellung sinngemäß: »Wer hatte schon

Einsatz von Dashboards

---

1. Vgl. [Few 2006, S. 6].
2. Studie Data Visualization for Business 2011.

die Zeit, diese ganzen Reports zu durchforsten, jetzt hat man mit den Dashboards alles auf einen Blick.«

Abb. 4–2

Nutzung von Dashboards

in Unternehmen

[Kohlhammer et al. 2012]

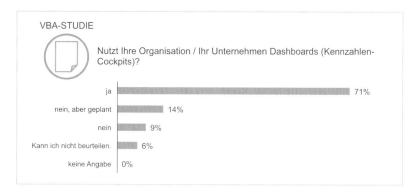

»Show me«-Button

Die Bank ist den Schritt zum Dashboarding und visuellen Reporting gegangen. Dies fällt allerdings vielen anderen Unternehmen schwer. Viele Empfänger sind es seit Jahren gewohnt, Reports in tabellarischer Form zu bekommen. Eine Umstellung auf Visualisierungen ist für viele Empfänger und Ersteller zu aufwendig. Unternehmen, die allerdings den »aufwendigen« Weg gegangen sind, können sich ähnlich wie die amerikanische Bank ein Reporting oder BI ohne Visualisierung nicht mehr vorstellen. Außerdem machen BI-Hersteller große Fortschritte, dem Nutzer einfache Möglichkeiten an die Hand zu geben, um zu visualisieren. Besonders sei hier der »Show me!«-Button von Tableau erwähnt. Der Nutzer klickt auf den Button und bekommt die Daten visuell angezeigt. Das BI-Tool übernimmt sowohl die Diagrammauswahl als auch die Darstellung.

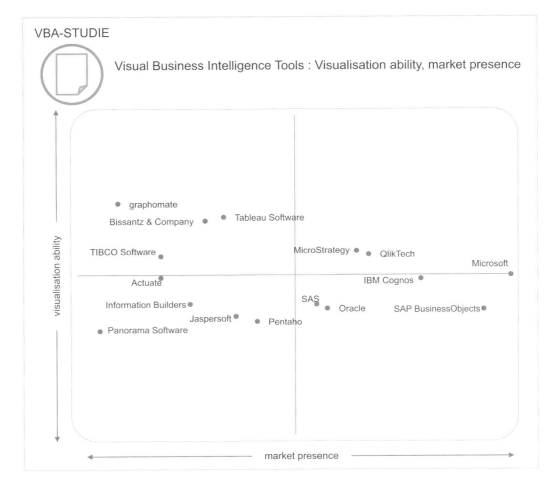

Abbildung 4–3 zeigt eine Übersicht darüber, wie die Teilnehmer der VBA-Studie die Qualität der Visualisierungskomponente einschätzen und wie hoch die Bekanntheit eines Produkts war. Microsoft kannten alle Teilnehmer der Studie als Tool, um zu visualisieren. Weniger bekannt waren graphomate und Bissantz. Dafür sprechen die Teilnehmer, die es kannten, sowohl graphomate als auch Bissantz mit ihrem Produkt DeltaMaster eine hohe Visualisierungskompetenz zu. Allerdings sind beide auch Tools, die auf Visualisierung spezialisiert sind. In Abbildung 4–3 sind diese daher auch grau hinterlegt. Ansonsten wurde die Visualisierungskompetenz gängiger und bekannter BI-Tools eher durchschnittlich bewertet. Tableau Software schnitt im Vergleich noch am besten ab.

Abb. 4–3

Vergleich Visual Business-Intelligence-Tools nach Bekanntheitsgrad und Qualität der Visualisierungskomponente [Kohlhammer et al. 2012]

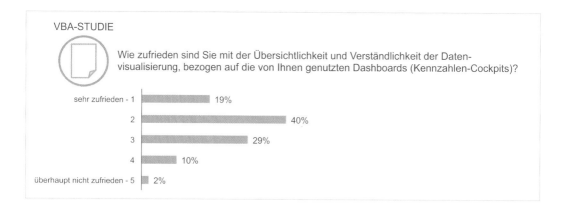

VBA-STUDIE

Wie zufrieden sind Sie mit der Übersichtlichkeit und Verständlichkeit der Datenvisualisierung, bezogen auf die von Ihnen genutzten Dashboards (Kennzahlen-Cockpits)?

sehr zufrieden - 1   19%

2   40%

3   29%

4   10%

überhaupt nicht zufrieden - 5   2%

Abb. 4–4
Zufriedenheit mit
Übersichtlichkeit und
Verständlichkeit der
Datenvisualisierung
[Kohlhammer et al. 2012]

Dass gute Visualisierung bzw. Visualisierungsmöglichkeiten Pflicht für BI-Hersteller werden, zeigte schon die TDWI-Studie aus 2011 [Eckerson & Hammond 2011]. So geben 70% der Befragten an, dass gute Visualisierungsmöglichkeiten starken bis sehr starken Einfluss auf die Kaufentscheidung haben werden. Es ist zudem davon auszugehen, dass dieser Wert in den nächsten Jahren auch noch steigen wird. Das Thema gilt derzeit als Trend und wird seinen Höhepunkt wahrscheinlich erst in den kommenden Jahren erreichen. Dies wird dann der Fall sein, wenn der Nutzen von den BI-Managern vermehrt erkannt wird und Visualisierung auch von den Fachabteilungen stärker nachgefragt wird. Derzeit kommt bereits kaum ein Business-Intelligence-Kongress in Europa oder den USA ohne das Thema Visualisierung aus. Visualisierung verankert sich immer mehr in der BI-Landschaft und gewinnt stark an Bedeutung.

4.2   Interaktive Visualisierung

4.2.1   Motivation

Stuart Card, einer der Väter der Informationsvisualisierung, hat gezeigt, dass Visualisierung uns »intelligenter macht«. Die vielfältigen Möglichkeiten, Daten und Informationen zu visualisieren und interaktiv nutzbar zu machen, können selbst große, unüberschaubare Datenmengen auf einen Blick verständlich machen. Unser Wissen vergrößert sich in deutlich kürzerer Zeit, als wenn dieselben Daten erst mühsam gesichtet werden müssen und wir Schlüsse in unserem Gehirn erst ziehen müssen, die durch die Visualisierung mithilfe der Augen sofort klar sind.

Das menschliche Auge stellt die höchste Bandbreite ins Gehirn zur Verfügung. Aber auch hier gibt es Abstufungen. Das Lesen von Texten erfolgt langsamer als das Erkennen von grafischen Zusammenhängen.

Woran das liegt und wie wir die Eigenschaften des menschlichen Auges
in der Business Intelligence nutzen können, erfahren Sie in Abschnitt
4.2.2. Sie lesen auch, welche zeitlichen Richtlinien für die Interaktivität von Visualisierungen existieren, damit Benutzer effektiv damit
arbeiten können.

Stuart Card und seine Kollegen haben bereits Ende der 90er-Jahre
ein Referenzmodell geschaffen, das uns die verschiedenen Schritte und
Aspekte der Informationsvisualisierung besser verstehen und einordnen
lässt. Anhand des Modells kann auch gezeigt werden, wie die Informationsvisualisierung mit der existierenden Business-Intelligence-Welt
verzahnt werden kann. Das Mantra von Ben Shneiderman, einem weiteren Vorreiter der Informationsvisualisierung, wird diesen Abschnitt
abrunden. Dieses Mantra gibt Anhaltspunkte, die bei der Erstellung
einer guten Visualisierungstechnik immer beachtet werden sollten.

4.2.2 Menschliche Wahrnehmung

Das Wissen über die menschliche Wahrnehmung ist in den letzten
Jahrzehnten immens gewachsen. Dabei ist es nicht immer einfach,
diese Erkenntnisse und Ergebnisse der »Human Factors«-Disziplinen
für den Einsatz von Business Intelligence im Unternehmen zu nutzen.
Die Eigenschaften der menschlichen Wahrnehmung sind Ergebnisse
der Evolution und wir können ziemlich sicher sagen, dass wir genauso
wahrnehmen wie unsere Vorfahren vor vielen tausend Jahren oder wie
unsere Nachfahren in vielen tausend Jahren.

Wertvolles Wissen für die Visualisierung

In Kapitel 3 sind wir schon auf die menschliche Wahrnehmung zu
sprechen gekommen. Bestimmte Darstellungen kann das Auge besser
sehen als andere Grafiken. Bestimmte Farben, Formen und Größen
»springen« hervor, während unser Auge nach anderen Dingen mühsam suchen muss.

Der folgende Abschnitt wird das Wissen aus der Wahrnehmungs-
forschung in sehr kurzer Form zusammenzufassen. Dem interessierten
Leser werden in den Referenzen viele Quellen empfohlen, die tiefer
und fundierter in die einzelnen Themen einsteigen.

Das Auge

Das menschliche Auge kann mit einer Kamera verglichen werden. Das
Auge enthält eine Linse, eine Pupille und eine Retina, die sich analog
zu einer mechanischen Linse, einer Blende und einem Film verhalten.
Die bewegliche Linse projiziert ein auf den Kopf gestelltes Bild auf die
Fotorezeptoren der Retina. Der Großteil der Rezeptoren (120 Mio.)
besteht aus sogenannten Stäbchen, die für die Schwarz-Weiß-Sicht und

die Sicht bei schwachen Lichtverhältnissen verantwortlich sind, während 6,5 Mio. sogenannter Zapfen die Farbsicht ermöglichen.

Fovea   Die Wahrnehmung ist eine Kombination aus sehr hoher Auflösung im Zentrum und der peripheren Sicht in weiter außen liegenden Bereichen des visuellen Sichtfelds. Die Retina deckt dabei eine Fläche von ca. 10 cm² ab, während das Sichtfeld ca. 160° breit ist. Im Zentrum der Retina sitzt die Fovea, ein Bereich sehr dicht angeordneter Rezeptoren. Nur in diesem Bereich, der gerade einmal 2° des visuellen Sichtfelds einnimmt, ist die Auflösung unseres Auges sehr hoch. Wir können in der Fovea ca. 100 Punkte auf einem Stecknadelkopf auflösen, während wir am Rande unseres Sichtfelds nur noch Objekte ab der Größe eines Apfels wahrnehmen können.

Augenbewegungen   Um Texte lesen, Visualisierungen betrachten oder das Gesicht eines Gesprächspartners beobachten zu können, kann sich das Auge sehr schnell bewegen, um interessante Details in den Fokus der Fovea zu bringen. Diese Bewegungen werden Sakkaden genannt, und unser Auge führt davon 2 bis 5 pro Sekunde aus. Die Augenbewegungen sind Teil der Steuerung unserer Aufmerksamkeit. Einflussfaktoren für unsere Aufmerksamkeit sind dabei sowohl unser Interesse an bestimmten sichtbaren Dingen als auch präattentiv (also unbewusst) verarbeitete Ereignisse. Der Außenbereich unseres Sichtfelds (die Peripherie) ist beispielsweise besonders gut darin, Bewegungen und Veränderungen wahrzunehmen. Dieser Effekt wird von vielen E-Mail-Programmen ausgenutzt, die neue eintreffende E-Mails mit einer Bewegung am unteren rechten Bildrand signalisieren. Diese Bewegung zieht unsere Aufmerksamkeit auf sich, auch wenn wir uns gerade auf etwas anderes am Bildschirm konzentrieren.

Wahrnehmungseffekte   Ausführlichere Bücher über die Wahrnehmung des Menschen berichten in vielen Details über verschiedene Wahrnehmungseffekte, nützliche wie problematische, über die eine Designer und Entwickler von Visualisierungen Bescheid wissen sollte. Aus Platzgründen müssen wir auf diese Einzelheiten hier verzichten. Der interessierte Leser sei aber auf das Buch von Colin Ware verwiesen, in dem viele dieser Effekte behandelt werden [Ware 2004]. Ein großes Thema in diesem Bereich ist die Farbwahrnehmung inklusive Farbskalen und Farbeffekte, dem ein weiteres Kapitel in obigem Buch gewidmet ist.

Die drei Ebenen der Wahrnehmung

Ebene 1   Colin Ware unterscheidet in seinem Buch »Information Visualization – Perception for Design« [Ware 2004] drei Ebenen der menschlichen Wahrnehmung. Auf der 1. Ebene nehmen wir in sehr schneller und paralleler Weise kleinste Details in unserem Sichtfeld wahr. Dies geschieht unabhängig von unserem Interesse und unserer bewussten Aufmerksamkeit. Ein Wort, das im Text als einziges rot geschrieben ist, »springt« förmlich aus dem übrigen Text heraus, egal ob uns dieses Wort interessiert oder nicht. Auch die Bewegungserkennung in unserem obigen Beispiel geschieht auf der 1. Ebene. Wir behandeln diese Thematik noch näher in Abschnitt 4.2.3.

Auf der 2. Ebene verbindet unsere Wahrnehmung die kleinen Details zu Mustern und Regionen, zum Beispiel Regionen der gleichen Farbe oder Bewegungsmuster. Diese Ebene ist trainierbar, d.h. der Mensch kann bestimmte Muster erlernen und relativ schnell entscheiden, welche Muster wichtig für sie oder ihn sind und welche nicht. Der frühe Mensch konnte so im Wald blitzschnell erkennen, ob die Bewegung am Rande des Sichtfelds eher ein vom Wind bewegter Ast ist oder ob die dunklen Streifen auf hellem Grund eine Bedrohung signalisieren. *Ebene 2*

Unsere heutigen Bedrohungen sind sicherlich andere, aber auch wir lernen Muster und nutzen diese, um unsere Entscheidungen zu beschleunigen. Schachgroßmeister können beim Blitzschach auf einen Blick das Schachbrett analysieren und sich in Sekundenbruchteilen für einen guten Zug entscheiden [Klein 1999]. Man könnte hier eine lange Reihe von Beispielen anführen, in denen Menschen ein hohes Level an Expertise erreicht haben. Diese Experten sehen Muster und Zusammenhänge, wo Laien nichts Wesentliches erkennen können. Ein wichtiges Ziel von VBA ist gerade, diese Mustererkennung von Experten in der Business Intelligence hervorzurufen und zu unterstützen, um so Entscheidungen zu beschleunigen.

Auf der 3. Ebene nehmen wir Objekte bewusst wahr und verbinden diese Wahrnehmung mit Worten, also dem verbalen Arbeitsgedächtnis. Die Wahrnehmung auf dieser Ebene ist sequenziell, und nicht mehr parallel wie auf der 1. Ebene. Ein gutes Beispiel ist das Lesen von Text. Wir können nicht gleichzeitig an verschiedenen Stellen einer Seite lesen, sondern müssen uns auf einen Textabschnitt nach dem anderen konzentrieren. *Ebene 3*

Das visuelle Gedächtnis

Menschen können ihre Augen zum Denken verwenden, wie es Stuart Card so treffend formuliert hat [Card et al. 1999]. Dabei meinte er vor allem das Verwenden von sinnvollen Visualisierungen, die langwieriges Nachdenken durch schnelles, visuelles Erkennen ersetzen. Das wird hauptsächlich auf zwei Wegen unterstützt: (1) Durch eine visuelle Bewegung in Informationsgrafiken, d.h., das Auge sucht die Grafik nach Informationen ab und der Mensch lernt dadurch etwas, und (2) durch die Erweiterung des Gedächtnisses, d.h., indem Informationen *Erkennen statt Nachdenken* auf dem Bildschirm vorhanden sind, hat die Benutzerin ein entlastetes Arbeitsgedächtnis für ihre Aufgaben.

Visuelle Suche

Die visuelle Suche in Informationsdarstellungen wird ermöglicht, indem der Designer oder Programmierer der Visualisierung ein generelles Suchproblem in ein visuelles Suchproblem übersetzt. Statt einer langen Liste von 36 monatlichen Verkaufszahlen kann man eine Liniengrafik visualisieren, in der Fragen wie: »Welcher Monat ist unser verkaufsstärkster?« oder »Lagen unsere Verkäufe in jedem Jahr etwas gleich hoch?« bedeutend schneller visuell beantwortet werden können.

Erweiterung des Gedächtnisses

Die Erweiterung des Gedächtnisses wird durch die Tatsache erreicht, dass Symbole, Bilder und Muster sehr schnellen Zugang auf unser Langzeitgedächtnis bieten. Heutige WIMP-Oberflächen (engl. Windows, Icons, Menus, Pointer) nutzen diesen Zugang, um über sinnvolle Programmsymbole für Orientierung auf der Nutzeroberfläche zu sorgen. Generell besagt eine der »goldenen Regeln« für Benutzeroberflächen [Shneiderman & Plaisant 2009], dass Visualisierungen die Belastung des visuellen Gedächtnisses minimieren sollen. Um zu verstehen, was das heißt, müssen wir uns kurz die Struktur unseres visuellen Gedächtnisses ansehen.

Visuelles Gedächtnis

Das visuelle Gedächtnis bezeichnet vereinfacht die visuelle Information, die von einem Hinsehen zum nächsten Hinsehen im Gedächtnis erhalten bleibt. Wenn wir also eine Darstellung betrachten und dann den Bildschirm abschalten, merken wir uns bestimmte Dinge über die Darstellung in unserem visuellen Gedächtnis. Genauer gesagt können wir uns 3-5 einfache Objekte ziemlich gut merken, samt ihrer Position auf dem Bildschirm. Unser Interesse und unsere Aufmerksamkeit lenken dabei, welche Objekte und welche visuelle Information vorgehalten werden.

Diese Erkenntnis ist wichtig, wenn Benutzer zum Beispiel zwischen verschiedenen Anzeigen hin- und herschalten müssen, wie es bei vielen Tab-gesteuerten Infografiken und BI-Tools der Fall ist. Beim Umschalten können wir uns dann nur eine begrenzte Menge an Informationen merken. Den Rest vergessen wir sofort wieder und die vorherige Anzeige muss wieder betrachtet werden. So kommt es zum häufigen Hin- und Herschalten und einer hohen Gedächtnisbelastung, die der obigen goldenen Regel widerspricht.

4.2.3   Aufmerksamkeit

Die Aufmerksamkeit ist ein zentraler Punkt in der Wahrnehmung. Sie spielt eine immens wichtige Rolle dabei, ob wir Dinge wahrnehmen und wie wir Dinge wahrnehmen. Studien zur Blindheit wegen Unaufmerksamkeit (engl. inattentional blindness) haben gezeigt, dass wir geradezu blind sind für Dinge, nach denen wir nicht suchen. Es gibt allerdings Wege, unsere Aufmerksamkeit zu beeinflussen. Dies in einer sinnvollen Art und Weise zu tun, ist eine der Aufgaben von interaktiver Visualisierung mit einer hohen Relevanz für VBA.

Ebene 1

Auf der 1. Wahrnehmungsebene (siehe oben) können wir die präattentive Wahrnehmung nutzen, um die Aufmerksamkeit sehr effektiv zu steuern. Die Verarbeitung der präattentiven Reize läuft ab, wie der Name schon sagt, bevor wir sie uns bewusst machen. Die folgende Darstellung zeigt eine Auswahl der Eigenschaften, die wir präattentiv wahrnehmen können[3]:

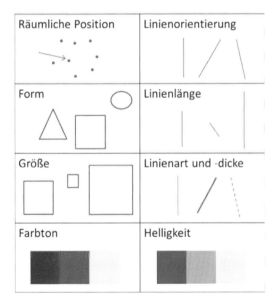

Abb. 4–5

Grafische Eigenschaften von Glyphen, die wir präattentiv wahrnehmen können.

Grafische Objekte, die mehrere Datenwerte repräsentieren und damit auch mehrere der obigen Eigenschaften besitzen können, nennt man Glyphen. Glyphen können einfach Rechtecke sein, bei denen zwei Datenattribute auf Höhe und Breite abgebildet wurden. Komplexere

---

3.   Zusätzlich gibt es auch dynamische Attribute wie Blinkgeschwindigkeit oder Bewegungsrichtung, die in VBA im Moment allerdings keine große Rolle spielen.

Beispiele bilden eine größere Anzahl von Attributen auf eine Glyphe ab, wie wir in Abschnitt 4.2.5 sehen werden.

Eine gute Hilfe bei der Erstellung von interaktiven Visualisierungen bietet Tabelle 4–1, die für einige wichtige visuelle Variablen aufzeigt, wie viele Attribute sinnvoll auf diese Variable abgebildet werden können. In der rechten Spalte wird zusätzlich aufgeführt, wie groß die Anzahl präattentiv verarbeitbarer Eigenschaften ist. Zum Beispiel »springen« nicht mehr als 4 verschiedene Größen einer Glyphe (z.B. eines blauen Sterns) hervor. Wenn es mehr Größenabstufungen gibt, muss das Auge seriell (also auf der 3. Wahrnehmungsebene) suchen.

Tab. 4–1
Visuelle Variablen und
ihre präattentiven
Eigenschaften (Auswahl)

Visuelle Variable	Attribute	Präattentiv
Räumliche Position der Glyphe	3 Dimensionen (x, y, z)	Hohe Anzahl an rasch unterscheidbaren Positionen
Farbe der Glyphe	z.B. Farbton und Helligkeit	Nicht mehr als acht unterschiedliche Farben
Form	2–3 Dimensionen	Größe (nicht mehr als vier Stufen)
Orientierung	3 Dimensionen	Vier Orientierungen

Über alle Eigenschaften einer Glyphe hinweg ist die räumliche Position die wichtigste und effektivste. Ein Mensch kann sich auch viel besser merken, wo eine bestimmte Glyphe auf einer Darstellung lokalisiert war, als welche Farbe oder Form die Glyphe hatte. Das nutzen viele Benutzer heutiger Betriebssysteme bei der Anordnung und Sortierung der Symbole auf der Benutzeroberfläche.

Ebene 2

Auf der 1. Wahrnehmungsebene ist vor allem relevant, wie die Aufmerksamkeit während eines Aufnahmemoments des Auges (wie gesagt, davon haben wir 3-5 pro Sekunde) gelenkt wird. Auf der 2. Ebene werden dagegen komplexere Zusammenhänge und Muster gesucht und wahrgenommen. Bereits Anfang des 20. Jahrhunderts hat die Berliner Schule der Gestaltpsychologie Regeln für die Musterwahrnehmung niedergeschrieben.

Drei für VBA wesentliche Gestaltregeln können folgendermaßen beschrieben werden:

- Gesetz der Nähe: Elemente, die nah beieinander stehen, werden als zusammengehörig wahrgenommen (vgl. Abb. 4–6).
- Gesetz der Ähnlichkeit: Ähnliche Elemente werden eher als eine Gruppe betrachtet als unähnliche Elemente (vgl. Abb. 4–7).
- Gesetz der Verbundenheit: Elemente, die durch Linien verbunden sind, werden als in Beziehung stehend wahrgenommen (vgl. Abb. 4–8).

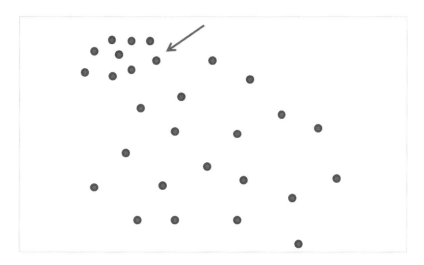

Abb. 4–6

Der markierte Punkt wird als zu der Gruppe eng zusammenstehender Punkte gehörig wahrgenommen.

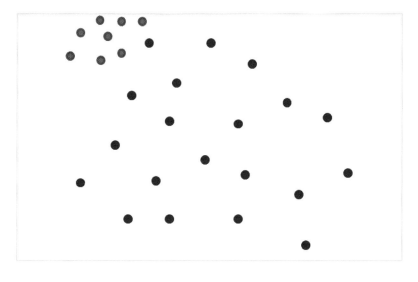

Abb. 4–7

Die farbige Ähnlichkeit der weiter auseinander stehenden Punkte ist jedoch stärker als das Gesetz der Nähe.

Abb. 4–8
Verbundenheit ist stärker als das Gesetz der Nähe und der Ähnlichkeit.

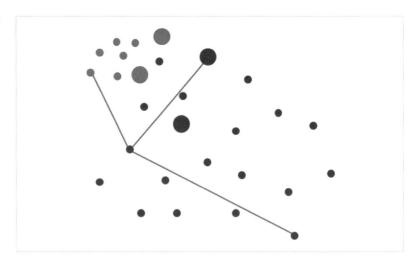

Experten vs. Laien in der Mustererkennung

Die Regel der Verbundenheit wurde erst in den 90er-Jahren hinzugefügt, dabei beschreibt sie ein sehr starkes Muster, das in Netzwerk- und Hierarchie-Visualisierungen besonders zum Tragen kommt.

Ein großes Ziel der Informationsvisualisierung ist es, Informationsstrukturen auf solche Muster abzubilden, die vom Benutzer möglichst rasch und einfach wahrgenommen und verstanden werden. Wie bereits weiter oben erwähnt, kann der Mensch die Mustererkennung trainieren. So können Experten Muster erkennen, wo Laien nur Punkte und Linien sehen. Diese Erkenntnis hat Einfluss auf die Benutzeroberfläche und die Visualisierung von Daten, gerade auch in VBA. Während man bei einem BI-Tool für sämtliche Anwender sich möglichst nur an allgemeine Wahrnehmungsregeln hält (z. B. im Self-Service-BI), muss man für Spezialisten-Add-ins sehr viel genauer wissen, an welche Muster und Strukturen diese speziellen Anwender gewöhnt sind.

Ebene 3

Auf der 3. Wahrnehmungsebene findet die sequenzielle und zielorientierte Verarbeitung von visuellen Eindrücken statt. Wir verbinden auf dieser Ebene auch das, was wir wahrnehmen, mit Worten in unserem Gedächtnis. Unsere Aufmerksamkeit richtet sich dementsprechend auf einen ganz bestimmten, für unsere Aufgabe relevanten Bereich in unserem Sichtfeld. Wie weiter oben erwähnt, kann die Region der Aufmerksamkeit beeinflusst werden, am besten durch sich langsam bewegende Objekte (wie z. B. bei E-Mail-Benachrichtigungen).

Useful Field of View

Ein wichtiges Thema in der interaktiven Visualisierung ist das sogenannte Useful Field of View (UFOV), das vielleicht am besten als das »nutzbare Sichtfeld« übersetzt werden kann. Das UFOV ist die

Region des Sichtfelds, aus der der Betrachter sehr schnell Informationen beziehen kann. Üblicherweise ist dies ein 2° breiter Kegel um die Fovea herum. Die Augenbewegungen und die Aufmerksamkeit sind stark mit dem UFOV gekoppelt. Eine gute Metapher für diese Beziehung ist eine Taschenlampe, die nach Informationen sucht. Der Lichtkegel ist das UFOV, die Richtung wird durch die Augenbewegung gesteuert und die Aufmerksamkeit ist das Licht der Taschenlampe. Was uns nicht interessiert, wird auch nicht beleuchtet.

Die interaktive Visualisierung kann als Schnittstelle zwischen dem Menschen und den Computerkomponenten gesehen werden, die gemeinsam ein Problem lösen. Colin Ware geht so weit zu sagen, dass unser Bewusstsein durch Softwaretools in einer Art und Weise erweitert wird, dass wir Probleme lösen können, die wir ohne die Visualisierung nicht imstande wären zu lösen. Wichtig dafür ist die direkte Verbindung zur Aufgabe des Benutzers.

Eine interaktive Visualisierung für VBA sollte auf allen Ebenen der Wahrnehmung *effektiv* sein. Sie sollte Symboliken, Farben und räumliche Anordnungen von Informationen wählen, die uns das Arbeiten erleichtern. Sie sollte Muster und visuelle Strukturen verwenden, die ein Wiedererkennen bei Experten hervorrufen, und sie sollte durch vorsichtiges Lenken der Aufmerksamkeit verhindern, dass sich der Benutzer mehr mit dem System beschäftigt als mit ihren oder seinen Interessen und Fragestellungen.

Effektive Visualisierung

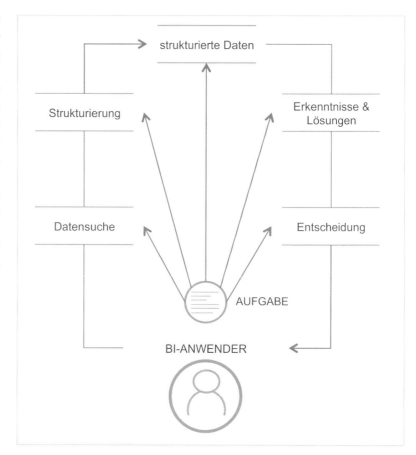

4.2.4   Vorteile der Informationsvisualisierung

Wissenskristallisierung

Informationsvisualisierung verstärkt und erweitert unser Denkvermögen. Dies geschieht in verschiedenen Bereichen, wie wir gleich sehen werden. Große Vorteile bietet die Informationsvisualisierung vor allem bei der Herausforderung, in großen Datenmengen interessante Informationen zu finden und neue Erkenntnisse zu gewinnen. Für den Prozess der Informationssammlung und -kommunikation hat sich der Begriff Wissenskristallisierung etabliert [Card et al. 1999]. Das Ziel der Wissenskristallisierung ist die möglichst kompakte Beschreibung einer Datenmenge in Bezug auf eine Aufgabe, ohne wesentliche Informationen zu übergehen.

Sehen wir uns den Prozess der Wissenskristallisierung, der in Abbildung 4–9 dargestellt ist, genauer an. Der Prozess beginnt mit der Aufgabe einer Nutzerin. Die Nutzerin in unserem Beispiel sucht nach Daten, die für ihre Aufgabe relevant sind. Sollte noch keine Struktur (oder kein Schema) für die relevanten Daten vorhanden sein (z.B. in Form einer SQL-Abfrage), muss die Nutzerin diese Struktur erst entwickeln, indem die relevanten Attribute identifiziert werden. Die Daten werden dann in der gewählten Struktur extrahiert und ausgewertet, um nach Erkenntnissen und möglichen Lösungsalternativen zu suchen. Dies befähigt unsere Nutzerin, eine Entscheidung zu treffen und weitere Handlungen darauf basierend auszuführen.

Wir geben noch ein weiteres Beispiel, um die Wissenskristallisierung weiter zu beleuchten. Stellen wir uns vor, ein Analyst möchte eine Auswertung der Verkaufszahlen der letzten 10 Jahre mit möglichen Erläuterungen dazu erstellen (vgl. Tab. 4–2). Wichtig ist hierbei, dass jeder dieser Schritte bestimmte Kosten verursacht, vor allem ist hier der zeitliche Aufwand gemeint. Alle Schritte zusammengenommen bezeichnen [Card et al. 1999] als *Kostenstruktur des Wissens*. Die Menge an Wissen (z.B. die Anzahl an relevanten Dokumenten), die pro Zeiteinheit aufgenommen wird, ist mit Kosten verbunden. Das Ziel der Informationsvisualisierung ist somit die Kostenreduzierung der verschiedenen Schritte der Wissenskristallisierung. Denn wie wir weiter unten und in Kapitel 5 genauer sehen werden, ist die knappe Ressource in unserer heutigen Informationsgesellschaft der Mensch.

Kostenstruktur des Wissens

Datensuche	Der Analyst extrahiert die Verkaufszahlen aus dem DWH und sammelt weitere Informationen über die Markt- und Branchensituation in den jeweiligen Jahren.
Strukturierung	Der Analyst stellt die Verkaufszahlen in einer Tabelle zusammen und sucht nach den wichtigsten Einflussfaktoren auf die Verkaufszahlen. Er erweitert dabei noch einmal die Datensuche.
Strukturierte Daten	Der Analyst instanziiert die Struktur mit den gesammelten Daten.
Erkenntnisse & Lösungen	Der Analyst erkennt nach verschiedenen Sortierungen und Drill-downs Zusammenhänge, die er durch eine Erweiterung der Datensuche und der Struktur noch einmal verfeinert. Er identifiziert drei verschiedene Erklärungshypothesen und Alternativen für die Verbesserung der Verkaufszahlen im nächsten Jahr.
Entscheidung	Der Analyst kommuniziert seine Erkenntnisse den Entscheidern im Unternehmen und zeigt auf, welche Daten verwendet wurden und welche Analyseschritte dafür notwendig waren.

Wir sollten also genau abwägen, was der Wert einer Information ist und wie viel Zeit die Aufnahme genau dieser Information benötigt. Colin Ware stellt dies als grundlegenden Designansatz für Informationssysteme vor [Ware 2004]. Er unterscheidet zwei Arten von Kosten: zum einen die Ressourcen an Zeit und Denkaufwand, die nötig sind und zum anderen die Opportunitätskosten, die durch die Vernachlässigung anderer potenziell sinnvoller Aktivitäten entstehen. In unserem obigen Beispiel entstehen sicherlich die größten Kosten durch die Ein-

Tab. 4–2
Beispiel zur Wissenskristallisierung

arbeitung unseres Analysten in die Markt- und Brancheninformationen in den untersuchten 10 Jahren.

Unterstützung des Denkens

Wie also kann die Informationsvisualisierung solche Wissenskosten reduzieren? Informationsvisualisierung kann auf alle Schritte in Abbildung 4–9 angewandt werden. Dabei haben [Card et al. 1999] verschiedene Wege der Unterstützung des menschlichen Denkens durch die Verwendung von Visualisierung identifiziert, die nach [Kohlhammer 2005] folgendermaßen zusammengefasst werden können:

- *Erweiterte Rechenkapazität*
  Große Daten- und Informationsmengen können gespeichert und über effektive Techniken so verfügbar gemacht werden, dass Benutzer sie schnell interaktiv zugreifen und verarbeiten können.

- *Schnellere Suche*
  Datenmengen können sehr kompakt visualisiert werden. Durch eine visuelle Gruppierung und Ordnung auf dem Bildschirm reduziert sich die Suchzeit.

- *Einfachere Erkennung*
  Visualisierung kann die Tatsache ausnutzen, dass das menschliche Auge bestimmte Muster und Trends sehr schnell wahrnimmt.

- *Visuelles Denken*
  Bestimmte Denkvorgänge können durch grafische Darstellungen ersetzt werden, die für den Menschen einfach zu begreifen sind. Ein Bild sagt mehr als tausend Worte.

- *Visuelles Monitoring*
  Ähnlich zum vorherigen Punkt können Ereignisse grafisch so dargestellt werden, dass die menschliche Wahrnehmung leicht auf sie aufmerksam wird.

- *Interaktivität*
  Informationsvisualisierung geht über statische Diagramme hinaus, indem die Darstellungen erkundet und manipuliert werden können. Dadurch können die Darstellungen noch genauer auf die für den Benutzer interessanten Aspekte zugeschnitten werden.

4.2.5   Referenzmodell nach Card, Mackinlay und Shneiderman

CMS-Modell

Die gerade vorgestellten Vorteile werden nur durch eine adäquate Verwendung der Informationsvisualisierung erreicht. Die verschiedenen Möglichkeiten der Informationsvisualisierung werden daher in diesem Abschnitt verdeutlicht. Auch um die spätere Einordnung der verschiedenen Visualisierungstechniken zu erleichtern, werden wir uns im Folgenden das Referenzmodell von Card, Mackinlay und Shneiderman (im weiteren Verlauf: *CMS-Modell*) genauer ansehen [Card et al. 1999]. Obwohl es nicht das einzige Modell in diesem Bereich ist, hat es sich in den letzten Jahren in der Forschung zur Informationsvisualisierung durchgesetzt.

Das Modell beschreibt Visualisierungen als anpassbare Abbildungen von Daten auf visuelle Strukturen, die von Menschen wahrgenommen werden. Es ist also eine eher technische, detailliertere Sichtweise auf die einzelnen Schritte der Informationsvisualisierung. Abbildung 4–10 zeigt das Referenzmodell im Überblick. Im Folgenden gehen wir im Detail auf die einzelnen Teilabschnitte ein.

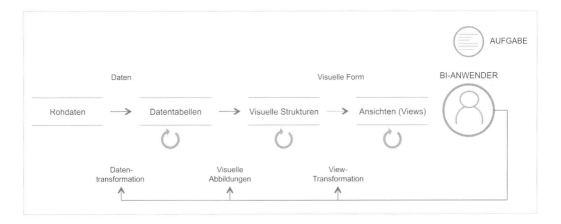

Rohdaten

Über die verschiedenen Typen von Rohdaten haben wir bereits in Kapitel 2 einiges gesagt. Rohdaten können unterschiedliche Formate haben und aus verschiedenen Quellen stammen. Daraus resultieren verschiedene Herausforderungen, die in den ersten Schritten der Informationsvisualisierung zu meistern sind. Das Sichten der Rohdaten und ihre Umwandlung in strukturierte Datentabellen verursacht in einer Analyse mehr als 50% des Gesamtaufwands.

Rohdaten können fehlerhaft, lückenhaft, inkonsistent oder schlicht unsicher bezüglich Herkunft, Aktualität oder Abstraktionsgrad sein. Verschiedene Maße und Maßnahmen zur Datenqualität sollen dabei helfen, diese Probleme bewusst zu machen und auch in der Visualisierung zu verdeutlichen. Nichts zerstört das Vertrauen in eine Visualisierung mehr als das Vortäuschen einer Datenqualität, die höher ist als in den verwendeten Rohdaten. Dieses Qualitätsmaß der Visualisierung haben wir in Abschnitt 2.1.5 als *Expressivität* kennengelernt.

Abb. 4–10

Referenzmodell der Informations-visualisierung

Datenqualität

Datentabellen

Datentransformationen   Wenn Rohdaten in Datentabellen überführt werden, geschieht dies üblicherweise unter Informationsverlust. Zum Beispiel ist so nicht jede Zeile eines Dokuments für die Aufgabe eines Benutzers interessant; nur die relevanten Teile werden in eine Datentabelle überführt. Daten werden aggregiert, vereinfacht, zusammengeführt, bereinigt oder selektiert, um sie genauer auf die Aufgabe zuzuschneiden. Dies muss behutsam und gewissenhaft erfolgen, um die Korrektheit der Visualisierung nicht zu gefährden. Dieser Vorgang ist ähnlich zur Definition von Datenstrukturen in Data Warehouses, auch wenn der Umfang der Datenquellen und die Komplexität stark von der Aufgabe abhängen. Zusätzlich werden Datentransformationen auch direkt auf den Datentabellen ausgeführt, beispielsweise statistische Berechnungen.

Betrachten wir uns die Attribute (oder Dimensionen) in diesen Datentabellen, so können wir drei verschiedene Typen unterscheiden:

- Nominale (oder kategorische) Attribute (N)
- Ordinale Attribute (O)
- Quantitative Attribute (Q)

Tab. 4–3
Beispieltabelle mit
nominalen, ordinalen
und quantitativen
Attributen

Rang	Kunde	Umsatz	Branche	Mitarbeiter	Kunde seit
1	Müller	25000	Druck-industrie	500	1.5.2003
2	Meier	18000	Behörden	700	4.8.2000
3	Schulz	13300	Maschinen-bau	323	3.12.1993
4	Schmidt	8800	Pharmazie	734	4.11.1999
5	Wagner	5677	Bildung	65	8.8.2008
O	N	Q	N	Q	Q_{Zeit}

Attributtypen   Ein nominales Attribut in einer Datentabelle enthält eine ungeordnete Menge von Werten. Dies ist zum Beispiel bei einem Textfeld in einer Datenbank gegeben. Die Werte eines ordinalen Attributs können wir ordnen. Zum Beispiel ist dies bei Ratings von AAA bis D der Fall oder bei Monaten. Quantitative Attribute wiederum sind kontinuierlich und für arithmetische Operationen geeignet. Dies wäre z. B. bei einem Attribut *Umsatz in Euro* der Fall. Quantitative Attribute beinhalten auch geografische/räumliche Attribute. Zeitliche Attribute können ordinal (z. B. Monatsnamen) oder quantitativ sein (z. B. Zeitabstände). Tabelle 4–3 verdeutlicht diese Begriffe in einem Beispiel.

Visuelle Strukturen

Die Abbildung von Datentabellen auf visuelle Strukturen ist das zent- *Abbildung von Daten auf*
rale Element des CMS-Modells und eines der wesentlichen Aspekte der *visuelle Strukturen*
Informationsvisualisierung. Ausgehend von der Typisierung der Attri-
bute in einer Datentabelle (nominal, ordinal, quantitativ) müssen wir
in diesem Schritt auswählen, auf welche visuellen Attribute wir die
Datenattribute abbilden. Das Ziel der Abbildung ist ein möglichst
effektives Verständnis der Datentabelle mithilfe der Visualisierung.

Dabei sind nicht alle Abbildungen hilfreich. Wir haben weiter
oben bereits über expressive und effektive Visualisierungen gesprochen. Es gibt Abbildungen, die die Daten falsch repräsentieren oder
sogar falsche Interpretationen durch den Betrachter begünstigen. Viele
dieser Probleme und deren Grundlagen in [Bertin 1983] oder [Tufte
1983] wurden bereits in Kapitel 3 behandelt. Die Regeln von Tufte,
beispielsweise, können im Prinzip analog auch für die Informationsvisualisierung herangezogen werden. Eine Reduzierung der Darstellung
auf das Wesentliche ist auch für interaktive Visualisierungen extrem
hilfreich.

Visuelle Strukturen lassen sich gut anhand einer kleinen Menge *Eigenschaften visueller*
von Eigenschaften beschreiben: der *räumliche Hintergrund*, die ver- *Strukturen*
wendeten *grafischen Primitive* und deren *grafische Eigenschaften*.

Der räumliche Hintergrund und die Nutzung der 2D-Fläche auf
dem Bildschirm oder (in seltenen Fällen) einer 3D-Umgebung, spielt
dabei eine herausragende Rolle. Die Position eines grafischen Elements
ist die effektivste visuelle Abbildung für das menschliche Auge und
sollte für die wichtigsten Attribute in der Datentabelle genutzt werden.
Dabei kann der Raum, in den die grafischen Elemente gezeichnet werden, mithilfe von Achsen beschrieben werden, ähnlich wie in einem
Koordinatensystem in der Mathematik.

Das CMS-Modell unterscheidet dabei vier Arten von Achsen:

- Unstrukturierte Achse (mit anderen Worten: keine Achse)
- Nominale Achse (ein Bereich wird in ungeordnete Unterbereiche
  eingeteilt)
- Ordinale Achse (eine nominale Achse mit einer definierten Reihen-
  folge)
- Quantitative Achse (Achse, auf der der Abstand zwischen zwei
  Punkten mathematisch definiert ist)

Abbildung 4–11 zeigt die vier verschiedenen Achsentypen in drei Bei-spielgrafiken. Dabei werden bereits verschiedene grafische Primitive und Eigenschaften verwendet, die wir im weiteren Verlauf näher ken-nenlernen.

Abb. 4–11

(a) Unstrukturierte Achsen einer Word Cloud,

(b) nominale x-Achse (Kontinente),

(c) ordinale x-Achse; in (b) und (c) wird eine quantitative y-Achse verwendet.

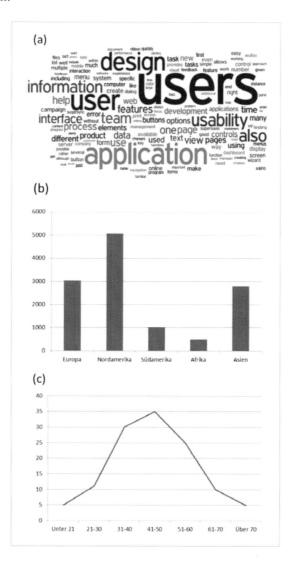

Zur Visualisierung von Informationen stehen grundsätzlich einige wenige Arten von grafischen Primitiven zur Verfügung, die wir auch schon aus dem Information Design kennen.

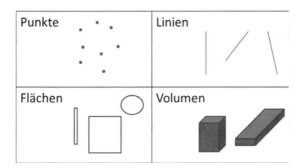

Abb. 4–12
Grafische Primitive

Jedes dieser Primitive hat verschiedene grafische Eigenschaften, die bereits
in Abschnitt 4.2.3 eingeführt wurden (vgl. Abb. 4–5 auf Seite 95):

- Position im Raum
- Größe (Länge, Fläche oder Volumen)
- Form
- Orientierung
- Farbe und Textur
- Linienart
- Dynamik (Bewegung, Blinken)

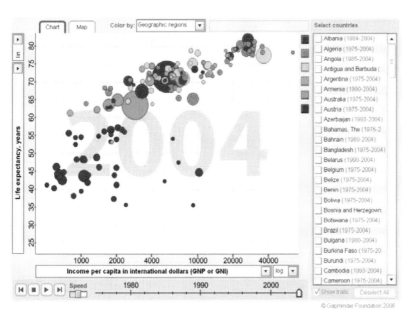

Abb. 4–13
*Screenshot des
Gapminder-Tools*

Um ein Beispiel zu geben, welche Möglichkeiten sinnvoll in einer visuellen Abbildung genutzt werden können, betrachten wir Abbildung 4–13.
Die zwei wichtigsten Attribute in der dargestellten Visualisierung sind

die Lebenserwartung (y-Achse) und das pro-Kopf-Einkommen (x-Achse). Der Nutzer kann dabei selbst entscheiden, welche Attribute er oder sie auf die Raumachsen abbildet und damit diese Attribute für die Visualisierung hervorhebt. Die Skalen der Achsen (linear, logarithmisch etc.) werden zwar voreingestellt, können aber angepasst werden. Gapminder verwendet als wesentliche Visualisierung ein Streudiagramm (engl. Scatterplot), in dem jeder Punkt (oder Kreis) ein Land repräsentiert. Die Größe des Landes ist auf die Größe des Kreises abgebildet. Die Farbe der Kreise repräsentiert die Region, in der das Land liegt (Europa, Asien etc.). Zusätzlich kann nun die Zeit auf die Bewegung abgebildet werden, indem die Visualisierung in Jahresschritten verändert wird, wenn der Benutzer auf den Play-Button klickt.

Als weiteres Beispiel dient uns eine sogenannte Treemap (dt. Baumkarte) in Abbildung 4–14, die die Verzeichnisstruktur eines PCs visualisiert. Treemaps nutzen dazu Flächen/Rechtecke und füllen den gesamten Bildschirm aus. Jedes Rechteck in der Visualisierung stellt dabei eine Datei dar. Je größer die Datei, desto größer das Rechteck. Da das Verzeichnis eine Hierarchie ist, werden die Dateien wiederum in Rechtecke organisiert. Das gelb markierte Rechteck rechts oben beinhaltet z.B. alle Dateien und Unterverzeichnisse eines Benutzerverzeichnisses. Die Farbe repräsentiert dabei den Dateityp der meisten Dateien, z.B. werden DLLs gelb dargestellt. Das Windows-Verzeichnis links in der Mitte enthält viele davon. Wir werden in Abschnitt 4.3.4 noch ein Beispiel sehen, wie Treemaps hervorragend für Business-Intelligence-Anwendungen eingesetzt werden können.

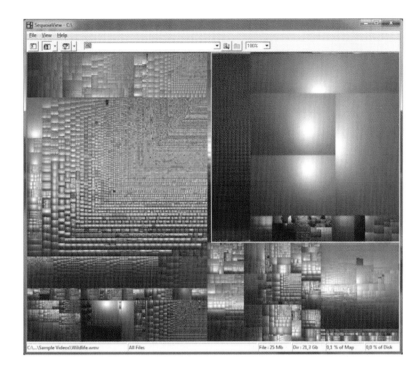

Abb. 4–14

Screenshot des
Sequoia-Werkzeugs

Ansichten (Views)

Eine bestimmte visuelle Struktur reicht selten aus, um sämtliche Aspekte der zugrunde liegenden Daten herauszustellen. Eine Zusammenstellung verschiedener Ansichten auf die Daten ist notwendig, die möglichst einfach und möglichst individuell an die Fragestellungen der Benutzer angepasst werden kann. Im CMS-Modell werden diese Anpassungen View-Transformationen genannt, [Ward et al. 2010] verwenden den Begriff *View-Modifikationen*. Wir folgen dabei diesen Autoren, um verschiedene Gruppen von Modifikationen vorzustellen.

Wenn die verwendete Auflösung nicht ausreicht, um die gesamte Visualisierung darzustellen, müssen *Scroll- und Zoom-Operationen* verwendet werden, um durch den Datensatz zu navigieren. Ohne Anspruch auf Allgemeingültigkeit sollte man die starke Nutzung dieser Operationen eher vermeiden. Eine weitere häufig eingesetzte Modifikation ist die *Anpassung der Farbnutzung* in der Visualisierung. Jenseits von persönlichen Vorlieben und Corporate Design haben Farben in bestimmten Branchen klare Bedeutungen, die in Visualisierungen befolgt werden müssen. Dies sollte durch die Nutzerin einfach eingestellt werden können. Zusätzliche *Möglichkeiten zum Darstellungswechsel* zwischen verschiedenen visuellen Strukturen derselben Daten

View-Modifikationen

sind wichtig, da verschiedene Darstellungen unterschiedliche Aspekte der Daten hervorheben. Genauso ist die einfache Anpassung der *Skalierung der Daten* und des *Detailgrades* wünschenswert.

Viele der hier angesprochenen View-Modifikationen sind eng verbunden mit der Interaktion, auf die wir im nächsten Abschnitt näher eingehen.

4.2.6   Interaktion

Visuelle Strukturen sind erst einmal statisch, auch wenn sie vielleicht (wie im Gapminder-Tool) animiert werden können. Der Unterschied von interaktiven Visualisierungen und animierten, statischen Darstellungen liegt in den vielfältigen Einstellungsmöglichkeiten der Visualisierung durch den Benutzer. Das CMS-Modell in Abbildung 4–10 zeigt dabei drei Möglichkeiten der interaktiven Einflussnahme.

Anpassung verschiedener Transformationen

Die *View-Transformationen* haben wir bereits im vorhergehenden Abschnitt detailliert kennengelernt. Benutzer haben hier die Möglichkeiten, zwischen verschiedenen Betrachtungen zu wechseln, die Farbkarten anzupassen, andere Skalierungen oder Detailgrade zu wählen und über Scrollen und Zoomen den Darstellungsausschnitt zu verändern. In Abbildung 4–14 navigiert der Benutzer ein Hierarchielevel tiefer (Drill-down), indem er auf ein Rechteck in diesem Bereich klickt.

Auch die *visuelle Abbildung* kann durch den Benutzer beeinflusst werden. Gapminder in Abbildung 4–13 beispielsweise erlaubt den Benutzern die interaktive Einstellung, welche Attribute auf der x- und y-Achse abgebildet werden sollen. Grundsätzlich wäre auch die Anpassung der Kreisgröße über unterschiedliche Attribute möglich. Hier wäre neben der Anzahl Einwohner auch das Bruttoinlandsprodukt denkbar.

Schließlich sollen Benutzer auch die *Datentransformation* interaktiv anpassen können. Hierzu gehört die Möglichkeit des interaktiven Filterns der Datentabelle, also die Festlegung, welche Daten überhaupt visualisiert werden sollen. Ein einfacher Filtermechanismus für nominale Attribute (vgl. S. 107) sind Auswahlfelder, wie in Abbildung 4–13 auf der rechten Seite. Ordinale und quantitative Attribute können intuitiv über Slider zugeschnitten werden.

Direkte Manipulation

Grundsätzlich ist immer die *direkte Manipulation* einer Visualisierung der indirekten Anpassung vorzuziehen. Das bedeutet, dass es den Benutzern leichter fällt, direkt mit der Darstellung zu interagieren, als mit indirekten Methoden, wie separaten Kontrollkästchen oder einer Kommandozeile [Ward et al. 2010]. Also, lieber eine Mausbewegung zum Verschieben des Bildschirminhalts als das Klicken auf die Scroll-

bars. Lieber ein Mausklick in die Grafik, als eine Auswahl des Zoom-
levels im separaten Menü.

Um die Interaktion und die Veränderungen am Bildschirm für den *Zeitkonstanten der*
Menschen angenehm und sinnvoll nutzbar zu machen, sollten *zwei* *Interaktion*
Zeitkonstanten erfüllt sein [Card et al. 1991][4]. Die Erfüllung dieser
Konstanten gibt einen Eindruck der Verarbeitungsgeschwindigkeit, die
für eine Visualisierung – abhängig von der Komplexität und Menge
der Daten – benötigt wird. Auf diese Aspekte kommen wir in Kapitel 5
noch näher zu sprechen.

Die erste Zeitkonstante betrifft die Wahrnehmung von *Bewegung*. *Bewegung*
Um eine Bewegung in der Visualisierung, wie sie beispielsweise Gapminder in seinem Werkzeug verwendet, als Animation wahrzunehmen,
muss die Darstellung min. 10 Bilder pro Sekunde erreichen (engl.
frames per second, fps) oder eine Reaktionszeit von einer Zehntelse-
kunde. Eine langsamere Darstellung erscheint dem Benutzer eher wie
eine schnelle Diashow von nicht notwendigerweise zusammenhängenden Bildern.

Die zweite Zeitkonstante betrifft die *Reaktionszeit auf direkte* *Manipulation*
Manipulation des Nutzers, zum Beispiel, wenn er auf einen bestimmten Bereich der Grafik klickt, um einen Drill-down anzustoßen. Die
Reaktionszeit des Systems sollte ungefähr 1 Sekunde betragen. Dies
entspricht ungefähr der menschlichen Reaktionszeit auf eine unerwar-
tete Anfrage. Reagiert das System sehr viel schneller, geschieht der
Wechsel der Darstellung zu schnell und der Benutzer muss sich neu orientieren. Eine zu lange Reaktionszeit bewirkt eine als zäh empfundene
Interaktion. In diesem Fall sollte innerhalb einer Sekunde ein Signal
angezeigt werden, dass das System rechnet, zum Beispiel durch die
bekannten Sanduhren oder Fortschrittsbalken.

Einfache Interaktionstechniken

Vielleicht stellen Sie sich jetzt die Frage, welche Interaktionen in der
Visualisierung überhaupt sinnvoll zur Verfügung stehen. Die Möglichkeiten können wir grob in einfache und erweiterte Interaktionstechniken unterteilen. Einfache Interaktionstechniken sind uns aus der Nutzung heutiger Benutzeroberflächen gut bekannt, die überwiegend auf
dem WIMP-Konzept (engl. Windows, Icons, Menus, Pointer) basieren.
Auch wenn die Maus bei heutigen Touchscreens durch einen Finger
ersetzt wurde, Interaktion noch flexibler wurde und sich Menüs an

---

4.   Wir beschränken uns hier auf zwei der drei von Card und Kollegen angegebenen
     zeitlichen Konstanten.

anderer Stelle befinden als zum Beispiel in Windows, wird auch bei mobilen Geräten grundsätzlich am WIMP-Konzept festgehalten.

Mausinteraktion

Im Einklang mit diesen etablierten und von den meisten Benutzern erlernten Möglichkeiten unterstützen auch die meisten Visualisierungen gängige Interaktionsmechanismen zur Selektion von visuellen Objekten. Über Mausklicks werden Objekte markiert und selektiert. Vielfach werden sogenannte Mouseovers verwendet, die zusätzliche Details anzeigen, wenn sich der Mauszeiger über einer bestimmten Stelle der Visualisierung befindet. Das Ziehen des Mauszeigers bei gedrückter Maustaste ist ein üblicher Weg, um eine größere Menge von visuellen Objekten zu selektieren und zu markieren. Bei mobilen Geräten wird hierzu üblicherweise ein zweiter Finger zu Hilfe genommen.

Etablierte Mechanismen der Interaktion

Andere einfache Interaktionen beziehen sich auf das Verändern der Datensortierung. Dies geschieht einmal über das Verschieben von Objekten mithilfe der Maus oder dem Finger, das Neusortieren von verwendeten Attributen erfolgt über Interaktion oder das Löschen von Objekten durch Bewegungen, das Ziehen von Objekten in bestimmte Anzeigebereiche oder die Kombination mit Kontextmenüs oder Tastenkombinationen. Diese Interaktionsmechanismen haben sich durch die Verwendung heutiger Betriebssysteme und mobiler Geräte bereits so stark etabliert, dass ein Abweichen von diesem Vorgehen einen größeren Widerstand bei den Benutzern hervorruft.

Erweiterte Interaktionstechniken

Über die einfache Interaktion hinaus hat die Informationsvisualisierung zusätzliche Techniken entwickelt, die eine möglichst effektive Nutzung der Visualisierung unterstützen. Zu den wichtigsten dieser Techniken gehören:

- Brushing & Linking[5]
- Überblick + Detail
- Fokus + Kontext

Brushing & Linking

Brushing & Linking kommt bei der gleichzeitigen Verwendung mehrerer Visualisierungen derselben Daten zum Einsatz. Der Benutzer kann Daten in einer Visualisierung selektieren, z.B. mehrere Balken eines Balkendiagramms, die die Umsätze pro Land darstellen. Diese Balken werden dann im Balkendiagramm farblich markiert (engl. Brushing). Gleichzeitig werden aber auch die mit diesen Balken zusammenhängenden Daten in den anderen sichtbaren Visualisierungen in derselben

---

5.　Wir verwenden hier die englischen Bezeichnungen, da sie auch im Deutschen am häufigsten so benutzt werden.

Farbe markiert. Durch diese gleichzeitige Einfärbung versteht unser Gehirn, dass die Daten zusammengehören (engl. Linking). Dies wird bereits in einigen visuellen BI-Programmen eingesetzt, die wir in Kapitel 5 vorstellen werden.

Die Technik namens Überblick + Detail ist dann sinnvoll, wenn eine sehr detaillierte Darstellung einen Großteil der sichtbaren Ansicht einnimmt, dann wird gleichzeitig in einer Übersichtsdarstellung angezeigt, wo sich der Benutzer im Gesamtüberblick befindet. Dies wird gerne bei geografischen Darstellungen verwendet, indem eine kleinere Übersichtskarte in entsprechend großem Maßstab am Rand einer großen Karte mit mehr Details (kleinerem Maßstab) zu sehen ist. Ein anderes Beispiel ist die Verwendung von Folien-Miniaturen in Power-Point. Die aktuelle Folie wird detailliert angezeigt, auf der linken Seite ist die Folie in der Abfolge der Präsentation zu sehen. Abbildung 4–15 zeigt ein weiteres Beispiel für diese Technik. Der Überblick befindet sich in der rechten unteren Ecke. Der Detailbereich wird durch ein rotes Rechteck dargestellt.

Überblick + Detail

Mit Fokus + Kontext-Techniken können Benutzer ebenfalls Details sehen, ohne den Überblick zu verlieren. Dabei wird nicht eine zweite Visualisierung für den Überblick verwendet, sondern verschiedene Detailstufen für die interessanten Daten (der Fokus) und die umgebenden Daten (der Kontext). Häufig wird dabei auch eine Verzerrung der Darstellung verwendet. Das heißt, die Daten im Fokus werden größer dargestellt und die Kontextdaten kleiner. Wie bei einem Makroobjektiv werden dabei die Ränder des Fokusbereiches verzerrt. Dies ist ebenfalls in Abbildung 4–15 zu sehen. Der runde, dunkelgraue Bereich vergrößert die darin enthaltenen Netzwerkbereiche (den Knoten »UNICC«), während die Kontextbereiche leicht ausgeblendet werden.

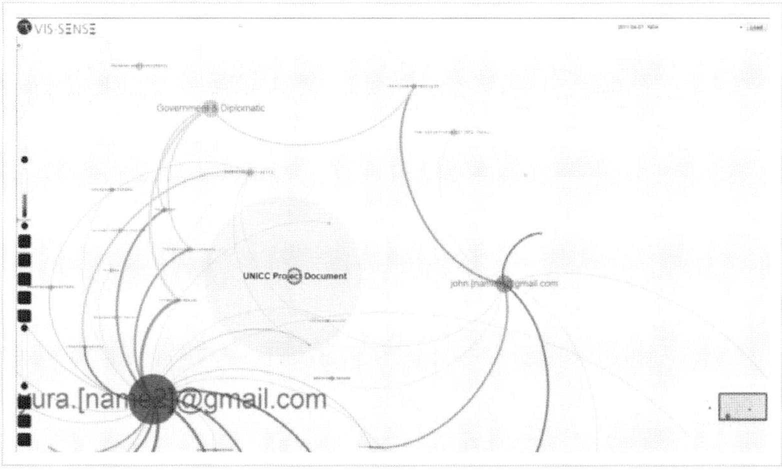

Fokus + Kontext

Abb. 4–15

Ein Screenshot der Darstellung eines Internetnetzwerks. Diese Visualisierung wurde von der Universität Konstanz im Rahmen des EU-Projekts VIS-SENSE implementiert [Fischer 2013].

4.2.7   Das Shneiderman-Mantra

In Abschnitt 4.2.5 und Abschnitt 4.2.6 haben wir nun sämtliche Aspekte des Weges von den Rohdaten bis zur interaktiven Visualisierung betrachtet. Wir wissen nun, welche Schritte notwendig sind, um interaktive Visualisierungen für eine sinnvolle Nutzung zu erstellen. Dabei ist durch die Datentypen in jedem Fall relativ gut festgelegt, welche Arten von Visualisierungen gewählt werden können. Der größte Freiheitsgrad besteht bei der Zusammenstellung der Sichtweisen und des interaktiven Gesamtkonzepts im letzten Schritt.

Anforderungen an die interaktive Visualisierung

Die sinnvolle Anordnung der Inhalte ist mithin auch die größte Herausforderung bei der Interaktion. Gerade im Business-Intelligence-Umfeld ist es das Ziel, Vergleiche anzustellen und Ergebnisse zu erzielen, d.h. Sachverhalte an die Oberfläche zu bringen, die ohne Interaktivität nicht sichtbar wären. Damit dem Nutzer diese Vergleiche gelingen, ist es erforderlich, dass Informationen einheitlich dargestellt werden. Skalierung und Anordnung der Informationen müssen einheitlich sein, sonst sind Vergleiche nur schwer bis gar nicht möglich, da es dem Betrachter schwerfällt, sich an die vorhergehende Bildschirmansicht zu erinnern und damit aussagekräftige Vergleiche anzustellen.

Aufgaben der Informationsvisualisierung

Ben Shneiderman [Shneiderman 1996] hat die grundlegenden Aufgaben der Informationsvisualisierung zusammengetragen. Die folgende Liste macht noch einmal deutlich, wozu wir interaktive Visualisierung generell einsetzen können:

- *Überblick*
  Die Betrachtung des Gesamtzusammenhangs und das Erkennen von globalen Mustern und Trends

- *Zoom*
  Die genauere Betrachtung einer Teilmenge der Daten

- *Filter*
  Das Auswählen einer Teilmenge basierend auf bestimmten Werten

- *Details auf Anfrage*
  Die Betrachtung von Einzeldaten über Objekte, die interaktiv ausgewählt wurden

- *In Beziehung bringen*
  Das Erkennen von Verbindungen und der Vergleich von Werten in den dargestellten Daten

- *Erkenntnisse im zeitlichen Verlauf*
  Die Nachverfolgung von Aktionen und Erkenntnissen bei Verwendung der Visualisierung

Extrahieren

Das Markieren, Herausziehen und Weiterverwenden relevanter Daten als Ergebnisse der Visualisierung

Während alle Aufgaben der Visualisierung eine relevante Rolle spielen, hat Shneiderman die vier ersten Aufgaben als Teile eines Vorgehensmodells erklärt. Dieses Vorgehen stellt eine gute Richtlinie für Entwickler dar und wir auch gerne als das »Mantra der Informationsvisualisierung«[6] bezeichnet:

Mantra der Informationsvisualisierung

1. Zeige zuerst einen Überblick über alle Daten
2. Biete Zoom- und Filterfunktionalitäten
3. Zeige Details auf Anfrage des Nutzers

Der erste Schritt in Shneidermans Modell klingt erst einmal wie eine Selbstverständlichkeit, die jedoch häufig nicht zufriedenstellend erfüllt wird. Shneiderman verlangt nach einem Überblick »auf einen Blick«, d.h. ohne Scrollen und Zoomen. Ein großes Excel-Sheet kann zum Beispiel sämtliche Daten enthalten, die allerdings nur in kleinen Portionen vom Benutzer aufgenommen werden können. Diese Daten gilt es so zu visualisieren, dass alle Daten auf einen Blick erfassbar sind. Hierzu kann es sinnvoll sein, die Daten zu aggregieren und in Gruppen zusammenzufassen (dies wird häufig angewendet im Data-Warehouse-Kontext in dem die Daten hierarchisch strukturiert sind). Ein anderer Weg ist die Darstellung der Datensätze als Glyphen (vgl. S. 96), die in einem zweidimensionalen Diagramm dargestellt werden.

Überblick über alle Daten

Genau diesen Weg geht das Gapminder-Werkzeug (vgl. Abb. 4–13). Sämtliche Länder der UN werden hier auf jeweils einen farbigen Kreis reduziert. Für jedes Land existieren natürlich viel mehr Daten, aber der Ersteller der Visualisierung lässt uns erst einmal nur die Lebenserwartung, das pro-Kopf-Einkommen, die Größe jedes Landes und die Weltregion ablesen. Dafür erhalten wir einen Überblick über alle Länder.

Nun sollen im 2. Schritt sinnvolle Zoom- und Filterfunktionen angeboten werden. Dies hat Gapminder, in unserem Beispiel, über verschiedene Menüs gelöst. So kann man an der rechten Seite einzelne Länder auswählen oder ausfiltern. Man kann unten einzelne Jahre auswählen oder über die Achsenfunktion eine engere Auswahl treffen. Viele Visualisierungstools im BI-Umfeld haben auch direkte Zoomfunktionen implementiert, sodass man durch eine Auswahl im Diagramm nicht nur näher in das Bild hineinsieht, sondern auf Daten-

Zoom- und Filterfunktionen

---

6.   So richtig wie ein »Mantra« klingt die hier angegebene deutsche Version ja nicht. Das englische, kürzere Original ist schon eher dafür geeignet: *Overview first, zoom and filter, details on demand.* Shneiderman schlug vor, dass man es so oft sagt, dass man es nicht mehr vergisst [Shneiderman 1996].

ebene eine Filterfunktion verbunden hat. Wir gehen auf solche Funktionalitäten noch im weiteren Verlauf dieses Kapitels ein.

Details auf Anfrage   Zu guter Letzt werden im 3. Schritt Details nach Shneiderman erst (und nur) auf Anfrage des Benutzers angezeigt. In unserem Gapminder-Beispiel kann sich der Nutzer mit einem Mausklick einzelne Länder auswählen und sich weitere Informationen über dieses Land betrachten.

Dieses Gesamtvorgehen stellt sicher, dass sich ein Benutzer in den Daten orientieren kann. Im anfänglichen Überblick kann ein Experte Hypothesen über die Daten entwickeln und diese mit Zoomen, Filtern und Detailanzeigen belegen oder widerlegen. Dieses lineare Vorgehen muss im Visual-Analytics-Kontext noch erweitert werden, wie wir in Kapitel 5 sehen werden. Denn in extrem großen Datenumgebungen ist oft erst einmal keine sinnvolle Übersicht möglich, sondern es gilt einen guten Startpunkt für die Analyse in großen Datenmengen zu finden.

4.2.8   Weitere Visualisierungsbeispiele

In den obigen Abschnitten haben wir nun einige Beispiele für Visualisierungen für verschiedene Datentypen kennengelernt. In den aktuellen BI-Werkzeugen werden einige dieser Visualisierungen verwendet, andere haben Sie eventuell noch nicht vorher gesehen. Es sei an dieser Stelle erwähnt, dass es viele Institute in der Grundlagenforschung und angewandten Forschung gibt, die neue Visualisierungen für spezielle Datentypen entwickeln.

Designstudien   Das typische Vorgehen hierzu nennt sich Designstudie, bei der ausgehend von den Daten und den Aufgaben der Benutzer ein Visualisierungsdesign entwickelt wird, das die Aufgaben optimal unterstützt. Interessierte Leser verweisen wir auf [Sedlmair et al. 2012][7], die insbesondere auch darauf eingehen, für welche Daten und welche Nutzer solche Designstudien geeignet sind. Zusammenfassend kann man sagen, dass dies vor allem dann der Fall ist, wenn ausreichend Daten vorhanden sind und eine Automatisierung nicht infrage kommt.

Im Folgenden wollen wir aber die vorgestellten Datentypen aus Abschnitt 2.1.2 noch einmal adressieren. Diese Datentypen hatten wir in sechs Kategorien eingeteilt: Listen und Tabellen, Text, geografische Daten, zeitabhängige Daten, Netzwerke und Graphen sowie Hierarchien und Bäume. Zu Listen und Tabellen (Scatterplot in Abb. 4–13) und zu Hierarchien und Bäumen (Treemap in Abb. 4–14) haben wir

---

7.   Natürlich sind die Autoren auch selbst an Erfahrungen Ihrerseits mit neuen Visualisierungen interessiert.

schon jeweils ein Beispiel betrachtet. Dies wollen wir nun auch für die verbleibenden vier Datentypen tun.

Visualisierung von Text

Textquellen sind vielleicht die aktuell noch am wenigsten genutzten Ressourcen in der Business Intelligence. Ob es Dokumentensammlungen sind oder Anwendungen im Internet, die Schwierigkeit liegt in der Verarbeitung der unstrukturierten Textmengen für eine strukturierte und nachvollziehbare Auswertung. Eine sinnvolle Visualisierung ist immer aufgabenbezogen, wie wir bereits gesehen haben. Es gibt daher viele verschiedene Visualisierungen von Text, die jeweils unterschiedliche Aspekte hervorhebt. So können einfach nur bestimmte Suchterme angezeigt werden oder komplexere Darstellungen sinnvoll sein.

In einem Projekt des Fraunhofer IGD geht es beispielsweise um die Erkennung und Bewertung von Markttrends. Unternehmen würden neue Trends natürlich gerne früher identifizieren und mit Markt- und Technologieentwicklungen gezielt umgehen, um auf schnelle Veränderungen in ihrer Branche reagieren zu können. Hierfür gilt es, bereits schwache Anzeichen aus einer großen Menge an verfügbaren Informationen herauszufiltern. Dazu wird ein semantisches Netz aus den verfügbaren Textinformationen erstellt und zusammen mit Informationen über die Stärke der thematischen Marktsignale visualisiert. Abbildung 4–16 zeigt einen sogenannten Streamgraph, der die Entwicklung von Markttrends über die Zeit darstellt. Die Höhe der Wellen repräsentiert die Häufigkeit des Themas im Markt.

Beispiel: Marktforschung

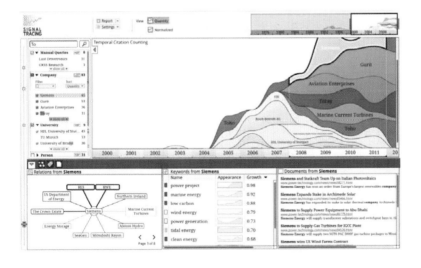

Abb. 4–16
Ein Streamgraph, verknüpft mit weiteren semantischen Informationen zur Darstellung schwacher Marktsignale (©Fraunhofer IGD)

Geografische Daten

Die Visualisierung geografischer Daten hat eine lange Tradition, wie wir schon in unserer kurzen Historie der Visualisierung gesehen haben (vgl. Abschnitt 2.5). Da die Anwendungsszenarien breit gefächert sind (Planung neuer Standorte, Marketinganalysen u.v.a.), findet die Geovisualisierung auch in heutiger BI-Software immer stärker Einzug. Dabei gehen aktuelle Produkte über die simple Einfärbung von Karten hinaus und bieten zusätzliche Funktionalitäten zur Darstellung und Analyse geografisch bezogener Daten. Wir werden im weiteren Verlauf dieses Abschnitts noch Beispiele für Geovisualisierungen aktueller Hersteller sehen.

Beispiel: Verkehrsfluss

Abbildung 4–17 zeigt eine Geovisualisierung, die aus Verkehrsflussdaten eine überlagerte Darstellung des Autoverkehrs in Mailand auf der Landkarte darstellt. Neben Anwendungen in der Stadtplanung und der Verkehrsflusskontrolle werden solche Daten und Darstellungen auch in der Planung und Analyse von Standorten der Außenwerbung verwendet. Höheres Verkehrsaufkommen macht bestimmte Standorte ungleich attraktiver. In der Veröffentlichung von [Andrienko & Andrienko 2013] wird diese Visualisierung weiter erläutert, die durch Interaktion und Vorberechnung auch eine interessante Visual-Analytics-Technik darstellt.

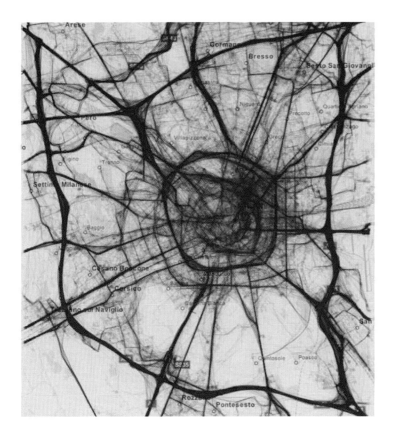

Abb. 4–17

*Fluss des Autoverkehrs in
und um Mailand. Tiefere
Blautöne signalisieren
stärkeres Verkehrsauf-
kommen ([Andrienko &
Andrienko 2013],
©Fraunhofer IAIS).*

Zeitabhängige Daten

Die meisten entscheidungsrelevanten Daten in der Business Intelligence sind zeitabhängig. Überall dort, wo Daten aus der Vergangenheit genutzt werden, um zu planen, zu analysieren und Vorhersagen zu treffen, sind auch Visualisierungen solcher zeitabhängiger Daten einsetzbar. Wie bereits erwähnt, gibt es ein Buch von [Aigner et al. 2011], das sich ausschließlich mit den speziellen Eigenschaften der Zeit und den dafür adäquaten Visualisierungsmethoden beschäftigt.

Ein repräsentatives Beispiel für die Visualisierung zeitabhängiger Daten ist das Spiraldiagramm von [Tominski & Schumann 2008]. Diese Visualisierung könnte für viele BI-Anwendungen interessant sein, wird aber heutzutage noch nicht genutzt. Abbildung 4–18 zeigt ein Spiraldiagramm für Temperaturdaten in Rostock. Die Spirale startet in der Mitte im Januar 2004 und endet außen im Juli 2007. Durch die benachbarte Darstellung der gleichen Monate in jedem Jahr lässt sich zum Beispiel erkennen, dass der April im Jahr 2007 im Vergleich mit 2004-2006 sehr warm war. Ähnliche Darstellungen könnten auch

*Beispiel:
Temperaturverläufe*

für Verkaufszahlen pro Produktgruppe oder mit mehreren Spiraldiagrammen in einem Überblick sinnvoll sein.

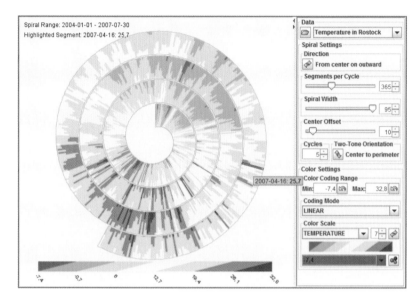

Netzwerke und Graphen

Die Visualisierung von Graphen ist vielfältig einsetzbar. Grundsätzlich sind Netzwerke, aber auch Bäume, nichts anderes als gerichtete oder ungerichtete Graphen. Allerdings eignen sich für Bäume und Hierarchien spezielle Visualisierungstechniken, wie wir gesehen haben. Graphen und Netzwerke werden häufig über eine Darstellung von Knoten und Kanten abgebildet. Dabei gibt es insbesondere bei dem sogenannten Layout des Graphen viele Freiheitsgrade, also wie die Knoten und Kanten auf der 2D-Fläche angeordnet werden. Diese sind für den interessierten Leser in [Landesberger et al. 2011] ausführlich beschrieben.

Beispiel:
Themennetzwerke

Für die Darstellung der Knoten lassen sich die Erkenntnisse aus Abschnitt 4.2.5 direkt anwenden. Jeder Knoten kann als eine Glyphe gestaltet werden oder durch eine einfachere Form (wie einen Kreis) repräsentiert werden. Im Beispiel in Abbildung 4–19 wird die Knotengröße variiert in Abhängigkeit von der Wichtigkeit eines Themas für das Unternehmen. Die Kanten zeigen die Verbindung zwischen den Themen an. Kanten und Knoten, die für die aktuelle Ansicht nicht von Bedeutung sind, werden ausgeblendet, sind aber weiterhin erkennbar, um den Überblick zu behalten.

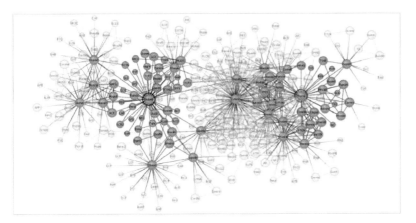

Abb. 4–19

Darstellung eines größeren Graphen, bei dem die unwichtigen Knoten und Kanten, die aktuell nicht im Fokus stehen, dynamisch ausgeblendet wurden.

4.2.9 Zusammenfassung

In diesem Abschnitt haben wir uns mit den Grundlagen der interaktiven *Menschliche* Visualisierung befasst. Nach einer kurzen Motivation haben wir uns mit *Wahrnehmung* der menschlichen Wahrnehmung und der Aufmerksamkeit des Menschen beschäftigt. Wie wir es schon in der Einleitung gefordert hatten, muss der Mensch immer im Mittelpunkt von Information Design, Informationsvisualisierung und Visual Analytics stehen. Andernfalls gehen alle Bemühungen am eigentlichen Ziel, nämlich der besseren Entscheidungsfindung, vorbei. Eine wichtige Grundlage, um dies zu verhindern, ist das Wissen über unsere Wahrnehmung.

Ein großer Teil von Abschnitt 4.2 ist dem Modell von Card, *CMS-Modell* Mackinlay und Shneiderman gewidmet. Dieses Modell hilft uns zu einem Verständnis der Teilschritte der interaktiven Visualisierung und der Einordnung verschiedener Visualisierungstechniken. Das Mantra von Shneiderman ergänzt das CMS-Modell, indem es ein grundlegendes Design von Visualisierungssystemen nahelegt. Für eingeschränkt große Datenmengen hat sich dieses Mantra seit vielen Jahren bewährt. Für große Datenmengen (Big Data) benötigen wir weitere Hilfsmittel, die in Kapitel 5 erläutert werden.

Der Business-Intelligence-Bereich beschäftigt sich traditionell mit *Visualisierung* bestimmten Datentypen, wie Listen, Texten, quantitativen Daten und *verschiedener Datentypen* hierarchischen Datenstrukturen. Doch wenige der heutigen BI-Tools ermöglichen die Verwendung von Visualisierungstechniken, die wesentlich über Balken- und Liniendiagramme oder einfachere Streudiagramme hinausgehen. Der Weg hin zur stärkeren Nutzung von Visualisierung in allen Unternehmensbereichen wird aktuell von vielen Studien prophezeit. In den nächsten Abschnitten konzentrieren wir uns auf eine Bestandsaufnahme und die nächsten Schritte hin zu einer visuelleren Denkweise in der Entscheidungsfindung.

4.3   Empfehlungen für das Dashboard-Design

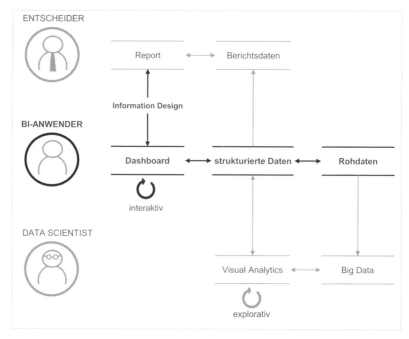

4.3.1   Der Einsatz von Dashboards in Unternehmen

Definition Dashboard Bevor wir uns dem Design näher widmen, ist es lohnend, sich zu vergegenwärtigen, was ein Dashboard ist. Aus dem Englischen übersetzt heißt es erst einmal nichts anderes als Armaturenbrett oder Instrumententafel. In Unternehmen versteht man meist darunter informationsverdichtete und hochaggregierte Informationen, die in grafischer oder tabellarischer Form auf einem Bildschirm angezeigt werden. Oft geben diese die Möglichkeit zum Drill-down und zur Filterung. Das vorherrschende Verständnis von Dashboard ist eine Aneinanderreihung von Ampeln und Tachos, ähnlich der Instrumententafel im Auto, die in den Farben Rot, Grün und Gelb daherkommen. Welche Möglichkeiten es darüber hinaus noch gibt und ob Ampeln und Tachos immer die einzigen Alternativen für die Visualisierung von Informationen in Dashboards sind, sollen die folgenden Abschnitte klären.

Ziel eines Dashboards ist es, einem BI-Anwender wichtige Informationen für die Ausübung seines Jobs so zu präsentieren, dass er effektiv arbeiten kann. Viele Unternehmen nutzen allerdings nicht das Potenzial, das Dashboarding birgt. Das Hauptaugenmerk liegt eher darauf, wie die Informationen auf den Bildschirm gelangen, und nicht, wie sie dargestellt bzw. angeordnet werden. Gerade hier ergeben sich noch viele Möglichkeiten, wie man Dashboards effektiver nutzen kann. Aber die beste Visualisierung ist unnütz, wenn keine hohe Datenqualität vorliegt. Der BI-Nutzer muss Vertrauen in die Richtigkeit der Daten haben. Ansonsten wird er mit dem Dashboard später nicht arbeiten.

Im ersten Schritt beim Design eines Dashboards muss ermittelt werden, welche Informationen von dem BI-Anwender gebraucht werden. Dies hört sich vielleicht banal an, aber oftmals werden Dashboards erstellt, die an den Bedürfnissen der Nutzer vorbeigehen. Ein konsequent durchgeführtes Anforderungsmanagement ist hier der Schlüssel zum Erfolg. Workshops, Interviews und eine gründliche Dokumentation sind Pflicht. Der Nutzer muss von Anfang an in den Prozess des Dashboard-Designs einbezogen werden. Zudem ist es lohnenswert und eine etablierte Vorgehensweise, einen Prototyp zu erstellen. Dieser versteht sich dann als erster Entwurf und dient als Diskussionsvorlage sowohl für den Ersteller als auch für den späteren Nutzer. Die Zusammenarbeit beider Parteien ist hier maßgeblich für den Erfolg. Nur so kann ein Weg gefunden werden, der technische Machbarkeit und fachliche Wünsche effektiv miteinander vereint. Die Beteiligten sollten sich auch darauf einstellen, dass ein iteratives Vorgehen nötig sein wird. Das perfekte Dashboard wird die IT nicht beim ersten Treffen präsentieren können.

Erstellung Prototyp

Gerade in jüngster Zeit interessieren sich vor allem Fachabteilungen stärker für interaktive Techniken. Die fachlichen Nutzer haben zunehmend den Wunsch, sich unabhängig von der IT ihre Daten und Informationen zusammenzustellen und schließlich zu visualisieren. Auch deswegen sollten sich die Beteiligten an der Dashboard-Erstellung die Zeit nehmen, sich mit Information-Design-Theorien auseinanderzusetzen. Dazu empfiehlt es sich, im Selbststudium Bücher zum Thema zu lesen oder sich Experten zum Thema ins Unternehmen zu holen. Diese verfügen über die entsprechenden Erfahrungswerte und können Fragestellungen schneller beantworten und Alternativen aufzeigen. Auch ein Blick in die mitgelieferten Vorlagen der BI-Tools für Dashboards kann sehr gute Anregungen geben. In den meisten Fällen bleibt es allerdings bei Anregungen. Die mitgelieferten Vorlagen treffen in den seltensten Fällen genau die Anforderungen der Nutzer. Dies hängt damit zusammen, dass die geforderten Geschäftsfragen stark bezüglich Branche und Unternehmen variieren. Viele BI-Hersteller versprechen zwar solch eine Lösung von der Stange. Ein Unternehmen wird aber nur in den wenigsten Fällen darauf verzichten können, sich seine Lösung selbst maßzuschneidern.

Vorlagen von BI-Tools

Auf jeden Fall sollten die Zugriffszahlen der Nutzer gemessen werden, wenn ein Dashboard produktiv geschaltet wird. Nur so kann
objektiv beurteilt werden, ob das Dashboard Akzeptanz erfährt.
Unsere Erfahrung zeigt zudem, dass stets darauf geachtet werden
sollte, dass die dargestellten Daten und Information sich in Excel,
PowerPoint und PDF exportieren lassen. Auch wenn BI-Tools immer
mehr Akzeptanz seitens der fachlichen Nutzer erfahren, so sind die
Microsoft-Office-Produkte im Reporting immer noch dominierend.

Sind diese Schritte unternommen worden, kommt als Nächstes das
eigentliche Dashboard-Design. Kennzahlen müssen in Form von Diagrammen und Tabellen angeordnet werden, Drill-down-Möglichkeiten
definiert und Filterungsmöglichkeiten erstellt werden. Wichtig ist, dass
Ersteller Dashboards so designen, dass diese nutzbar für die Anwender
sind. Nur weil noch Platz auf einer Bildschirmseite vorhanden ist, muss
diese nicht mit unwichtigen Informationen gefüllt werden. Ein Vertriebs-
mitarbeiter, der ein Dashboard nutzt, um seine Sales-Aktivitäten zu steuern, wird sich in dem Moment wohl weniger für die Anzahl an Bewerbern
im Bereich Einkauf interessieren. Die dargestellten Informationen müssen
zusammenhängen und in Bezug zueinander stehen, und zwar so, dass der
Anwender mit ihnen arbeiten und Entscheidungen ableiten kann.

Ebenso sollten auch mit Bedacht Filter- und Drill-down-Möglichkeiten angeboten werden. Nur weil sie technisch möglich sind, müssen
zusätzliche Funktionalitäten noch lange nicht sinnvoll sein. Generell
sollten sich Ersteller von Dashboards stets fragen, biete ich im Dashboard diese Möglichkeit jetzt an, weil sie sinnvoll ist, oder möchte ich
dem Anwender nur damit imponieren. Ersteller sollten ihre Zeit also
eher darauf verwenden, sich zu überlegen, wie die Informationen sinnvoll dargestellt werden, als darauf, welche Funktionalitäten man
zusätzlich einbauen könnte. Oftmals beklagen sich Ersteller von Dashboards, dass die Anwender nicht alle Funktionen nutzen würden, die
zur Verfügung stehen. Aussagen wie: »Eine einfache Tabelle hätte es
auch getan!« hört man in Unternehmen sowohl vom Ersteller als auch
vom Anwender des Dashboards. Der Fehler liegt aber meist nicht bei
den Anwendern, diese würden das Dashboard intensiv nutzen, wenn
es ihnen ihre Arbeit erleichtert, sondern bei den Erstellern. Als Faustregel für Ersteller von Dashboards sollte daher gelten, dass »Nice to
have«-Funktionalitäten ebenso vermieden werden sollten wie über-
flüssige Informationen. Der Ersteller sollte sein Hauptaugenmerk darauf richten, dass er dem Anwender seine Arbeit erleichtert.

Ein anderer wichtiger Punkt ist, wie oft die Daten wirklich aktualisiert werden müssen. Während Dashboards, die zum Monitoring dienen, am besten in Echtzeit laufen sollten, z. B. in Produktionsstätten

oder Lagerhaltung, so ist es bei Dashboards aus denen strategische Entscheidungen abgeleitet werden, selten der Fall. Meistens reicht eine Aktualisierung auf Tages- oder Wochenbasis.

Folgende Checkliste soll bei der Erstellung eines Dashboards helfen:

a) Wofür braucht der Empfänger das Dashboard?
   - Zum Monitoring?
   - Um strategische Entscheidungen zu treffen?
   - Zum Analysieren?

b) Welche Informationen benötigt der Anwender?
   - Welche sind wichtig?
   - Welche sind »nice to have«?

c) Stehen die dargestellten Informationen in Bezug zueinander?
   - Sind sie logisch gruppiert?
   - Haben sie semantische Zusammenhänge?
   - Sind sie vergleichbar?

d) Sind die Filter- und Drill-down-Möglichkeiten sinnvoll?
   - Dienen diese dem Erkenntnisgewinn?
   - Nutzt der Anwender diese?
   - Gibt das Dashboard zuerst eine Übersicht und liefert Details auf Anfrage?

e) Wie oft müssen die Daten aktualisiert werden?
   - In Echtzeit?
   - Täglich?
   - Wöchentlich?
   - Monatlich?

f) Sind die Regeln des Information Design eingehalten?
   - Einheitliche Skalierung
   - Kein 3D
   - Geeignete Diagrammwahl
   - Geeigneter Einsatz von Farben
   - Schlanke Visualisierung

Grob lassen sich drei verschiedene Nutzungsarten von Visual BI unterscheiden: eine operative, eine strategische und eine analytische Nutzung. Vor allem Dashboards sind dabei das Mittel, die gewünschten Informationen an den BI-Anwender zu bringen. Sicherlich sind auch andere Kategorien denkbar, aber die Aufteilung ist besonders dafür geeignet, um Unterscheidungen in der visuellen Aufbereitung sichtbar zu machen [Few 2006]. In Abschnitt 4.3.4 wird die grafische Aufbereitung genauer beschrieben.

Nutzungsarten von Visual BI

Strategische Dashboards

Key Performance Indicators

Strategische Dashboards werden genutzt, um meist komplexe Entscheidungen zu treffen, die Einfluss haben auf die zukünftige Unternehmens- oder Bereichsentwicklung. Diese Dashboards stellen stark verdichtete Informationen dar, sogenannte KPIs (Key Performance Indicators). Sie werden in der Regel eher wöchentlich oder monatlich aktualisiert als täglich. Nutzergruppen sind in Unternehmen das Top- bis mittlere Management. Diese strategischen Dashboards ermöglichen Nutzern einen schnellen Überblick darüber, wie es um die wichtigsten Bereiche im Unternehmen steht. Dabei werden meist Ziele mit dem Ist verglichen, um entscheiden zu können, welche Maßnahmen einzuleiten oder abzuleiten sind.

Akzeptanz von Dashboards

Die Akzeptanz von strategischen Dashboards scheitert in Unternehmen oftmals daran, dass entweder zu viele oder zu wenige Informationen dargestellt werden. Manche Ersteller neigen dazu, alles als relevant zu deklarieren, und überfrachten Dashboards mit zu vielen Informationen. Andere hingegen tendieren dazu, nur ganz wenige Informationen zu präsentieren und den vorhandenen Platz mit großflächigen bunten Diagrammen zu füllen. Weitreichende Analysemöglichkeiten sind bei einem strategischen Dashboard nicht angebracht. Selbstverständlich möchte auch der Nutzer eines strategischen Dashboards mal eine oder zwei Ebenen ins Detail gehen, aber bis ins letzte Detail ist das kaum nötig. In solchen Fällen wird ein Entscheider immer noch einen Controller oder Analysten fragen, der ihm genauer Auskunft geben kann.

Analytische Dashboards

Analysemöglichkeiten

Analytische Dashboards werden in erster Linie für, Interaktionen mit den Daten genutzt. Vor allem die Möglichkeit zum Drill-down zeichnet analytische Dashboards aus. Gerade Details sollen hier sichtbar werden. Vergleiche sollen gezogen werden, damit der Nutzer eine Chance oder ein Risiko entdeckt. Ein Beispiel soll dieses verdeutlichen. Dem Nutzer eines analytischen Dashboards wird es nicht reichen zu sehen, dass der Umsatz gesunken ist. Er will wissen, welches die Gründe dafür waren. Nur so wird er in der Lage sein, detaillierte und hilfreiche Maßnahmen zu ergreifen. Ebenso wie bei strategischen Dashboards ist es in den meisten Fällen nicht nötig, dass die Daten in Echtzeit vorliegen. Eine tägliche Bereitstellung reicht in der Regel aus. Vor allem bei analytischen Dashboards empfiehlt es sich, das bereits vorgestellte Shneiderman-Mantra zu beachten:

1. Zeige zuerst einen Überblick über alle Daten
2. Biete Zoom- und Filterfunktionalitäten
3. Zeige Details auf Anfrage des Nutzers

Ausführlich beschrieben ist das Shneiderman-Mantra in Abschnitt 4.2.7.   *Shneiderman-Mantra*

Operative Dashboards

Operative Dashboards haben im Gegensatz zu analytischen und strate-   *Schnelles Eingreifen*
gischen Dashboards eher überwachenden Charakter. Sie dienen dem
Monitoring oder der Überwachung von Ereignissen und Sachverhalten.
Die Anforderungen an die Visualisierung sind hier etwas spezieller. Operative Dashboards sollen weder nachhaltige strategische Entscheidungen herbeiführen noch eine tief gehende Analyse erlauben, sondern ein
schnelles Eingreifen bei Problemen ermöglichen. Zwei wesentliche
Dinge müssen bei operativen Dashboards beachtet werden. Zum einen,
dass die Daten möglichst in Echtzeit bereitstehen, zum anderen, dass die
dargestellten Informationen leicht verständlich sind. In Notfällen, in
denen ein schnelles Handeln erforderlich ist, ist es wenig hilfreich, wenn
man erst überlegen muss, was man exakt sieht.

4.3.2   Einsatz geeigneter grafischer Elemente

Informationen sollten in einem Dashboard visuell dargestellt werden.
Die geeignete grafische Aufbereitung ist notwendig, da Informationen
visuell – wie bereits in den vorangegangenen Kapiteln gesehen – effektiver und effizienter vom Anwender aufgenommen werden können.
Die wesentliche Frage ist nun, wie genau die Informationen zu diesem
Zweck in einem Dashboard visualisiert werden sollten. Die in
Kapitel 4 beschriebenen Empfehlungen gelten zum größten Teil auch
für das Design von Dashboards, vor allem die Anmerkungen zur
schlanken Visualisierung und Informationsdichte.

   Besucht man die Webseiten der großen und bekannten Produkther-   *Werbung*
steller und liest die Texte, die neben den Screenshots und Demoangeboten   *Produkthersteller*
der Dashboards stehen, findet man Wörter und Formulierungen wie
attraktiv, aufregend, ansprechend, beeindruckende Datenvisualisierung
sowie Werbung für die Vielzahl an Möglichkeiten, die man zum Visualisieren verwenden kann: 3D-Effekte, eine Vielzahl an Farben, alle denkba-
ren Formen etc. Ausführungen zur besseren Entscheidungsfindung durch
Standardisierung oder Anwendung von wissenschaftlichen Erkenntnissen
und dazu, wie Informationsaufnahme erleichtert werden kann, sucht man
vergebens. Somit sind Unternehmen selbst in der Pflicht, sich mit dem
Design der gewünschten Dashboards auseinanderzusetzen.

Einheitliche statt unterschiedliche Diagrammtypen

Oftmals denken Ersteller von Dashboards, dass die durchgängige Verwendung des immer gleichen Diagrammtyps das Dashboard langweilig für den Empfänger macht. So wird nach dem Motto verfahren: »Zwei Balken, eine Linie, ein Kreis!«, anstatt das am besten geeignete Diagramm auszuwählen, das die Informationen ideal transportiert. Dies kann dazu führen, dass sich viele ähnliche Balkendiagramme auf einer Bildschirmseite wiederholen. Der Nutzer wird sich dabei jedoch nicht langweilen, schließlich kann er sehr effektiv mit den Daten arbeiten. Im Fokus sollte immer stehen, wie dem Nutzer die Arbeit erleichtert werden kann, und nicht, wie er oder sie am besten beeindruckt oder unterhalten werden kann. Folgendes Beispiel soll dies verdeutlichen.

Abb. 4–21

Das Dashboard zeigt eine Zusammenstellung von Visualisierungen, wie sie von den meisten BI-Herstellern beworben wird.

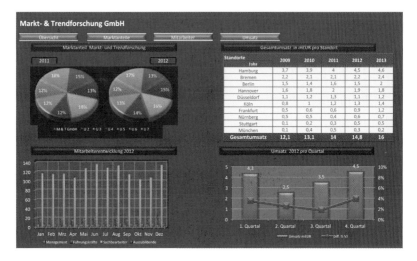

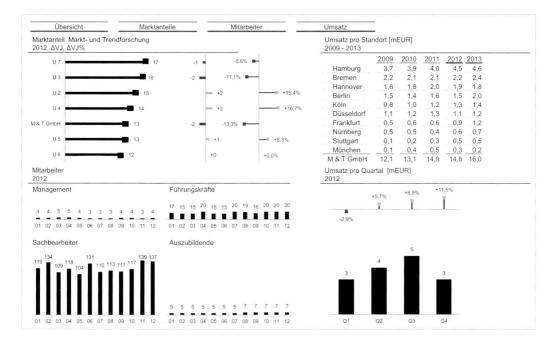

Abgesehen von dem 3D, dem schwarzen Hintergrund und der sonstigen Farbgebung ist die Diagrammwahl beachtenswert (vgl. Abb. 4–21). Zwei Kreisdiagramme werden verwendet, um den Vergleich von 2011 zu 2012 zu visualisieren. Dies allein ist schon keine gute Variante. Zudem wird unten rechts auch noch ein Liniendiagramm eingeführt, das ebenfalls die Differenz zum Vorjahr anzeigen soll. In Abbildung 4–22 wird dagegen auf einen einheitlichen Typus Diagramm zurückgegriffen, das Balken- und Säulendiagramm.

Die beiden Abbildungen waren Bestandteil der VBA-Studie 2012 [Kohlhammer et al. 2012]. Es wurde gefragt, welches Dashboard die Teilnehmer für ihren beruflichen Alltag vorziehen würden. Die Antwort war eindeutig. Rund drei Viertel der Teilnehmer wählten Abbildung 4–22. Dies zeigt, dass die Mehrheit der Befragten nicht auf das visuell Ansprechende Wert gelegt hat, sondern auf die Variante, die ihnen die Informationen besser vermittelt.

Die wohl wichtigste Herausforderung beim Designen eines Dashboards ist es, alle relevanten Informationen möglichst auf einer Bildschirmseite einfach und leicht verständlich darzustellen. Häufig können dabei die Voreinstellungen in gängigen BI-Produkten nicht direkt übernommen werden. Daher soll es im Folgenden nicht darum gehen, schlecht gestaltete Dashboards zu zeigen und vorzuführen, was nach Ansicht der Autoren alles schlecht visualisiert ist, sondern eher Wege und Darstellungen zu zeigen, wie man Dinge verbessern kann.

Abb. 4–22

Ein Dashboard nach einem einheitlichen Notationskonzept.

Die dargestellten Daten sind identisch zu

Abbildung 4–21.

Herausforderungen im Dashboard-Design

Tachometer und Ampeln

Tachometer oder kurz Tachos sind ein sehr beliebtes Visualisierungsmittel in Dashboards. Kaum eine Werbung von BI-Herstellern kommt
ohne sie aus. Auch viele Unternehmen nutzen Tachos in ihren Dashboards. Es liegt die Vermutung nahe, dass Tachos so beliebt sind, weil
die Vorstellung, dass man ein Unternehmen wie ein Auto steuern
könnte, verlockend ist. Der Fahrer verfügt über ein Armaturenbrett
(engl. Dashboard) und hat durch seine Tachos Geschwindigkeit und
Drehzahl im Blick. Nur leider ist es in der heutigen Zeit wesentlich
schwieriger und komplexer, eine Geschäftsentscheidung zu treffen, als
die Geschwindigkeit im Auto aufrechtzuerhalten.

Nachteile von
Tachometern

Tachos zeigen stets eine Momentaufnahme. Vergangenes oder
sogar Zukünftiges wird nicht angezeigt. Der Betrachter von Tachos
sieht meist einen Wert auf einer Skala zu einem bestimmten Zeitpunkt.
Meist sind wie in Abbildung 4–24 gezeigt Intervalle definiert. Diese
sieht der Betrachter durch die unterschiedliche Farbgebung in Rot,
Gelb und Grün. Diese Abbildung war auch Bestandteil der VBA-Studie
2012. Es wurde gefragt: »Welche Visualisierung würden Sie vorziehen?«. 30,7% wählten die Tachos und die restlichen 69,3% die Säulendiagramme.

Abb. 4–23
Welche Darstellung
würden Sie bevorzugen?
Tachometer vs.
Säulendiagramme
[Kohlhammer et al. 2012].

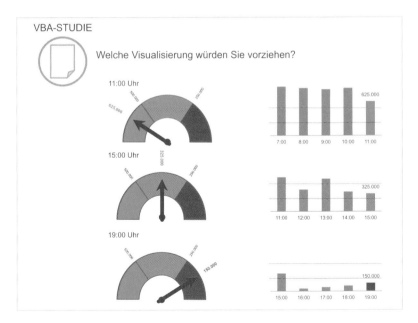

Die Mehrheit wählte die Säulendiagramme mit integrierter Farbe und
Schwellenwerten. Der Vorteil der kombinierten Säulendiagramme liegt
darin, dass der Nutzer mehr Informationen zur Verfügung gestellt

bekommt. Während man in den Tachos nur die Performance zu einem bestimmten Zeitpunkt, nämlich 11:00 Uhr, 15:00 Uhr und 19:00 Uhr, so erhält man im rechten Beispiel auch die restliche Performance zur vollen Stunde. Dieses Beispiel zeigt außerdem, dass die Tachos exakt so viel Platz auf der Bildschirmseite einnehmen wie die Balkendiagramme, aber weniger Information transportieren.

In vielen Unternehmen hält sich hartnäckig das Vorurteil, dass vor allem Entscheider eine Darstellung in Tachos bevorzugen. Die Studie gibt dort jedoch ein anderes Bild. Von den 30,7 % der Befürworter der Tachoabbildung war der Großteil Teilnehmer, die sich als Ersteller von Dashboards bezeichneten. Diejenigen, die sich als Nutzer bezeichneten, präferierten die kombinierte Säulendiagrammlösung.

Entscheider wollen keine Tachos

Selbstverständlich übermitteln Tachos auch Informationen. Oftmals reicht diese Informationsvermittlung den Nutzern auch aus. Wenn Entscheider allerdings die Performance zu einer anderen Stunde sehen wollen, müssen sie interagieren. In einer kombinierten Balkendiagrammdarstellung ist diese Information dagegen sofort ersichtlich (vgl. Abb. 4–23. Das Entscheidende ist, dass Balkendiagramme dabei dieselben Informationen visualisieren können wie Tachos. Tachos sind zwar wie gesagt in einem Auto ein nützliches Mittel, aber ein Unternehmen erfolgreich zu steuern, ist wesentlich komplexer, als im Auto die Geschwindigkeit zu überwachen. Abbildung 4–24 zeigt im Vergleich, dass ein kombiniertes Säulendiagramm zusätzliche Informationen bietet.

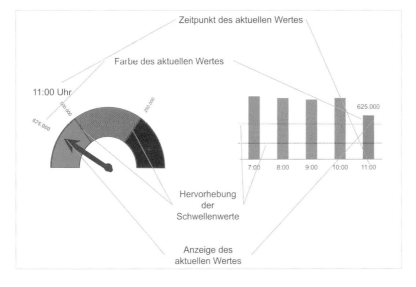

Abb. 4–24

Gegenüberstellung Tacho-meter und kombiniertes Säulendiagramm

Schwierige Interpretation
von Rot, Gelb, Grün

Ebenso wie Tachos sind auch Ampeln selten eine gute Wahl, um Informationen visuell zu transportieren. Sie zeigen im Regelfall nur die Farben Rot, Gelb und Grün. Oft werden Ampeln eingesetzt, um einen Projektstatus wiederzugeben. Aussagen wie »Alles grün!« oder »Das Projekt ist rot!« sind dabei die Regel. Allerdings ist diese Kategorisierung für den Empfänger meist von nur geringem Wert. In einer Ampel wird immer nur ein Moment gezeigt und keine Entwicklung. Eine Ampel verfügt somit nur über wenig Information. Auch hier gilt, dass die Entwicklung zuvor mit abgebildet werden sollte, damit der Empfänger Vergleiche anstellen kann (vgl. Abb. 4–25).

Abb. 4–25
Gegenüberstellung Ampel
und Säulendiagramm

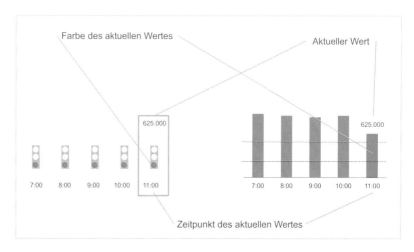

Glanzeffekte

Abb. 4–26
Kreisdiagramm mit
Glanzeffekt in 3D

Sieht man sich die Werbung für Dashboards der gängigen BI-Hersteller an, so springt einem sehr oft ein schimmernder Glanzeffekt ins Auge. Linien-, Säulen-, Balken- und Kreisdiagramme werden mit einem glänzenden Effekt überzogen (vgl. stellvertretend Abb. 4–26 und Abb. 4–27). Eine Linie, die mit diesem glänzenden Effekt geschmückt ist, wirkt größer.

Oftmals erscheint sie durch die verwendeten Pastelltöne aber auch weicher. Zugegebenermaßen ist diese Darstellung zwar sehr ansprechend für das Auge, aber nicht zielführend, um Daten visuell zu vermitteln. Einfachheit und Schlichtheit sollten die erste Wahl sein, nicht schmückendes Beiwerk. Kurzum: Es gibt keine sinnvolle Verwendung im Reporting für Glanzeffekte. Umso verwunderlicher ist es, dass bei vielen BI-Tools oder in Microsoft Office kostbare Entwicklertätigkeit für vielfache Einstellungsmöglichkeiten für diese Glanzeffekte geopfert wurde, anstatt diese für sinnvolle Visualisierungsoptionen zu nutzen. Gleiches gilt übrigens für die Vielzahl an 3D- und Schatten-Einstellungen. Vor allem moderne Apps auf Tablets sind von diesem Phänomen betroffen.

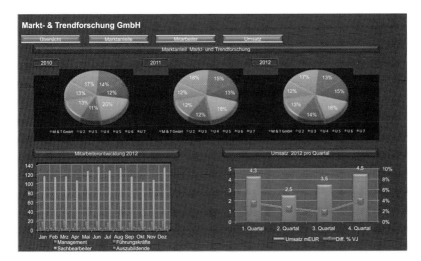

Abb. 4–27

Glanzeffekte am Beispiel von Kreis- Linien-, und Säulendiagrammen

Target-Graph

Der Target-Graph ist inspiriert von den Bullet Graphs von Stephen Few [Few 2006]. Der Target-Graph versteht sich nicht als Weiterentwicklung oder Gegenvorschlag. Er soll vielmehr einen praktikablen Weg aufzeigen, wie in Dashboards möglichst effektiv Zielerreichungen im Vergleich zum Ist visualisiert werden können. Zudem bietet der Target-Graph eine gute Alternative zu Tachometern und Ampeln.

Bullet Graph

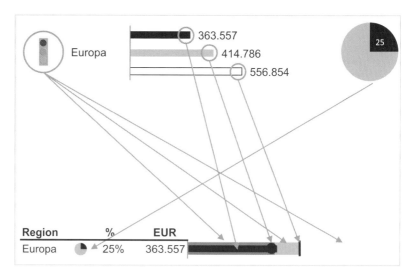

Informationsverdichtung

In der Abbildung 4–28 sehen wir, wie man Informationen visuell sehr gut verdichten kann. Verschiedene Diagrammtypen und Darstellungen verschmelzen in einer Zeile in dem Target-Graphen, ohne dass es unübersichtlich wird. Der schwarze Istwert von 363.557 wird links vom Graphen ausgeschrieben und rechts mittels eines schwarzen Balkens dargestellt. Der hellgraue Vorjahreswert 414.786 wird in dem Graphen als runder Punkt dargestellt. So sieht der Betrachter, wie weit er vor bzw. in diesem Fall hinter dem Vorjahr liegt. Der Strich zeigt den geplanten Wert von 556.854. So ist es möglich Ist, Plan und Vorjahr in einer Zeile zu vergleichen.

Definition von Schwellenwerten

Auch ein Tacho ist integriert, der ebenfalls vermitteln soll, ob der aktuelle Wert im negativen, mittleren oder positiven Bereich liegt. Rechts vom Plan- bzw. Zielwert (Target) bedeutet die hellgraue Farbe, dass der Wert in einem guten Bereich liegt. Links vom Plan bzw. Zielwert gibt es zwei weitere Grauabstufungen. Die hellere Graustufe ist gleichbedeutend mit dem Gelb eines Tachos und die dunklere mit Rot. In Abbildung 4–28 ist das Target bzw. der Zielwert also bei Weitem verfehlt. Will man diesen Target-Graphen einsetzen, so steht man in erster Linie vor der Herausforderung, dass man wie bei einem Tachometer die Schwellenwerte – ab wann ist etwas gut, schlecht oder neutral – gut definieren muss. Dies können in der Regel nur die späteren Nutzer der Dashboards, in denen diese Graphen enthalten sind. Deswegen sollten die Ersteller aktiv nachfragen und von den fachlichen Erfahrungswerten der späteren Nutzer profitieren.

Oft wird von den Fachabteilungen bei solchen Darstellungen, wie der in Abbildung 4–28 außerdem der Wunsch geäußert, dass man erfährt, wie viel Prozent die Region, das Produkt etc. zum Umsatz aktuell beiträgt. Dazu empfiehlt es sich, mit kleinen Kreisdiagrammen zu arbeiten. Die dargestellten 25 %, die Europa am Gesamtumsatz dazu steuert, werden visuell auch in der Linie mittels des kleinen Kreisdiagramms dargestellt. Die Form der Visualisierung ist vor allem dann hilfreich, wenn mehrere Regionen und Produktgruppen abgebildet werden (vgl. Abb. 4–42). Wie bereits erwähnt, sind Kreisdiagramme in sehr seltenen Fällen eine gute Wahl und eigentlich immer ineffektiver als Balkendiagramme (vgl. Abschnitt 3.3.2). Für einzelne Prozentwerte können Kreisdiagramme jedoch eine höhere Datendichte erreichen als Balkendiagramme. In diesem Fall wird auch nicht erwartet, dass der Betrachter den Prozentwert aus dem Diagramm ablesen kann, sondern der Wert wird neben dem Kreisdiagramm angezeigt. Diese »doppelte Visualisierung« (Colin Ware nennt es »multiple encoding«) beschleunigt die Informationsaufnahme.

»Doppelte Visualisierung«

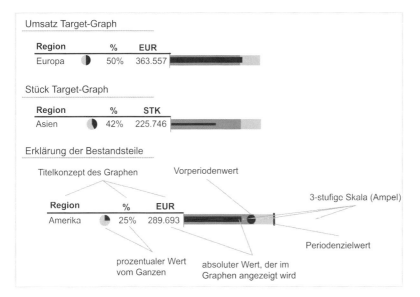

Abb. 4–29

Zusammensetzung des Target-Graphen mit unterschiedlicher Diagrammnotation

Auch die schon in Abschnitt 3.5 eingeführte Diagrammnotation kann hervorragend im Target-Graphen umgesetzt werden. Handelt es sich um Stückzahlen, so wird der Strich dünner dargestellt, als wenn es um Umsätze geht. Der Betrachter kann so anhand der Notation schon erkennen, dass es sich um unterschiedliche Kennzahlen handelt (vgl. Abb. 4–29).

Target-Graph und Diagrammnotation

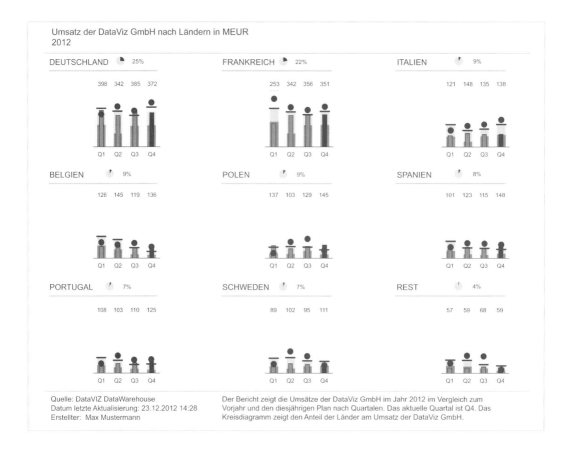

Umsatz der DataViz GmbH nach Ländern in MEUR
2012

Quelle: DataVIZ DataWarehouse
Datum letzte Aktualisierung: 23.12.2012 14:28
Ersteller: Max Mustermann

Der Bericht zeigt die Umsätze der DataViz GmbH im Jahr 2012 im Vergleich zum
Vorjahr und den diesjährigen Plan nach Quartalen. Das aktuelle Quartal ist Q4. Das
Kreisdiagramm zeigt den Anteil der Länder am Umsatz der DataViz GmbH.

Abb. 4–30

Umsatz-Dashboard nach Ländern mit Target- Graphen und Zeitreihen

Auch für Zeitreihenbetrachtungen wie im Dashboard in Abbildung 4–30 eignet sich der Target-Graph als Visualisierungsmittel hervorragend. Zu sehen sind verschiedene europäische Länder und der Umsatz pro Quartal in 2012. Der Zeitpunkt der Betrachtung ist das 4. Quartal 2012, wie man an der Notation, die wir in Abschnitt 3.4.1 kennenge- lernt haben, sehen kann. Die schwarze Färbung der Säule in Q4 zeigt demnach das Ist und die grauen Säulen Q1 bis Q3 die Vorquartale. Die Target-Graphen sind jetzt in dem Dashboard gekippt, da es sich um eine zeitliche Darstellung handelt. In der Darstellung haben Belgien, Polen, Spanien und Portugal die Ziele in Q4 erreicht. Die Ergebnisse in Q4 sind fast alle auch unter den Vorjahreswerten zurückgeblieben. Dies wird symbolisiert durch den Punkt. In Frankreich in Q1 konnte man nur schlechte Umsätze verzeichnen und ist sogar in den dunklen negativen Bereich gerutscht. Durch Mouseover-Effekte könnte der Nutzer des Dashboards sich dann auch die genauen Vorjahres- und Planwerte pro Quartal anzeigen lassen.

Das Dashboard verfügt zudem über eine hohe Informationsdichte. *Hohe Informationsdichte*
Der Betrachter bekommt einen guten Überblick, wie es gerade um die
Umsätze in den verschiedenen Ländern steht. Außerdem kann er durch
die einheitliche Skalierung und Darstellung die Länder sehr gut untereinander vergleichen. So sieht er auf einen Blick, dass Deutschland und
Frankreich die umsatzstärksten Länder sind. Durch die kleinen Kreisdiagramme erhält der Betrachter zusätzlich noch die Information, wie
viel diese am Gesamtumsatz der abgebildeten Länder ausmachen.

Der Hintergrund

Viele BI-Hersteller präsentieren ihre Werbe-Dashboards mit einem
schwarzen Hintergrund. Vor allem seit dem Siegeszug des Tablet-PCs
sind die Hintergründe oft schwarz. Kaum eine App kommt ohne die
schwarze Hintergrundfarbe aus. Stephen Few geht davon aus, dass
einige damit angefangen haben und andere einfach gefolgt sind.
Zudem widerspricht der Artikel der oft in dem Zusammenhang getä-
tigten Äußerung, dass ein schwarzer Hintergrund die Akkulaufzeit
verlängern würde. Angeblich würde ein weißer Hintergrund den Akku
mehr beanspruchen. Dies stimmt allerdings nicht. Wenn man den
Akku schonen möchte, dann kann man die Helligkeit verringern. Ob
der Bildschirmhintergrund allerdings weiß oder schwarz ist, spielt
keine Rolle.

Ein schwarzer Hintergrund hat zudem Nachteile. Wir sind es zum *Schwarzer oder weißer*
einen gewohnt, schwarze Schrift auf weißem Hintergrund zu lesen – *Hintergrund*
wie in diesem Buch – zum anderen ist es für das menschliche Auge
anstrengender, weiße Schrift auf schwarzem Hintergrund zu erfassen.
Die Anstrengung kommt daher, dass sich die Iris des Auges weiter öffnen muss, wenn ein schwarzer Hintergrund eingesetzt wird. Daher soll
hier die Empfehlung ausgesprochen werden, dass ein weißer bzw. heller Hintergrund gewählt wird und dies unabhängig davon, ob es sich
um ein Handy, Tablet oder einem großen Bildschirm am Arbeitsplatz
handelt.

4.3.3   Interaktivität als besondere Herausforderung

Dashboards sollten stets alle relevanten Informationen auf einer Bildschirmseite darstellen. Langes Scrollen oder ständiges Wechseln von
Bildschirmseiten macht es dem Benutzer sehr schwer, Informationen
vergleichend aufzunehmen. Deswegen sollte die Bildschirmseite auch
voll ausgenutzt werden. Auf platzraubende Logos und auffälliges Corporate Design sowie aufwendig gestaltete Diagramme (vgl. Abschnitt
3.3.2 und Abschnitt 3.4.2) sollte möglichst verzichtet werden. Nicht

Interaktion

nur weil dies von den eigentlichen Informationen ablenkt, sondern auch weil der Nutzer des Dashboards dann nicht gezwungen ist, ständig die Ansicht zu verändern [Few 2006].

So verständlich dies auch im ersten Moment klingen mag, die eingesetzten Dashboards in Unternehmen sehen oft ganz anders aus. Bei Vorstellungen von Dashboards einiger BI-Hersteller leuchten die Farben und es wird in einer irrwitzigen Geschwindigkeit gezeigt, welche Interaktionen alle möglich sind. Ob diese sinnvoll sind, wird nur in den wenigsten Fällen hinterfragt. Woran liegt es also, dass das Marketing der BI-Hersteller so sehr die Interaktivität in den Vordergrund stellt? Die Antwort ist wahrscheinlich recht simpel. Es macht einfach Spaß, die Regler zu verschieben und zu sehen, wie die Balken größer oder kleiner werden. Ein Kreisdiagramm wie ein Glücksrad anzustoßen, ist optisch und spielerisch vielleicht ansprechend. Für die Informationsaufnahme ist es gänzlich ungeeignet. Als Faustregel sollte gelten: Nur so viel Interaktion anbieten wie nötig und nicht wie möglich.

Menüleisten

Viele Dashboards verfügen über Menüleisten. Diese nehmen nicht nur oft ein Drittel des verfügbaren Platzes einer Bildschirmseite ein, sondern zwingen den Nutzer auszuwählen, was er sehen will. Folgendes Beispiel soll dies verdeutlichen:

Abb. 4–31

Umsatz-Dashboard: Die Menüleiste nimmt fast ein Drittel des Bildschirms ein.

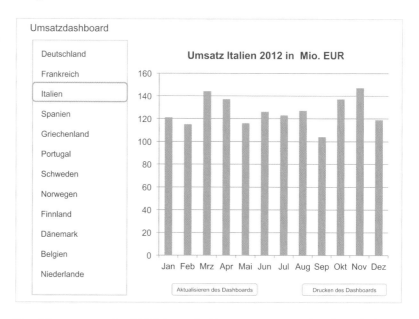

Der Nutzer muss in Abbildung 4–31, wenn er zwei Länder miteinander vergleichen möchte, diese in der Menüleiste abwechselnd auswählen. Es ist sehr schwer, sich die Umsätze des einen Landes zu merken, wenn man ein anderes gerade ansieht. Der direkte visuelle Vergleich ist nicht möglich, da die Diagramme nicht auf einer Bildschirmseite dargestellt werden. Man sollte es also vermeiden, Informationen zu separieren, nur weil diese nicht in die vorgesehene Kategorie passen, aber eigentlich zusammen gesehen werden sollten. So ist es wie in Beispiel Abbildung 4–30 sicherlich sinnvoller, die Länder auf einen Blick zu zeigen, um so Vergleiche zu ermöglichen. Will der Nutzer dann mehr über ein einzelnes Land erfahren, kann er meist mit einem Klick Dctails auf Anfrage erhalten. Wenn der Ersteller solch eines Dashboards, wie in Abbildung 4–31 gezeigt, dann behauptet: »Ich habe doch alle Daten pro Land bereitgestellt!«, so hat er zwar recht, aber nicht in der Art und Weise, wie der spätere Nutzer es für seinen Job brauchen wird.

Darstellung auf einer Bildschirmseite

Gänzlich abgesehen werden sollte davon, die Länder beispielsweise ikonografisch darzustellen, d.h. mit einem Symbol z.B. in Form einer Flagge. Dies nimmt nur unnötig Platz weg und lenkt den Nutzer von den wichtigen Informationen ab.

Scroll

Viele Dashboards verfügen über Scroll-Funktionen. Dabei kann der Nutzer mittels eines Reglers die Ansicht so verschieben, dass er einzelne Ausschnitte betrachten kann. Notgedrungen kommen solche Scrollfunktionen zum Einsatz, wenn ein Dashboard nicht passend für eine Bildschirmseite entwickelt wurde. Ebenso werden häufig große Tabellen zur Verfügung gestellt – in denen man scrollen kann –, obwohl die Darstellung eigentlich den Rahmen sprengt. Die Möglichkeit zum Scrollen birgt allerdings ihre Tücken. Der Nutzer hat intuitiv das Gefühl, dass das, was er sofort sieht, wichtiger ist als das, was er sich »erscrollen« muss. Außerdem nehmen sich viele Nutzer auch nicht die Zeit zu scrollen. So können auch hier wichtige Informationen übersehen werden. Scrollen sollte demnach eher vermieden werden. Auch hier gilt die Regel: Erst eine Übersicht über alle Daten zeigen und dann Details auf Anfrage. So kann es durchaus sehr sinnvoll sein, nicht den Ausschnitt einer Tabelle mit Scrollfunktion zu zeigen, sondern die gesamte bzw. einen großen Teil der Tabelle, wenn dies angefragt wird. Als schlechtes Beispiel soll Abbildung 4–32 dienen, in dem der Nutzer zahlreiche Scrollmöglichkeiten hat.

Einsatz von Scrollfunktionen

Abb. 4–32
Zahlreiche Scrollmöglich-
keiten für den Anwender
im Management-
Dashboard

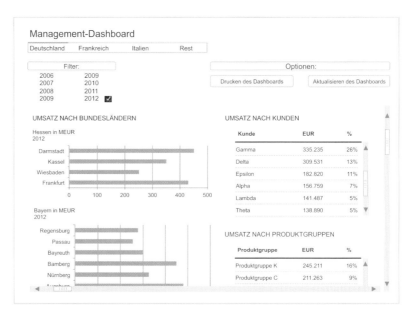

Abb. 4–32
Zahlreiche Scrollmöglich-
keiten für den Anwender
im Management-
Dashboard

Drill-down

Ein weitere Interaktion, die Dashboards oftmals ermöglichen, ist der Drill-down. Durch drillen werden weitere tiefer gehende Informationen sichtbar. Beispielsweise können in einem Säulendiagramm die Umsätze eines Unternehmens der letzten 5 Jahre gezeigt werden. Durch Drillen wird es möglich, dass der Nutzer auf ein bestimmtes Jahr klickt und dort die Umsätze pro Monat in dem Jahr angezeigt bekommt. Im Regelfall öffnet sich mit dem Klicken eine neue Bildschirmseite, auf der die Monate angezeigt werden (vgl. Abb. 4–33).

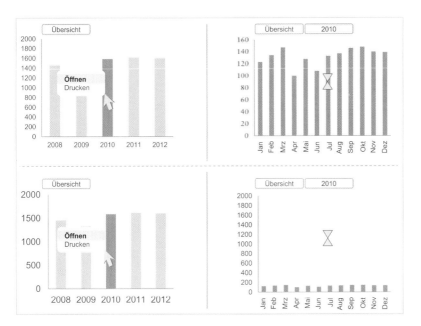

Abb. 4–33

Einfaches Beispiel für einen Drill-down

Diese »Drillable Charts« sind oftmals der Wunsch von Dashboard-Nutzern. Hier sollte allerdings darauf geachtet werden, inwieweit »Drillable Charts« wirklich sinnvoll sind. Es ist darauf zu achten, dass der Nutzer nicht die Orientierung verliert. Zwei bis drei Ebenen zu drillen ist sicherlich noch überschaubar, aber ab der vierten Ebene wird es meist unübersichtlich. Hilfreich sind in solchen Fällen Überblick + Detail-Anzeigen, wie weiter oben eingeführt. In dem oberen Beispiel ist die erste Ebene Jahre, die zweite Monate. Darauffolgend könnte in der dritten Ebene noch die Wochen und in der vierten vielleicht Tage folgen. Schon bei der 52-Wochen-Ansicht wird der Nutzer große Schwierigkeiten haben, in einem Säulendiagramm visuell noch etwas gut zu erkennen. Auf 365-Tages-Basis wird das dann kaum noch möglich sein. Daher müssten hier andere Visualisierungsmethoden aus dem Bereich Visual Analytics bemüht werden. Alternativ zweigt man nach der zweiten Ebene ab in eine Tabelle. Meist stellen sich die Geschäftsfragen auf Wochen- oder Tagesbasis, sodass ein Wert für eine einzelne Woche oder einen einzelnen Tag wünschenswert ist. Dies lässt sich dann auch durch eine Tabelle beantworten.

»Drillable Charts«

4.3.4 Anwendungsbeispiele

In den vorangegangenen Abschnitten lag der Schwerpunkt eher darauf, wie man Dashboards gestalten oder nicht gestalten sollte und welche Präferenzen Nutzer typischerweise haben. Im Folgenden sollen nun aus Sicht der Autoren gute Anwendungsbeispiele gezeigt werden, wie gutes Dashboard Design aussehen kann. Dazu werden Beispiele verwendet, die verschiedene Business-Szenarien im Fokus haben und als Orientierung dienen sollen, wenn der Bau eines Dashboards im Unternehmen geplant wird.

Aufbau

Vor der Erstellung des Dashboards sollte sich der Designer überlegen, wie das Dashboard aufgebaut sein sollte. Abbildung 4–34 zeigt ein praktikables Beispiel, an dem man sich orientieren kann. Welche Abmessungen die einzelnen Bestandteile haben sollen, sollte der Designer von Fall zu Fall entscheiden.

Abb. 4–34
Beispiel für die Einteilung der Inhalte eines Dashboards

Aufbau eines Beispiel-Dashboards

Auf jeden Fall sollte es einen Überschriftenbereich geben. In diesem sollte es möglich sein, die Benennung des Dashboards zu hinterlegen. Zudem sollte ein Platz reserviert werden für eine Legende. Beim Einsatz von Target-Graphen könnte man so den Punkt für das Vorjahr und den Strich für das Ziel in der Legende hinterlegen. In der Mitte ist dann Platz für den interessanten Bereich des Dashboards: die Visualisierungen. Der untere Bereich sollte als Metadatenbereich dienen. Dort ist Platz, um die letzte Aktualisierung anzugeben oder die Quelle, aus der die angezeigten Daten stammen. Rechts unten wäre dann noch Platz für ein Logo. Viele Unternehmen wollen nicht auf das Logo verzichten, obwohl man davon ausgehen darf, dass der Betrachter des Dashboards weiß, wo er arbeitet, und so nur eine sehr unwichtige Information erhält.

Analytisches Dashboard

Wie der Name schon sagt, soll ein analytisches Dashboard in erster Linie die Analyse bestimmter Dinge ermöglichen [Few 2006]. Abbildung 4–35 zeigt ein Beispiel, wie ein gutes analytisches Dashboard aussehen könnte.

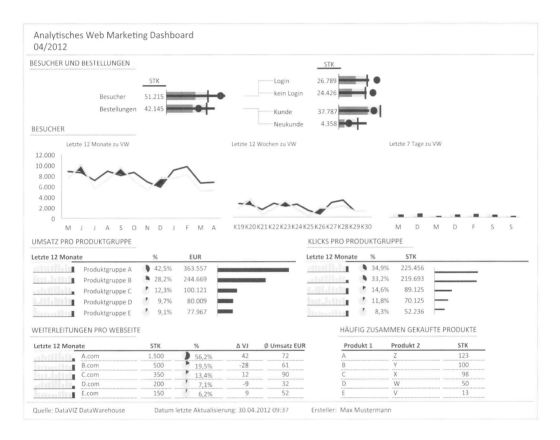

Es handelt sich in Abbildung 4–35 um ein Webmarketing-Dashboard. Der Nutzer sieht Besucherzahlen, getätigte Bestellungen sowie Umsatz, Klicks und Weiterleitungen auf einen Blick. Zudem erfährt er auch noch, welche Produkte oft zusammen gekauft werden. Die gesamte Anzahl an Besuchern und Bestellungen werden dem Nutzer im oberen Viertel angezeigt. Mittels der Target-Graphen sieht er, ob die Zielvorgaben erreicht wurden und kann sie mit dem Vormonat vergleichen. Zudem bekommt er eine Aufteilung in Besucher der Website, die sich eingeloggt haben bzw. nicht, und ob die Bestellungen durch Neu- oder Bestandskunden ausgelöst wurden. Diese Form der Darstellung, in der Diagramme in weitere Teile aufgeteilt werden, ist eine sehr gute Visualisierungsmöglichkeit. Sie kommt leider in aktuellen Produkten nur selten zur Anwendung.

Abb. 4–35

Analytisches Webmarketing-Dashboard

In den Linien- und in dem Säulendiagramm bekommt der Nutzer einen Eindruck, wie sich die letzten 12 Monate, 9 Wochen und 7 Tage entwickelt haben. Die graue Linie zeigt dabei das Vorjahr an und die schwarze das Ist. Die roten Flächen kennzeichnen, wo diese voneinander abweichen.

Einsatz von Microcharts

Der Bereich Umsatz und Klicks wird nebeneinander angezeigt. Mittels Microcharts (vgl. Abschnitt 3.3.1) kann der Nutzer die Entwicklung der letzten 12 Monate sehen. Dabei ist der aktuelle Istwert schwarz eingefärbt. Wenn sich der Nutzer für eine Entwicklung einer Produktgruppe in den letzten 12 Monaten genauer interessiert, ist es sinnvoll, dass er durch einen Klick auf das Microchart dieses vergrößern kann. Zudem kann er durch die kleinen Kreisdiagramme und den prozentualen Wert die Anteile an der Gesamtheit erkennen, d.h., wie viel die einzelnen Produktgruppen umgesetzt haben bzw. wie oft auf diese geklickt wurde. Im unteren Teil sieht der Nutzer, wie oft Weiterleitungen von anderen Internetseiten erfolgt sind und welche Produkte häufig zusammen gekauft wurden.

Schlanke Visualisierung

Das Dashboard zeichnet sich vor allem dadurch aus, dass es sehr schlicht gehalten ist. Es wurde eine sehr schlanke und einheitliche Visualisierung gewählt. In Tabellenform bekommt der Betrachter visuelle Stützen und verschiedene Sachverhalte werden immer auf die gleiche Weise präsentiert. Ausreißer werden durch die Farbe Rot signalisiert. Der Betrachter des Dashboards weiß also sofort, wo er ggf. tiefer in die Analyse einsteigen muss. Obwohl dem Betrachter eine Vielzahl an Informationen präsentiert wird, bleibt das Dashboard übersichtlich. Die Kombination aus Tabelle und Visualisierung wird nach der Erfahrung der Autoren vor allem von Analysten sehr geschätzt.

Treemaps

Ben Schneiderman

Treemaps sind sehr gut als analytisches Dashboard geeignet. Obwohl diese schon 1990 von Ben Shneiderman an der Universität von Maryland erfunden wurden, haben sie sich noch nicht richtig in Unternehmen durchsetzen können. Bei der TDWI-Umfrage 2011 [Eckerson & Hammond 2011] gaben lediglich 2 % der Unternehmen an, diese zu nutzen.[8] Allerdings bieten BI-Hersteller diese in den letzten Jahren eher verhalten an.

Dabei sind Treemaps (nicht zu verwechseln mit den etwas einfacheren »Heatmaps«, die nur die Farbe als Bedeutungsträger nutzen) bestens für Unternehmen geeignet. Im Folgenden soll aufgezeigt werden, dass Treemaps gängige Geschäftsfragen hervorragend beantwor-

---

8.   TDWI Research.

ten können. Oftmals haben Fachabteilungen Berührungsängste mit Treemaps, die aber, wenn man sich mit der Visualisierungsmethode näher beschäftigt, unbegründet sind: »Das erste Mal, als ich eine Treemap sah, dachte ich, dass niemand in der Lage sein wird, diese jemals zu verstehen. Jetzt sind diese sehr nützlich für uns.«[9]

Abb. 4–36
Umsatz-Dashboard als Treemap am Beispiel eines Baumarkts

Treemaps nutzen den gesamten Platz einer Bildschirmseite aus. Im Sinne des Shneiderman-Mantras werden dem BI-Nutzer hierarchische Daten so präsentiert, dass er dabei nicht den Überblick verliert. In der Abbildung 4–36 sehen wir den gesamten Umsatz in 2012 eines Baumarkts. Dieser ist in verschiedene Kategorien (Produktgruppen) unterteilt, wie Garten, Sanitär oder Baustoffe etc. Die Größe der weißen Rechtecke gibt die Größe des Umsatzes im Verhältnis zu den anderen Kategorien an. Zudem stehen sie auch im Verhältnis zum Gesamtumsatz des Baumarkts. Mit diesem Wissen erkennt man, dass die Kategorie Garten den größten Anteil am Umsatz hat. Außerdem wird innerhalb einer Kategorie abgebildet, wie viel Umsatz eine Unterkategorie an der Kategorie hat. So macht die Unterkategorie Pflanzen den größten Anteil am Umsatz in der Kategorie Garten aus.

Bedeutung der Größe der Rechtecke

Durch die eingesetzten Farben gibt es sogar weitere Informationen für den Betrachter. In unserem Beispiel steht ein helles Grün dafür, dass die Unterkategorie besser lief als im Vormonat zum selben Zeitpunkt.

Bedeutung der Farbe

9. Judy Doherty Director of Information Management Systems at Darthmouth College in New Hampshire in TDWI Research, S. 19.

Dagegen steht ein helles Rot dafür, dass eine Unterkategorie sehr schlecht im Vergleich zum Vormonat lief. In der Kategorie Garten war die Unterkategorie Dünger somit erfolgreicher als im Vormonat, während Handgeräte deutlich schlechter verkauft wurden. Dadurch, dass eine große Informationsmenge innerhalb einer Kategorie abgebildet wird, ist es dem Betrachter möglich, schnell zu erkennen, dass sich die Kategorie Garten schlechter darstellt als im Vormonat, abgesehen von dem Ausreißer Dünger. Die Kategorie Baustoffe hingegen hat besser abgeschnitten.

Eine Treemap ist somit eine gute Lösung, einen Überblick über seine Produktgruppen zu erhalten und wie sie zueinander und zum Gesamten stehen. Die größte Kunst ist es allerdings, die Schwellenwerte, die die Farbintensität auslösen, sauber zu definieren. Dies muss stets mit einem Spezialisten in dem Gebiet erfolgen. Nur dieser kann beurteilen, ab wann eine Unterkategorie wirklich ein helles Rot annehmen soll. Treemaps geben dabei vor allem einen guten Überblick im Vorfeld einer genaueren Vergleichsanalyse. In einem anderen Beispiel können Treemaps auch für das Monitoring zum Beispiel von Lagerbeständen eingesetzt werden. Zu geringe Lagerbestände selbst der mengenmäßig geringsten Artikel fallen über die Farbgebung sofort ins Auge.

Geovisualisierung und Treemaps

In letzter Zeit wird Geovisualisierung für Unternehmen immer interessanter. In einem wirtschaftlichen Umfeld, das global, aber auch national agiert, sind Geovisualisierungen von Bedeutung. Die Abbildungen 4–37 und 4–38 zeigen, wie eine einfache Geovisualisierung aussehen kann.

Abb. 4–37

Geovisualisierung

mit Ampeln

In dem Beispiel in Abbildung 4–37 sieht der Betrachter eine Deutschlandkarte mit Ampeln. Die Ampeln zeigen dem Betrachter, ob die geplanten Umsatzziele der Fastfoodkette erreicht wurden. Eine grüne Ampel bedeutet dabei, dass das Ziel erfüllt bzw. übertroffen wurde. Eine gelbe Ampel zeigt, dass das Ziel knapp verfehlt wurde, und eine rote, dass der geplante Umsatz bei Weitem nicht erreicht wurde.

Die untere Abbildung 4–38 ist ähnlich zur oberen, nur dass hier anstelle von Ampeln die Bundesländer in den jeweiligen Ampelfarben eingefärbt wurden (ein sogenanntes Flächenkartogramm). Wie im oberen Beispiel ist Baden-Württemberg rot. Das Ziel in Baden-Württemberg wurde demnach stark verfehlt. In Bayern auch, aber nur knapp. Die Schwäche der Darstellung liegt darin, dass der Betrachter nicht erfährt, ob beispielsweise Bayern viel zum Gesamtumsatz der Fastfoodkette in Deutschland beiträgt. In der Darstellung nimmt Bayern jedoch aufgrund der geografischen Größe eine große Fläche ein.

Geovisualisierungen mit
Ampeln

Interessieren den BI-Anwender zusätzliche Werte zu den geografischen
Bereichen, bietet sich in vielen Fällen eine Treemap an. Abbildung 4–39
zeigt dabei andere und zusätzliche Informationen, die über die Inhalte
der beiden Vorgänger hinausgehen.

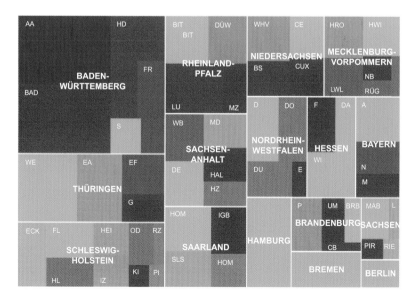

Zu sehen sind auch hier alle 16 Bundesländer. Die Größe gibt hier allerdings nicht die geografische Fläche an, sondern den Anteil am Gesamtumsatz, so wie wir es auch schon im Baumarktbeispiel in Abbildung 4–36 gesehen haben. Bayern nimmt deswegen hier auch eine kleinere Fläche ein als auf einer Landkarte. Denn Bayern trägt in diesem Beispiel nur zu einem kleinen Anteil zum Gesamtumsatz bei. Auch hier sind die Einfärbungen der Unterkategorien verantwortlich dafür, welchen Eindruck der Betrachter von einer Kategorie bekommt.

Die Abkürzungen in den Unterkategorien stehen für Städtenamen. *Treemap vs. Karte* Während beispielsweise Stuttgart das Umsatzziel erreicht hat, haben alle anderen Städte in Baden-Württemberg die Ziele bei Weitem verfehlt. Diese Information wird nur durch die Darstellung in einer Treemap sichtbar. Die Informationsdichte ist verglichen mit den beiden vorangegangenen Beispielen deutlich höher. Sie haben weder das Abschneiden Stuttgarts gezeigt noch das Verhältnis des Umsatzes zueinander.

Treemaps eignen sich sehr gut für BI-Anwender als Einstieg, wenn diese Geschäftsfragen beantworten wollen. So ist es sinnvoll, dem Nutzer hier die Möglichkeit des Mouseover-Effekts oder Drill-downs zu ermöglichen. Durch das Fahren mit der Maus über eine bestimmte Fläche kann dem Nutzer der genaue Wert des Umsatzes angezeigt werden. Drill-downs sind ebenfalls sehr praktikabel. So ist es denkbar, dass wenn der Nutzer sich Baden-Württemberg genauer ansehen möchte, er durch einen Klick eine Ebene tiefer gehen kann. Die visuelle Darstellung kann dann auch sehr gut wechseln in die gewohnten Säulen-, Balken-, Linien- oder Kreisdiagramme und Tabellen, wie im analytischen Dashboard in Abbildung 4–35.

Abb. 4–40

*Treemap in Blau
und Gelb*

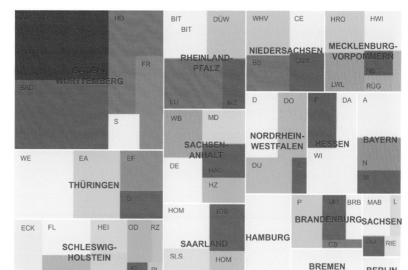

Rot-Grün-Sehschwäche   9 % aller Männer und 0,8 % aller Frauen leiden unter einer Rot-Grün-Sehschwäche. Diese sehen die gesamte Treemap in Abbildung 4–39 in unterschiedlichen Grauschattierungen, die eine Unterscheidung in röt-lich und grünlich unmöglich machen. Abbildung 4–40 zeigt dieselbe Treemap von Abbildung 4–39 mit dem Unterschied, dass Blau den negativen Wert darstellt und Gelb den positiven. Diese Konvention muss allerdings im Unternehmen bekannt sein. Auch hier empfiehlt es sich, dies in einer Information-Design-Richtlinie festzuhalten.

Als Verbindung der obigen Darstellungen sind geografisch geord-nete Treemaps denkbar (vgl. Abb. 4–41). Diese haben den Vorteil, dass der Betrachter den geografischen Bezug auch in der Treemap noch gut erkennen kann.

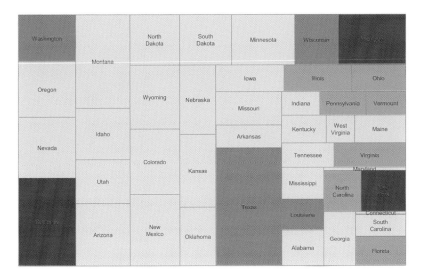

Abb. 4–41
*Geografische Treemap
am Beispiel der USA*

Strategisches Dashboard

Ein strategisches Dashboard soll in erster Linie dazu dienen, auf einem hohen aggregierten Level eine Übersicht zu geben [Few 2006]. Deswegen sollten nicht zu viele Details gezeigt werden. Dies fängt schon bei den Nachkommastellen an. So wird es im Regelfall ausreichen, dass man den im Beispiel oben zu sehenden Umsatz nicht folgendermaßen anzeigt: 3.897.111,93 €, sondern 3.897.111 € oder gleich 3,8 Mio. €. Welcher Detaillierungsgrad bei solchen Angaben gewünscht wird, sollte in einer Information-Design-Richtlinie festgehalten werden oder zumindest mit dem späteren Nutzer besprochen werden.

Sales Dashboard

Das Dashboard besteht aus einer Vielzahl an Target-Graphen, die hier ihre Stärke voll zum Einsatz bringen. Verglceichc durch die einheitliche Skalierung sind problemlos möglich. Außerdem kann der Zielerreichungsgrad nach Regionen, Vertriebskanal, Produktgruppen schnell abgelesen werden. Das strategische Sales Dashboard beantwortet klassische Fragen eines Sales-Managers. Die kleinen Kreisdiagramme zeigen zudem mit dem dazugehörigen Prozentwert, wie viel ein Region, ein Vertriebskanal oder eine Produktgruppe von der Gesamtheit ausmachen. Die Produktgruppen nach Umsatz und Stückzahl sind durch die unterschiedliche Diagrammnotation in dicke und dünne Balken getrennt.

Links oben im Dashboard werden die festgelegten KPIs gezeigt. Diese lassen sich zwar nicht einheitlich skalieren und die Target-Graphen können nicht untereinander verglichen werden, aber jeder für sich gibt Auskunft über den Zielerreichungs- und den Vorjahreswert. Der EBIT (Gewinn von Zinsen und Steuern) ist durch das Rot besonders hervorgehoben (vgl. Abschnitt 3.4.1). Der Blick fällt zwangsläufig auf diesen Wert. Der Prozentwert gibt an, wie viel prozentual vom Ziel erreicht wurde. Zudem hat der Nutzer noch die Möglichkeit, im Microchart-Säulendiagramm den Verlauf der letzten 12 Monate zu sehen, um so auch zeitliche Vergleich ziehen zu können.

Abb. 4–42

Beispiel für ein strategisches Sales Dashboard

Abbildung 4–42 bietet ein gutes Beispiel für sehr gutes Dashboard-Design:

- Der verfügbare Platz auf dem Bildschirm wird optimal genutzt.
- Die Darstellung der einzelnen Kategorien ist einheitlich.
- Auf Redundanz wird weitgehend verzichtet.
- Farben werden nur eingesetzt, wenn diese Bedeutung haben.
- Es wird einheitlich skaliert (die Werte sind vergleichbar).
- Der Nutzer hat einen Überblick über alle relevanten Daten.
- Durch die unterschiedliche Diagrammnotation lassen sich Stückzahlen und Umsatz sehr gut auseinanderhalten.
- Das Dashboard hat einen sehr hohen Informationsgrad.
- Die dargestellten Daten stehen inhaltlich alle in Bezug zueinander.

Operatives Dashboard

Ein operatives Dashboard hat in erster Linie zum Ziel, dass ein Nutzer schnell mittels der angezeigten Daten und Informationen reagieren kann [Few 2006]. Im besten Fall werden die Daten in Realtime zur Verfügung gestellt. Abbildung 4–43 zeigt ein Beispiel für ein sehr gut designtes operatives Dashboard.

Realtime

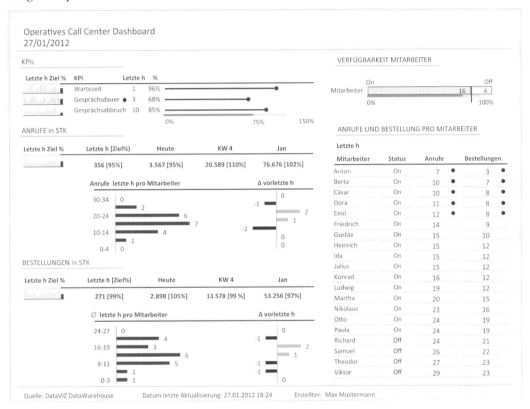

Das Dashboard ist beispielsweise für einen Vorarbeiter eines Callcenters gedacht, der die Performance seiner Mitarbeiter überwachen will. Er kann auf Stundenbasis sehen, wie viele Anrufe getätigt wurden und wie viele Bestellungen daraus resultierten. Außerdem sieht er die Abweichung zur vorletzten Stunde. Auch die KPIs werden ihm oben angezeigt. Wie dort die Performance ausfällt, sieht er an der eingefügten Skala mit dem unterschiedlichen Farbverlauf von 0 %-150 %. Um einen Mitarbeiter direkt ansprechen zu können, hat der Nutzer in der Tabelle die Möglichkeit, die Performance pro Person im Detail zu sehen. Die Mitarbeiter, die unter den vorgegebenen Zielwerten in der letzten Stunde liegen, sind rot markiert und stehen als Erstes in der Liste. Zudem erfährt er, wer gerade Pause hat und nicht zur Verfügung

Abb. 4–43

Operatives Dashboard am Beispiel eines Callcenters

steht. Das Dashboard bietet für den Vorarbeiter eine gute Übersicht und ermöglicht es ihm, einzugreifen, wenn die gewünschte Performance nicht erreicht wird.

graphomate

»Gehicherte Charts«

Das SUCCESS-Modell (vgl. Kap. 3) von Rolf Hichert ist in Deutschland zurzeit sehr erfolgreich. Die Entstehung von Begrifflichkeiten wie »gehicherte Charts«, »Hichert-konformes Reporting« oder »Reporting nach Hichert« belegen dies eindrucksvoll. In den letzten Jahren hat sich verstärkt gezeigt, dass Marktteilnehmer und Unternehmen einen besonderen Mehrwert in der Anwendung des SUCCESS-Modells erkennen. Trotz dieses Verständnisses der Vorteilhaftigkeit und der Sympathie der Marktteilnehmer für HI-NOTATION®[10] stellt die praktische Umsetzung der verbindlichen Regeln in der Geschäftskommunikation Unternehmen vor eine große Herausforderung. Neben der konzeptionellen Umsetzung eines Notationskonzepts, der gezielten Mitarbeiterschulung und der Integration in die bestehende Systemlandschaft macht vor allem die technische Umsetzung Schwierigkeiten.

Speziell zur Optimierung unternehmensinterner Visualisierung nach dem SUCCESS-Modell haben sich inzwischen zahlreiche Anbieter am Markt positioniert. Sie bieten meist eine auf Excel basierende Lösung an und sind teilweise von HICHERT+PARTNER zertifiziert. Dazu zählen unter anderem HI-Chart Templates, Pretty-Good-Chart oder SparkShapes.

HICHERT+PARTNER zertifizierte Software

Für den Einsatz in mittelständischen- und Großunternehmen eignet sich vor allem das Visualisierungstool graphomate, das als Add-on für SAP BusinessObjects Dashboards (Xcelsius) und – ab November 2013 – auch für SAP BusinessObjects Design Studio verfügbar ist. graphomate ist die erste von HICHERT+PARTNER zertifizierte Visualisierungssoftware, die in einer SAP Business-Intelligence-Umgebung eines Unternehmens nahtlos integriert werden kann.

Vor diesem Hintergrund eignet sich graphomate vor allem für Unternehmen, die SAP BusinessObjects als Frontend-Tool im Einsatz haben und sich für eine Visualisierung nach Hichert entschieden haben. Aber auch die Visualisierungskonzepte von Stephen Few und Edward Tufte lassen sich mit graphomate problemlos abbilden. Abbildung 4–44 zeigt ein Dashboard, erstellt mit graphomate unter Anwendung des HI-NOTATION®-Konzepts von Rolf Hichert.

---

10. HI-NOTATION® ist ein von Rolf Hichert entwickeltes Regelwerk für die Geschäftskommunikation.

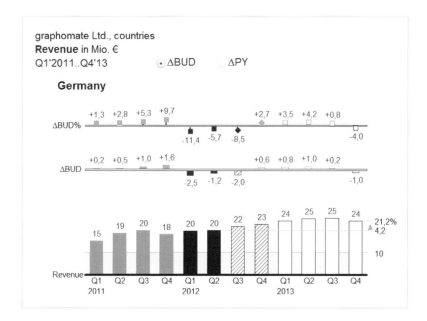

Abb. 4–44
*Umsatz-Dashboard,
erstellt mit graphomate*

Vor allem für Unternehmen, die SAP Business Objects als Frontend-Tool einsetzen und sich für eine Visualisierung nach Hichert entschieden haben, eignet sich graphomate besonders.

Sonstige BI-Tools

Um gut designte Dashboards zu erstellen, müssen nicht unbedingt Add-ons zu den gängigen BI-Tools gekauft oder gänzlich auf Information Design verzichtet werden, nur weil sich HI-NOTATION® nicht umsetzen lässt. Auch mit herkömmlichen BI-Tools lassen sich gute Dashboards und Reports erstellen. Folgendes Beispiel zeigt einen Screenshot eines Reports, der mit MicroStrategy erzeugt wurde.

MicroStrategy

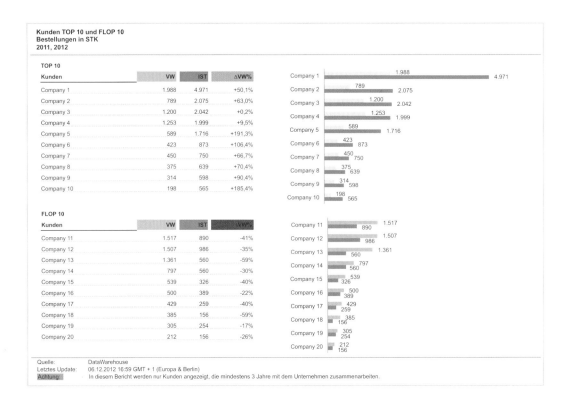

Kunden TOP 10 und FLOP 10
Bestellungen in STK
2011, 2012

TOP 10

Kunden	VW	IST	ΔVW%
Company 1	1.988	4.971	+50,1%
Company 2	789	2.075	+63,0%
Company 3	1.200	2.042	+0,2%
Company 4	1.253	1.999	+9,5%
Company 5	589	1.716	+191,3%
Company 6	423	873	+106,4%
Company 7	450	750	+66,7%
Company 8	375	639	+70,4%
Company 9	314	598	+90,4%
Company 10	198	565	+185,4%

FLOP 10

Kunden	VW	IST	ΔVW%
Company 11	1.517	890	-41%
Company 12	1.507	986	-35%
Company 13	1.361	560	-59%
Company 14	797	560	-30%
Company 15	539	326	-40%
Company 16	500	389	-22%
Company 17	429	259	-40%
Company 18	385	156	-59%
Company 19	305	254	-17%
Company 20	212	156	-26%

Quelle: DataWarehouse
Letztes Update: 06.12.2012 16:59 GMT + 1 (Europa & Berlin)
Achtung: In diesem Bericht werden nur Kunden angezeigt, die mindestens 3 Jahre mit dem Unternehmen zusammenarbeiten.

Abb. 4–45

Kunden-Dashboard nach Top 10 der Gewinner und Verlierer, erstellt in MicroStrategy

Auf den ersten Blick wird deutlich, dass es sich in Abbildung 4–45 nicht um ein »gehichertes« Dashboard handelt. Auch von den empfohlenen Darstellungen in den analytischen, strategischen und operativen Dashboards weicht es ab. Aber trotzdem sehen wir hier ein gutes Dashboard, das viele Regeln von gutem Information Design berücksichtigt, aber auch vernachlässigt. Gezeigt werden 20 Kunden und deren Bestellungen im Vergleich zum Vorjahr. Dabei wird unterschieden zwischen Gewinner und Verlierer. Gewinner sind die Kunden, die im Vergleich zum Vorjahr den größten Anstieg an Bestellungen verzeichnen. Verlierer sind die Kunden, die im Vergleich zum Vorjahr den größten Rückgang hatten in den Bestellungen. Die Diagramme verstehen sich in diesem Report als Ergänzung zu den Tabellen. Beide Darstellungen verwenden dabei ein einheitliches Notationskonzept. Der Istwert wird sowohl in der Tabelle als auch im Diagramm dunkler angezeigt als der Vorjahreswert. Zudem wird ein Titelkonzept verwendet, das die gezeigten Inhalte näher beschreibt. Trotz einer eher geringen Informationsdichte gibt dieser Report einen schnellen Überblick.

Drill-down-Möglichkeiten

Außerdem verfügt der Report über eine Vielzahl an Drill-down-Möglichkeiten.

Mobile BI

Das Thema Mobile BI stellt besondere Ansprüche an die Visualisierung der Daten. Zum einem, weil für gewöhnlich die Displays kleiner sind als der Bildschirm im Büro, zum anderen, weil Mobile BI eng mit der Vorstellung verbunden ist, dass man schnell und vor allem mobil etwas nachschauen kann. Beispiele, die dort angeführt werden sind: Der Manager, der im Laufen zum Flugzeug schnell noch eine Entscheidung trifft oder z.B. ein Mitarbeiter eines Versandhandels, der auf einer riesigen Fläche mittels BI-Lösungen auf einem Tablet die Performance überwacht, in der die Pakete rausgehen.

Kleines Display

Beide beschriebenen und viele weitere Beispiele haben gemeinsam, dass Mobile BI immer eher einen operativen Charakter hat, also besonders gut geeignet ist, um Dinge zu überwachen. Der Manager wird im Regelfall bzw. hoffentlich nicht im Laufen am Flughafen eine wichtige strategische Entscheidung treffen und ein Nutzer eines analytischen Dashboards wird die Daten in den meisten Fällen nicht mobil analysieren. Bei der Erstellung von Mobile BI Dashboards sollte deswegen besonders darauf geachtet werden, was der spätere Nutzer braucht. Nach der Erfahrung der Autoren erfahren operative Dashboards auf Smartphones und Tablets die höchste Akzeptanz. Vor allem im Vertrieb, wenn Zahlen schnell kontrolliert werden sollen oder man sich schnell auf den nächsten Kundentermin vorbereiten möchte.

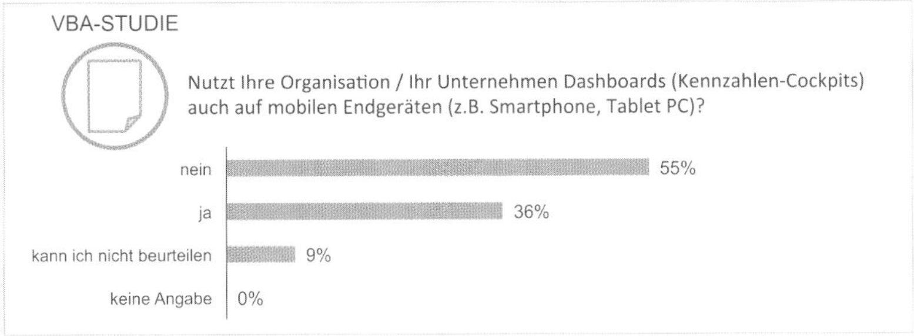

Mobile Dashboards

VBA-STUDIE

Nutzt Ihre Organisation / Ihr Unternehmen Dashboards (Kennzahlen-Cockpits) auch auf mobilen Endgeräten (z.B. Smartphone, Tablet PC)?

nein — 55%
ja — 36%
kann ich nicht beurteilen — 9%
keine Angabe — 0%

Abb. 4–46

Nutzung von Dashboards auf mobilen Endgeräten und Zufriedenheit mit der Darstellung der Informationen
[Kohlhammer et al. 2012]

Wie Abbildung 4–46 zeigt, nutzt fast jedes dritte Unternehmen Mobile BI – mit steigender Tendenz. 60 % sind zudem mit der Übersichtlichkeit und Verständlichkeit ihrer Dashboards auf den mobilen Endgeräten zufrieden. Die Studie ergab, dass vor allem Teilnehmer aus dem Bereich Vertrieb sehr zufrieden waren.

Wie bereits erwähnt ist die Größe des Displays eine besondere Herausforderung bei der Visualisierung von Daten und Informationen. Abbildung 4–47 zeigt gängige Größenverhältnisse.

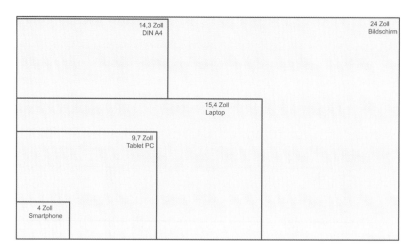

Tablets Während in der Regel Dashboards – wenn diese gut designt sind – sehr gut auf Bildschirmen ab 15 Zoll angezeigt werden können, wird dieses bei modernen Tablets und Smartphone schwieriger. Umso erstaunlicher ist es, dass vor allem bei mobilen BI-Lösungen seitens der Hersteller mit sehr viel unnötigem 3D, mit Schatten und aufwendigen Diagrammen geworben wird sowie mit sehr vielen interaktiven Möglichkeiten, die mit Fingerstreichen ausgelöst werden können. Auch hier gilt, dass viele Interaktionen zwar Spaß machen und den Spieltrieb wecken, aber selten dazu dienen, Geschäftsfragen zu beantworten. Die vorgestellten Dashboards (strategisch, operativ, analytisch) in den vorangegangenen Abschnitten funktionieren auf Tablets zwischen 8-10 Zoll sehr gut. Allerdings auf gängigen Smartphones ist die Darstellung nicht mehr möglich. Dort sind weitere Techniken der Informationsverdichtung von Nöten, will ein Nutzer viele Informationen mobil sehen können. Das folgende vereinfachte Beispiel in Abbildung 4–48 soll zeigen, wie man ein Dashboard, das Umsätze mit Abweichungen zeigt, auf einem 4-Zoll-Display darstellen kann, ohne dass es zu einem Informationsverlust kommt.

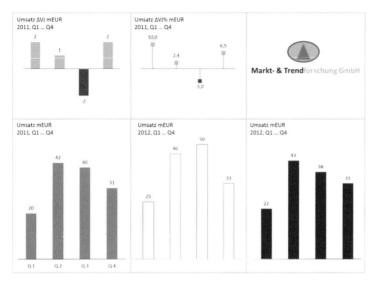 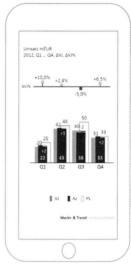

Das Geheimnis liegt auch hier in der Notation. Der Nutzer weiß, dass die Farbe Schwarz das Ist anzeigt, das Grau das Vorjahr und die hohlen Balken den Plan. Durch Übereinanderlegen der Diagramme, die man leicht versetzt, ist es dem Betrachter möglich, die verschiedenen Werte untereinander zu vergleichen. Die absoluten Abweichungen werden in dem Beispiel in den Ist-Säulen abgetragen. Die prozentualen Abweichungen werden oberhalb der Diagramme sichtbar. Was beim guten Dashboard-Design gilt, dass auf Logos und Corporate Design verzichtet werden sollte, ist bei mobilen BI-Lösungen zwingend. Informationen sollten gezeigt werden und nicht bunte Logos und Bildchen.

Abb. 4–48

Beispiel, wie durch Informationsverdichtung ein Dashboard auf einem kleinem Display angezeigt werden kann.

4.4   Zusammenfassung

In diesem Kapitel haben wir aufgezeigt, worin der Unterschied zwischen traditionellem Business Intelligence und Visual Business Intelligence liegt. Anders als vom Entscheider im Reporting werden BI-Werkzeuge interaktiv genutzt. Dies erweitert auch die Anforderungen an grafische Darstellungen, die sich an die Aufgabe des BI-Nutzers interaktiv anpassen lassen. Ausgehend von einer Studie, die Ende 2012 von BLUEFORTE und Fraunhofer IGD durchgeführt wurde [Kohlhammer et al. 2012], haben wir einen Marktüberblick gegeben, der sich ganz explizit auf die Funktionalität im Benutzerinterface konzentriert. Gerade Dashboarding ist aktuell ein wichtiges Thema, in dem bezüglich Visualisierung und Interaktion noch viel Potenzial steckt.

Um diese Potenziale sinnvoll erklären zu können, haben wir ein paar wesentliche Grundlagen der interaktiven Visualisierung eingeführt. Schließlich sind die menschlichen Eigenschaften der Wahrnehmung und der Aufmerksamkeit ausschlaggebend dafür, ob eine Visualisierung einfach und sinnvoll nutzbar ist oder eben nicht. Ein gutes Modell der Informationsvisualisierung kommt von Card, Mackinlay und Shneiderman, die die Benutzerinteraktion von Rohdaten bis zu den Ansichten in eine Struktur bringen [Card et al. 1999]. Von Shneiderman kommt auch ein hilfreiches Vorgehensmodell zum Entwurf von interaktiven Visualisierungen. Jede dieser Grundlagen haben wir mit Beispielen angereichert, die im heutigen BI-Umfeld anzutreffen sind.

Den wesentlichen Praxisbezug für das tägliche Arbeiten mit Daten und Informationen bietet der abschließende Abschnitt zum Dashboard-Design. Nach einer Beschreibung des heutigen Einsatzes von Dashboards in Unternehmen haben wir eine Checkliste vorgestellt, mit der die wesentlichen Empfehlungen für gutes Dashboard-Design umgesetzt werden können. Dabei haben wir zwischen operativen, strategischen und analytischen Dashboards unterschieden. Neben diesem allgemeinen Vorgehen haben wir uns mögliche grafische Elemente und Gestaltungsformen genauer angesehen. Darunter waren solche, die man einsetzen sollte, und solche, die man besser nicht verwendet. Interaktion mit Dashboards ist eine gesonderte Herausforderung, der wir daher einen eigenen Abschnitt gewidmet haben. Die abschließenden Beispiele waren direkt aus aktuellen Anwendungsentwicklungen entnommen und haben aufgezeigt, wie visuelle und interaktive Dashboards in verschiedenen Szenarien eingesetzt werden können.

5 Big Data und Visual Analytics

	NUTZER	EINSATZGEBIETE	DATEN	VISUALISIERUNG
INFORMATION DESIGN	Entscheider	Reporting	Berichtsdaten	statisch
VISUAL BUSINESS INTELLIGENCE	BI-Anwender	Dashboarding	strukturierte Daten	interaktiv
VISUAL ANALYTICS	Data Scientist	Big Data	Rohdaten	explorativ

5.1 Big Data

5.1.1 Herausforderung

In unserer heutigen Business-Welt werden exponentiell wachsende Datenmengen verarbeitet. Der BITKOM-Leitfaden des Arbeitskreises Big Data [Urbanski & Weber 2012] und eine zugrunde liegende For-rester-Studie [Forrester 2012] beziffern das weltweite Datenvolumen in 2012 auf etwa 2,5 Zettabytes oder 2,5 Mrd. Terabytes. Damit stieg das Volumen gegenüber 2011 um ca. 50 %, viel stärker also als die

Abb. 5–1

Visual Analytics als Weg der Entscheidungs-findung in Visual Business Analytics (VBA)

Verarbeitungskapazität. Das ist umso kritischer, da noch über 80 % dieser Daten unstrukturiert sind. Damit muss noch ein erheblicher Aufwand in die Verarbeitung gesteckt werden, bevor die Daten für Entscheidungen nutzbar sind. Die Beispiele für große Datenmengen kommen dabei aus den verschiedensten Branchen – von Internetfirmen, die ausschließlich in der digitalen Welt zu Hause sind, bis zu traditionellen Stahlherstellern, die die Sensoren ihrer Fertigung mit Big-Data-Technologien auswerten wollen.

Gründe für das exponentielle Datenwachstum

Das Wachstum dieser Datenmengen wird von drei parallelen technologischen Entwicklungen angetrieben: Datenerzeugung, Datenverwaltung und Datenspeicherung [Kohlhammer et al. 2010]. Die digitale Datenerzeugung hat Einzug in sämtliche Unternehmensbereiche gehalten, sei es Beschaffung, Produktion oder Versand. Zusätzlich wird heutzutage hauptsächlich digital kommuniziert, und auch Dokumente werden mehr und mehr in die digitale Form überführt. Relationale Datenbanken, samt strukturierter Abfragesprachen gehören heute zur Standardumgebung in Unternehmen, was die Datenverwaltung und Datenerhebung sehr effizient macht. Zusätzlich aber fallen die Kosten für Speicherplatz seit vielen Jahren deutlich, was unseren Umgang mit Daten stark beeinflusst. Kein Unternehmen muss heute entscheiden, welche Daten tatsächlich entscheidungsrelevant sind, bevor sie aufbereitet und gespeichert werden.

Die nötigen Voraussetzungen für eine schnelle Datensammlung und Datenspeicherung haben dabei alle Unternehmen. Den Unterschied im Wettbewerb macht schon seit geraumer Zeit die Fähigkeit zur analytischen Datenauswertung [Davenport & Prusak 1998]. Dieser Effekt hat sich durch die weitere Datenexplosion nur noch mehr verstärkt. Wir haben bereits in Abschnitt 2.1.1 gesehen, dass Daten zuerst einmal keinen eigenen Wert besitzen. Erst interessante Zusammenhänge, aufschlussreiche Muster und die für Entscheidungen wichtigen Erkenntnisse machen aus Daten relevante Informationen. Doch diese relevanten Informationen drohen in der heutigen Daten- und Informationsflut zu verschwinden. Dies ist dann die viel zitierte *Informationsüberflutung* oder der *Information Overload*.

Information Overload

Doch was ist eigentlich eine Informationsüberflutung genau? Die Forschung versteht darunter die Gefahr, sich in Informationen zu verlieren, die

 ▪ für die aktuelle Aufgabe nicht relevant sind,
 ▪ in ungeeigneter Art und Weise aufbereitet wurden oder
 ▪ ineffektiv dargestellt werden.

Sind also Big-Data-Technologien die Rettung vor Informationsüberflutung? Heutige Big-Data-Technologien konzentrieren sich fast ausschließlich auf die automatische Verarbeitung massiver Datenmengen. Wir werden im nächsten Abschnitt einen genaueren Blick auf diese Technologien werfen. Im Prinzip verwandeln viele dieser Techniken aber erst einmal das Überangebot an Daten im Netzwerk in ein Überangebot an Informationen beim Nutzer. Erst wenn die Informationen und die Aufbereitung der Informationen zur Aufgabe des Benutzers passen und wenn die Benutzerschnittstelle und Darstellung adäquat gewählt werden können, wird ein Mehrwert für das Unternehmen generiert. Informationsüberflutung wird also abgewendet, indem man unter Kenntnis der Aufgabe und der menschlichen Einschränkungen die passend aufbereiteten Daten bereitstellt.

Die Wettbewerbsfähigkeit eines Unternehmens wird stark durch die Kenntnisse und Fähigkeiten seiner Mitarbeiter bestimmt. Das Hauptziel von Big-Data-Projekten ist es also, die wachsende Menge an relevanten Daten und Informationen in den einfacheren Zugriff seiner Mitarbeiter zu bringen. Eine Informationsüberflutung von Analysten und Entscheidungsträgern führt allerdings zur Verschwendung von Zeit und Geld. Was in wenigen Big-Data-Artikeln steht: Wenn Big-Data-Projekte scheitern, dann selten aufgrund inadäquater Hardware oder Datenverarbeitungstechnik, sondern häufig aufgrund des Versäumnisses, die Datennutzer und Informationsempfänger ins Zentrum der Überlegungen und Anstrengungen zu stellen. Auf diesen Punkt kommen wir in Abschnitt 5.1.5 noch einmal zurück.

Wettbewerbsfähigkeit

5.1.2 Definition von Big Data

Der Begriff *Big Data* umfasst das Problem der Verarbeitung sehr großer Datenmengen. Das Problem der Verwaltung und Verarbeitung sehr großer Datenbestände ist eigentlich kein neues Problem, sondern lediglich eine immer wiederkehrende Herausforderung. Sie tritt auf, sobald die Möglichkeit der Datenspeicherung die zurzeit etablierten Techniken der Datenverarbeitung an ihre Grenzen bringt [Jacobs 2009]. Das Datenvolumen ist allerdings nur eine Dimension, anhand der Big Data definiert wird. Eine Analyse von Gartner [Beyer & Laney 2012] beschreibt Big Data als eine Datenmenge, die normale Datenmengen anhand folgender Eigenschaften übertrifft: Volumen, Geschwindigkeit und Vielfalt (Volume, Velocity, Variety). Der BITKOM-Leitfaden zu Big Data [Urbanski & Weber 2012] ergänzt diese drei Dimensionen noch durch Analytics und thematisiert das Erkennen von Zusammenhängen, Bedeutungen und Mustern als weitere Heraus-

Definition

forderung. Dies gibt schon einen Hinweis auf die Verbindung zu Visual Analytics in diesem Kapitel.

Abb. 5–2

Volumen, Geschwindig-
keit und Vielfalt sind drei
wesentliche Aspekte von
Big Data [Russom 2011].

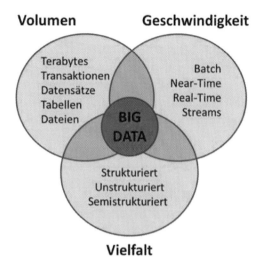

Unter *Volumen* verstehen wir die logische bzw. physische Menge der zu verarbeitenden Daten. War die Speicherung von Datenmengen jenseits der Terabyte-Grenze bis vor Kurzem noch mit hohen Kosten verbunden, stellt dies durch die kontinuierlich günstige Preisentwicklung von Festplattenkapazität keine große Herausforderung mehr dar. Genau betrachtet ist die Menge der Daten schon immer das eigentliche Problem. Wo früher ein Gigabyte an Daten eine Herausforderung darstellte, stehen heute Petabytes und übermorgen Exabytes. Der grundlegende Trend ist, dass sich die Rechnergeschwindigkeit schon immer langsamer entwickelt als die Datenträgerkapazität. Daher werden aktuell verschiedene neue Ansätze entwickelt, um Daten effizient parallel zu verarbeiten. Dies ist ein Trend, den die Hardwareindustrie beispielsweise verfolgt, um die Verarbeitungsgeschwindigkeit (unabhängig von Big Data) zu steigern.

Geschwindigkeit
Durch die Verbreitung von Computern in allen Lebensbereichen, wie z.B. internetfähige Handys, RFID-Chips oder hochauflösende Sensoren, hat sich in den letzten Jahren die *Geschwindigkeit*, mit der neue Daten erzeugt werden, immens erhöht. Bei populären Webdiensten wie Twitter werden täglich ca. 200 Millionen neue Nachrichten (oder Tweets) verarbeitet. Die Gefahr ist, dass neue Daten einmal schneller ankommen könnten, als sie verarbeitet oder auch nur gespeichert werden können. Für diesen Zweck werden spezielle Kombinationen aus Datenbanken und Verarbeitungsalgorithmen entwickelt und verbessert.

Volumen

Die *Vielfalt* heutiger Datenformate erschwert die Gewinnung von Wissen, da unterschiedliche Datenbestände erst miteinander verknüpft werden müssen. Weil der Aufwand einer manuellen Vereinheitlichung der Datenformate jedoch sehr hoch ist, wird auf die Verknüpfung häufig verzichtet. Als Erweiterung dieser Herausforderung ziehen [Laney 2001] und [Troester 2012] noch die Dimension der *Komplexität* hinzu. Komplexe Daten sind so strukturiert, dass ihre Verarbeitung mit zusätzlichem Aufwand verbunden ist. Als Beispiel seien hier semistrukturierte Daten wie Logfiles oder gänzlich unstrukturierte Textdokumente genannt. Auch die Popularität von neuen dokumentbasierten NoSQL-Datenbanken, die vom traditionell festen Schema relationaler Datenbanken mit Zeilen und Spalten abweichen, beschleunigt viele Aspekte immens, erschwert aber erst einmal die Analyse von gesammelten Daten mit traditionellen Verarbeitungsmethoden.

Vielfalt

5.1.3   Aktuelle Trends im Big-Data-Bereich

Mit *MapReduce* wurde ein Modell vorgestellt, das eine einfache und skalierbare Verarbeitung großer Datenmengen durch massive Parallelität ermöglicht. Als Basis des von Google beschriebenen Verfahrens [Dean & Ghemawat 2004] dient ein verteiltes Dateisystem, das jedem Rechner in verteilten Systemen lokalen Zugriff auf eine Teilmenge der vorhandenen Daten ermöglicht (Shared-Nothing-Architektur). Die Daten liegen hierbei in der Regel in einer zeilenbasierten Form vor und sind möglichst gleichmäßig auf alle Rechner verteilt. Die eigentliche Verarbeitung der Daten erfolgt in zwei Phasen, die dem Verfahren seinen Namen geben: Map und Reduce.

MapReduce

In der erste Phase (*Map*) wird ein Programm an alle Rechner im Cluster verteilt, das als Eingabe eine oder mehrere Zeilen der lokal gespeicherten Daten erhält. Aus jedem Eingabedatum wird ein Schlüssel-Wert-Paar berechnet und als Ergebnis ausgegeben. Sobald alle Eingabedaten bearbeitet wurden, werden die Ergebnisse nach ihren Schlüsseln sortiert und zwischengespeichert. In der zweiten Phase (*Reduce*) werden alle Ergebnisse der Map-Phase schlüsselweise aufgeteilt und an jeweils einen dedizierten Rechner im Cluster verteilt, der die Werte für einen Schlüssel aggregiert und das Resultat in das Dateisystem schreibt.

Mit diesem Framework lassen sich Aufgaben wie Volltextsuche oder Dokumentindizierungen mit wenig Aufwand für ein verteiltes System implementieren. Durch Aneinanderreihung mehrerer aufeinander aufbauender MapReduce-Programme lassen sich auch komplexere Abfragen durchführen und parallelisierbare Machine-Learning-Ver-

Hadoop

fahren auf großen Datenmengen ausführen. Ein Beispiel hierfür ist die *Mahout*-Technologie von Apache[1]. Mit Apaches *Hadoop* existiert eine solide Open-Source-Implementierung der von Google publizierten Techniken in Form des verteilten Dateisystems HDFS (basierend auf GoogleFS) und eines darauf aufsetzenden Frameworks für die Ausführung von MapReduce-Programmen. Der Einsatz von Hadoop und ähnlichen Plattformen hat dabei Vorteile sowohl bezüglich der Datenvolumen als auch bezüglich der Vielfalt an Datenformaten, die verwaltet werden können [Russom 2011].

NoSQL Im Gegensatz zu traditionellen relationalen Datenbanken bieten NoSQL-Systeme eine Vielfalt an alternativen Ansätzen zur Speicherung und Abfrage von Daten. Bei dokumentbasierten Datenbanken wie z. B. MongoDB[2] werden die Daten in Form von komplexen Objekten abgelegt, für die jedes Attribut auf jeder Ebene separat indiziert und abgefragt werden kann. Hierdurch können unter anderem Abfragen und Datenschemata vereinfacht werden, da auf verschiedene durch Fremdschlüssel verbundene Tabellen verzichtet werden kann. Ebenfalls ist man beim Hinzufügen von neuen Daten nicht an ein festes Tabellenschema gebunden und kann mit geringem Aufwand neue Felder hinzufügen und somit neue Anforderungen an die zu verarbeitenden Daten leichter umsetzen.

Spaltenorientierte Spaltenorientierte Datenbanken bieten für solche Analysen Vor-
Datenbanken teile, bei denen die meisten Abfragen und Aggregate auf einer eingeschränkten Anzahl von Spalten der betroffenen Tabellen durchgeführt werden. Da die Daten jeder einzelnen Spalte getrennt voneinander gespeichert werden, müssen nur die für die aktuelle Analyse notwendigen Daten von der Festplatte gelesen werden. Bei zeilenorientierten Systemen müssen zwangsläufig die Daten aller Spalten der betroffenen Zeilen vom Festspeicher gelesen werden, um an die gewünschten Daten zu kommen. Da die Daten einer Spalte denselben Datentyp besitzen und sequenziell hintereinander abgelegt werden, wird auch eine effizientere Komprimierung der Daten ermöglicht, wodurch die Lesegeschwindigkeit und der physikalische Speicherbedarf der Daten optimiert werden können.

MPP-Datenbanken Ebenfalls können traditionelle verteilte relationale Datenbanken, wie sie schon seit Langem im Data-Warehouse-Bereich eingesetzt werden, für die Datenanalyse verwendet werden. Sie bieten den Vorteil, dass sie bereits seit einer relativ langen Zeit im Einsatz sind und daher bereits viel Aufwand und Erfahrung in ihre Optimierung gesteckt wurde. Besonders interessant sind im Kontext von Visual Analytics sogenannte Massive-Parallel-Processing-(MPP-)Datenbanken. Bei die-

---

1.   *http://mahout.apache.org*
2.   *http://www.mongodb.org*

sen Systemen werden die Daten in der Regel. wie bei MapReduce nach dem Shared-Nothing-Prinzip in einem Datenbankcluster verteilt, um so eine parallele Ausführung von SQL-Abfragen und Algorithmen zu ermöglichen. Bei In-Memory-Datenbanken werden die Daten zusätzlich im Hauptspeicher der einzelnen Rechner im Cluster gehalten, um eine weitere Beschleunigung zu erzielen.

In-Memory

5.1.4 Interaktive Analyse von Big Data

Infolge der zugrunde liegenden Architektur von MapReduce-Frameworks wie Hadoop liegt deren Stärke eindeutig in der hocheffizienten Stapelverarbeitung von statischen Datenmengen auf Festplattenspeichern, bei der ein Initialisierungsaufwand von mehreren Sekunden bis hin zu Minuten kaum ins Gewicht fällt. Ebenfalls müssen die Programme, die in der Map- bzw. Reduce-Phase ausgeführt werden, anwendungsspezifisch in einer Low-Level-Sprache wie z.B. Java implementiert werden. Aufgrund der hohen Grundkosten bei der Ausführung von MapReduce-Jobs in einem verteilten System eignet sich deren Verwendung nur bedingt für eine interaktive Datenanalyse bzw. Visualisierung, bei der wiederholt Abfragen und Aggregate über einzelne Attribute und Teilmengen der Daten durchgeführt werden.

Herausforderungen für die interaktive Analyse

Zurzeit bieten in diesem Bereich parallele, relationale Datenbanksysteme (wie z.B. Greenplum, Vertica, Exasol) mit spaltenorientierter Datenhaltung, aggressivem Caching (In-Memory) und neuerdings auch MapReduce-Unterstützung die beste Performance bezüglich der Latenz von Abfrageergebnissen [Pavlo et al. 2009]. Allerdings sind hier die Kosten bei der Anschaffung und die Aufwände bei der Konfiguration, Wartung und dem Import von Daten höher als bei der Verwendung von Hadoop.

Aufgrund der hohen Verbreitung von Hadoop für die Speicherung und Analyse von Daten hat sich schnell ein Ökosystem von Softwarepaketen und Frameworks entwickelt, das unter anderem auch erste Ansätze für Abfragen und Analysen von Big Data mit geringerer Latenz enthält. Hierzu gehören *Hive* [Thusoo et al. 2009] und *Pig Latin* [Olston et al. 2008], die Abfragen in SQL-ähnlichen Sprachen in eine Reihe von MapReduce Jobs umwandeln und somit höhere Anfragesprachen zur Verfügung stellen. Mit *MapReduce Online* existiert ein Ansatz, die Ausgaben von MapReduce-Jobs zu streamen und damit vorläufige Ergebnisse schon während der Ausführung verfügbar zu machen.

Erste Ansätze

Zu den neuesten Entwicklungen wie [Agarwal et al. 2012] zählen Ansätze mit frei wählbaren Fehlertoleranzen (*BlinkDB*) und einer

Kombination von Single-Node-RDBMS mit Hadoop (*HadoopDB*) und MapReduce [Abouzeid et al. 2009]. *Spark* [Zaharia et al. 2011] versucht durch Caching von bereits verarbeiteten Daten und Zwischenergebnissen im RAM, iterative Prozesse (wie z.B. Clustering-Algorithmen) und Abfragen auf Teilmengen der Daten zu beschleunigen. [Willson 2011] untersucht, wie MPP-Datenbanken in typischen Analytics-Szenarien eingesetzt werden können.

Mit *Dremel* [Melnik et al. 2010] wurde ein Framework vorgestellt, das komplexe Datenstrukturen (wie z.B. JSON) in ein für SQL-Abfragen geeignetes, spaltenbasiertes Format überführt und auf einem verteilten Dateisystem zur parallelen Verarbeitung effizient zur Verfügung stellt. Mit Apache *Drill* befindet sich eine nicht kommerzielle Open-Source-Implementierung auf Basis von Googles Dremel in der frühen Entwicklung. Aufgrund der weiten Verbreitung von SQL als Abfragesprache gibt es bereits eine Vielzahl von kommerziellen Produkten, die massiv parallelisierte SQL-Abfragen auf in Hadoop gespeicherten Daten ermöglichen und somit Echtzeitanalysen versprechen. Als Beispiele seien hier *Impala* von der Firma Cloudera und *Hadapt*, eine kommerzielle Weiterentwicklung von HadoopDB, erwähnt.

5.1.5   Der Mensch im Mittelpunkt von Big Data?

Die bisherigen Darstellungen in diesem Abschnitt verdeutlichen, dass die aktuellen Anstrengungen im Bereich Big Data stark auf die automatische Datenverarbeitung abzielen, die in großem Umfang wiederkehrende Aufgaben auf massiven Datenmengen umsetzen. Dies ist ein enormer Schritt der letzten Jahre, und es ist ein notwendiger Schritt für gezielte Analysen durch Unternehmen. Die Fortschritte in diesem Bereich versetzen Unternehmen erst in die Lage, in großen Datenmengen interessante Erkenntnisse zu erlangen. Denn am Ende aller Big-Data-Projekte sollen Analysten und Führungskräfte in die Lage versetzt werden, genauere Einschätzungen zu geben und bessere Entscheidungen zu treffen. Würde man sich also in Big-Data-Projekten nur auf die automatische Datenverarbeitung konzentrieren, hätte man auf der Entscheidungsebene noch recht wenig gewonnen. Erst wenn Entscheidungsträger mit Big-Data-Werkzeugen effektiv umgehen können, kann ein Unternehmen wirklich von Big Data profitieren.

Die aktuelle Finanzkrise hat das Bewusstsein wachsen lassen, dass große und komplexe Datenmengen auch mit der besten Informations- und Kommunikationsinfrastruktur schwierig zu analysieren und zu verstehen sind. Finanzinstrumente und Risikomodelle, die wahrscheinliche Veränderungen der Marktwerte berechnen, wurden mit steigender Datenmasse immer komplizierter. So hatten Finanzaufseher und Entscheidungsträger am Finanzmarkt nur noch eine sehr eingeschränkte Sichtweise auf den Zustand von Unternehmen. Deswegen drohte vielen scheinbar gesunden Banken und Unternehmen mit einem Male der Bankrott.

Jedes Modell, sei es ein Finanz- oder ein Wettermodell, basiert auf dem Wissen von Experten, die dieses erstellt haben. Mithilfe eines Modells können Simulationen berechnet werden, um Vorhersagen zu treffen oder Entscheidungen zu unterstützen. Verstehen aber die Anwender das Modell nicht, wird es schnell zur undurchsichtigen *Blackbox*. Das Resultat sind dann Entscheidungen, die sich blind auf das Modell verlassen. Um massive Fehlinterpretationen zu vermeiden, müssen die Nutzer, die mit einem Modell und einer Simulation arbeiten, die Schwächen und Grenzen des Modells genau kennen. Nicht grundlos wird unser täglicher Wetterbericht weiterhin von Meteorologen erstellt und nicht von Nachrichtensprechern, die ihn präsentieren. *Modelle*

Neben der Komplexität von Finanzinstrumenten wie Credit Default Swaps wurde auch die Komplexität der Risikomodelle in den Finanzkonzernen als ein Wegbereiter der Krise identifiziert [Mertens 2010]. Finanzaufseher und Entscheidungsträger verstanden diese Risikomodelle nicht vollständig (die Modelle waren sogenannte *Blackboxes*, in die man nicht *hineinsehen* konnte), und eine sehr eingeschränkte Sichtweise auf den Zustand von Unternehmen wurde unreflektiert präsentiert. *Beispiel: Finanzkrise*

Auf der anderen Seite gibt es auch viele Beispiele, die jenseits des Datenmanagements bereits wichtige Erfolge mit Big Data Analytics erreicht haben. Gerade dort, wo neue Analysemöglichkeiten zu einer Änderung der Geschäftsprozesse geführt haben und integriert sind, ist der Vorteil der Big-Data-Technologien auch realisiert worden. Bekannte amerikanische Internetunternehmen, die ihre Datenhaltung komplett in digitaler Form strukturiert führen (wie z.B. eBay, Amazon oder Netflix), haben ihre Geschäftsprozesse an ihren relevanten Geschäftsdaten ausgerichtet und reagieren effizient auf Kundenpräferenzen und Marktbewegungen. *Vorteile durch Big Data*

An manchen Stellen steht also der Mensch bereits im Mittelpunkt von Big-Data-Technologien. Eine Auswertung (S. 18 im BITKOM-Leitfaden [Urbanksi & Weber 2012]) zeigt allerdings, das gerade einmal 13 % der Unternehmen Big-Data-Projekte zum Zwecke einer besseren Analysemöglichkeit für die Nutzer beginnen. Zumeist ist das erste Ziel, noch mehr Daten in noch kürzerer Zeit zu verarbeiten und zu speichern. Das Thema Visual Analytics fängt da an, wo aktuelle Big-Data-Projekte aufhören, und ist eine für Unternehmen adäquate *Visual Analytics*

Weiterverfolgung ihrer Investitionen in Big Data: Die Entscheider im Unternehmen werden in die Lage versetzt, mit den verfügbaren Daten gewinnbringend neue Wege zu gehen.

Dieser Abschnitt möchte zeigen, wie die Mittel der visuellen Analyse auf Basis der neuen Datenverarbeitungsmöglichkeiten sinnvoll genutzt werden können. In den folgenden Abschnitten werden wir genauer sehen, was unter Visual Analytics zu verstehen ist und wie Analysten und Entscheider davon profitieren. Wir gehen dabei näher auf existierende Techniken ein, die in diesem Bereich bereits heute in Unternehmen zum Einsatz kommen, und auf aktuelle Trends, die in Zukunft eine Rolle spielen werden. Genau wie das Information Design und die Informationsvisualisierung sollte auch im Big-Data-Umfeld der Mensch im Mittelpunkt stehen. Der Weg dorthin führt über Visual Analytics.

5.2   Visual Analytics

5.2.1   Motivation

Neue Möglichkeiten   Jim Thomas, einer der Pioniere in Visual Analytics, hat schon im letzten Jahrzehnt das Ziel ausgegeben, mithilfe von interaktiver Visualisierung die letzten Zentimeter zwischen den massiven Informationsmengen und dem menschlichen Gehirn zu überwinden [Thomas & Cook 2005]. Die Augen bieten einen Zugang zum menschlichen Gehirn mit einer hohen Bandbreite. Wie wir in diesem Abschnitt sehen werden, wird diese Bandbreite zwischen Bildschirm und Gehirn aktuell noch bei Weitem nicht genutzt. Hier gibt es aus unserer Sicht das größte Optimierungspotenzial im gesamten Analytics-Bereich – und das größte zeitliche Verbesserungspotenzial im Hinblick auf den Gesamtprozess im Unternehmen. Darüber hinaus bietet eine visuelle Analyse auch neue Möglichkeiten, die mit der aktuellen Trennung der automatischen Methoden von der Darstellung der Ergebnisse nicht erreicht werden können.

Mensch-Maschine-Prozess   Die Motivation der visuellen Analyse (engl. Visual Analytics[3]) ist die Umwandlung der Informationsflut in eine Chance. Die Chance bietet sich durch den wachsenden Bestand an gesammelten Daten, der täglich neu hineinkommt oder in den Archiven liegt. Die Informationsvisualisierung mit Grafiken und Diagrammen hat unseren Blick auf

---

3.   Wir werden im weiteren Verlauf ausschließlich das Wort *Visual Analytics* verwenden, wenn wir über den Themenbereich sprechen, ähnlich wie es zum Beispiel in der Literatur mit *Business Analytics* gehandhabt wird.

Datenbanken verändert. Genauso ist es das Ziel von Visual Analytics, die automatischen Methoden für die Verarbeitung von Daten transparent und zu einem Teil eines Mensch-Maschine-Prozesses zu machen. Visual Analytics hilft den Analysten dabei, Zwischenergebnisse schneller zu bewerten, zu korrigieren und Methoden und Modelle zu verbessern. Wie erfolgreiche Analytics-Nutzer im Markt zeigen, verbessert sich dadurch das Unternehmenswissen und die Entscheidungen.

Business Analytics

Visual Analytics geht dabei über die interaktive Visualisierung hinaus, die wir in Kapitel 4 kennengelernt haben. Die Informationsvisualisierung ist allerdings ein wichtiger Teil von Visual Analytics, wie wir gleich sehen werden. Visual Analytics ist auch nicht nur das Nutzerinterface zu *Business Analytics*, sondern ergänzt dieses Thema in verschiedener Hinsicht. [Davenport & Harris 2007] ordneten Business Analytics als Teilgebiet von Business Intelligence ein. Business Analytics definieren sie als die gezielte Datenerhebung und anschließende Anwendung von anspruchsvollen, statistischen Analyseverfahren, um Prozesse zu optimieren und tatsachenbasierte Führungsentscheidungen zu ermöglichen. Business Analytics erfordert dabei den Einsatz von hoch qualifizierten Fachkräften.

Im Grunde genommen verfolgen Visual Analytics und Business Analytics die gleichen Ziele: das Aufdecken von Wissen in großen Datenmengen. Im Fall von Visual Analytics geschieht dies mit einem ausgeprägten Einsatz von Visualisierungen. Während ein Statistiker in Business Analytics mithilfe seines Fachwissens geeignete Modelle im Voraus auswählt, sind in Visual Analytics die Modelle im Vorhinein nicht festgelegt. Dies hat den Vorteil, dass unvermutete Zusammenhänge entdeckt werden und alternative Hypothesen spontan aufgestellt und getestet werden können. Wir sind daher der Ansicht, dass Visual Analytics und Business Analytics einander sehr gut ergänzen, um den Wissensgewinn aus einer gegebenen Datenmenge zu maximieren. Die Ansprüche an die Qualifikation des Fachpersonals sind für Visual Analytics dabei nicht höher als für Business Analytics.

Advanced Data Visualization

Wie es auch [Eckerson & Hammond 2011] in ihrem TDWI Best Practices Report treffend beschreiben, muss man die Welt des Reportings und der Visualisierung in Dashboards klar von einer Visual-Analytics-Umgebung unterscheiden. Berichte und Dashboards sind eher für Entscheider gedacht, während Visual-Analytics-Werkzeuge den Business-Analysten größere Möglichkeiten an die Hand geben, Datensätze tiefer gehend zu untersuchen. Im amerikanischen Big-Data-Umfeld laufen solche Visualisierungsansätze auch unter dem Begriff *Advanced Data Visualization*, den auch [Russom 2011] in seinem TDWI-Report zum Thema Big Data Analytics verwendet. Abbil-

dung 5–3 zeigt die Bedeutung (Commitment) und die geplante Nutzung (Potential Growth) bestimmter Big-Data-Techniken auf Basis
einer Befragung von über 300 Unternehmen weltweit. Advanced Data
Visualization sticht mit seiner hohen Bedeutung und mit Abstand bei
der zukünftigen Nutzung hervor.

Abb. 5–3

*Techniken und Werkzeuge
für Big Data. Das Chart
zeigt die Bedeutung
(Commitment) und die
zukünftige Nutzung
(Potential Growth) auf
Basis von Umfragewerten
[Russom 2011].*

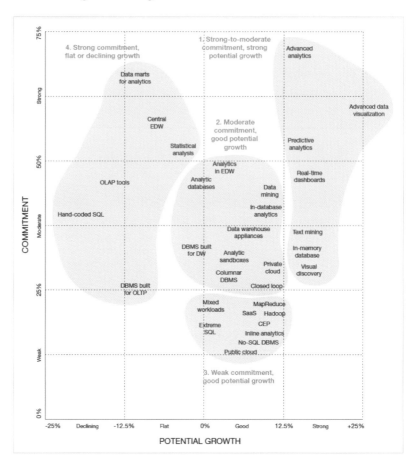

*Big Data und
Visualisierung*

Der McKinsey-Report zu Big Data [Manyika et al. 2011] widmete den
menschlichen Einschränkungen im Umgang mit Big Data und der
Visualisierung einen eigenen Abschnitt. Der Bericht sieht in erweiterten Visualisierungstechniken, die automatische Algorithmen integrieren (mit anderen Worten: Visual Analytics), schlicht notwendige Techniken, um diesen menschlichen Einschränkungen zu begegnen. Die
Autoren schreiben: »Informationen so zu präsentieren, dass Menschen
sie effektiv verarbeiten können, ist eine wesentliche Herausforderung,
der wir uns stellen müssen, damit die Analyse der Daten auch zu einer
konkreten Aktion führt.«

5.2.2 Einführendes Beispiel

Visual Analytics lässt sich am einfachsten mit einem Beispiel erklären. *Beispiel:*
Wir haben dieses Beispiel aus dem Bereich Betrugserkennung im Kre- *Betrugserkennung*
ditkartenbereich genommen, da es eine typische Aufgabe in einem
Gebiet ist, das schon viele Jahre mit Big Data zu tun hat. Jeden Tag
werden Kreditkartennummern entwendet, entweder durch Unvorsich-
tigkeit oder durch spezielle Hardware der Betrüger. Die Banken und
ihre Dienstleister sind in einem täglichen Wettlauf mit den Kriminel-
len, um den neuesten Methoden möglichst rasch auf die Schliche zu
kommen und sie über Regeln in ihren Systemen abzustellen.

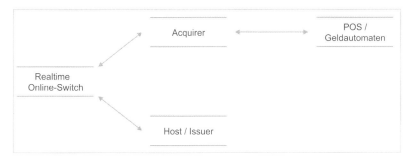

Abb. 5–4

Beteiligte Funktionen
bei einer Kreditkarten-
transaktion

Der vereinfachte Ablauf einer Kreditkartentransaktion stellt sich wie *Analyse von Kreditkarten-*
in Abbildung 5–4 dar. Der Kunde setzt seine Kreditkarte in einem *transaktionen*
Geschäft (engl. Point of Sale, POS) oder an einem Geldautomaten ein.
Die Anfrage am POS oder am Geldautomaten wird mit einem sogenannten Acquirer geprüft, der die Anfrage über den Kartenanbieter
(wie Visa oder Mastercard) an die ausgebende Bank (Issuer) weiterlei-
tet. Der Issuer ist die Bank, die dem Kunden die Karte ausgehändigt
hat. All dies läuft über ein Kommunikationsnetzwerk, in dessen Mitte
ein in Echtzeit agierender Switch sitzt, wie in Abbildung 5–5 dargestellt. Angeschlossen an den Switch ist ein Datenbanksystem, das
sämtliche Transaktionen (z.B. für einen Issuer) speichert und aktive
Regeln anwendet. So können in Sekundenschnelle anhand der Regeln
sehr verdächtige Transaktionen gestoppt oder fragwürdige Transaktionen an einen Sachbearbeiter weitergeleitet werden.

   Dies ist für die beteiligten Institutionen eine Gratwanderung. Sind
die Regeln zu streng, werden viele valide Transaktionen gestoppt, was
die Kreditkartenkunden verärgert. Sind die Regeln zu lax, sind viele
Betrugsversuche erfolgreich und die beteiligten Banken und Unternehmen erleiden Verluste – monetär wie auch in der Außendarstellung.
Dabei ist die Suche nach betrügerischen Transaktionen eine Suche
nach der sprichwörtlichen Nadel im Heuhaufen. Die Betrugsmethoden

ändern sich rasch. Sobald die Fahnder eine Methode über neue Regeln gestoppt haben, werden sie wieder durch eine neue Methode umgangen. Gleichzeitig sind die Betrugsfälle verglichen mit den validen Transaktionen aber sehr selten. Sowohl statistische Methoden als auch rein automatische, lernende Systeme sind für diese Umgebungen schwierig einzusetzen. Im Moment basiert erfolgreiche Betrugserkennung stark auf menschlicher Erfahrung, mit deren Hilfe die automatischen Regeln stetig angepasst werden.

Abb. 5–5

Der Online -Switch wird für die Echtzeitüberprüfung und die forensische Prüfung von Transaktionen eingesetzt. Hier setzt die Visual-Analytics-Technik in unserem Beispiel an.

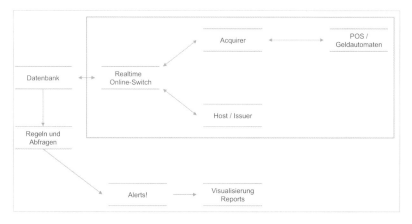

Entdeckung neuer Betrugsmuster

Will man neue Betrugsmuster schneller erkennen, müsste man die Überprüfung bereits leicht verdächtiger Transaktionen durch Experten verbessern. Eine rein manuelle Überprüfung ist jedoch ausgeschlossen. Bei einem hohen Volumen und einer hohen Geschwindigkeit von mehreren Millionen Transaktionen pro Tag (Visa verarbeitete laut ihrer Webseite 7,2 Mrd. Transaktionen im Jahr 2009) sind diese auch komplex strukturiert mit über 50 Attributen pro Transaktion. Will man diese Struktur über eine Visualisierung verdeutlichen, kommt man mit Standarddarstellungen wie Balken- oder Liniendiagrammen nicht weit.

KV-Map

In einem Projekt mit einem Dienstleister für Banken wurde zur Darstellung von Transaktionsmustern eine Visualisierung von Karnaugh-Veitch-Diagrammen verwendet [May & Kohlhammer 2008]. Abbildung 5–6 zeigt ein Beispiel für die Verwendung dieser sogenannten KV-Map. In a) wird ein einzelnes Attribut, nämlich die Anzahl der Transaktionen, in 7 verschiedenen Tagesabschnitten angegeben. Hier wird die Zeit also als ordinale Variable verwendet (vgl. Abschnitt 4.2.5). Man sieht, dass in diesem Datensatz am frühen Nachmittag die meisten Transaktionen getätigt wurden. In b) wird aus einem Balkendiagramm eine 2D-Karte aus zwei Attributen, indem auf die vertikale Achse ein Balkendiagramm mit der Verteilung der Transaktionshöhe abgebildet wird. Die entstehenden Felder enthalten die Anzahl der

Transaktionen, die genau in diese Kombination fallen (z. B. 41 Transaktionen zwischen $100 und $299 am frühen Nachmittag).

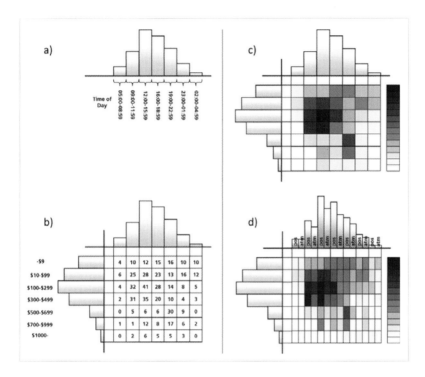

Abb. 5–6

Aufbau und Visualisierung einer KV-Map. Die Verfeinerung wird durch sukzessives Aufteilen der Zeilen und Spalten erreicht.

Schneller sieht man die Verteilung über alle Möglichkeiten hinweg, wenn man die Felder einfärbt. So sind die dunklen Felder in c) diejenigen mit den meisten Transaktionen, die weißen Felder enthalten keine Transaktionen. Der wichtige Schritt folgt in d): Jeder Bereich der horizontalen Achse wird noch einmal jeweils in POS und ATM (also Transaktion am Geldautomaten) unterteilt. Dann sieht man, dass die meisten Transaktionen am frühen Nachmittag in Geschäften getätigt wurden. Diese Unterteilung kann man verfeinern, bis die KV-Map etwa 20 Attribute in Kombination zeigt (je nach Bildschirmgröße). Natürlich kann man nicht nur die Anzahl der Transaktionen auf die Farbe der Felder abbilden, sondern zum Beispiel auch den Prozentsatz der betrügerischen Transaktionen in diesem Feld.

Eine ähnliche Farbverwendung mit einer anderen statistischen Wahrscheinlichkeitsberechnung wurde in dem Beispiel in Abbildung 5–7 gewählt. Die dort dargestellte KV-Map kombiniert in diesem Fall 7 Attribute. Rötliche Felder deuten auf Kombinationen mit einer hohen Wahrscheinlichkeit für betrügerische Transaktionen hin, während blaue eher unbedenklich sind. Je feiner die Aufteilung der KV-Map, desto größer

Aufbau und Visualisierung

die Chance, dass bestimmte Felder leer bleiben. Solche Felder werden weiß gefärbt. Der Experte sieht in einer forensischen Analyse nun sehr schnell, welche Bereiche aller Transaktionen mit Betrugsfällen zusammenhingen, die an den bestehenden Regeln vorbeikamen. Die Experten können sich damit interaktiv auf die fraglichen Felder konzentrieren und entscheiden, welche Regeln angepasst werden müssen.

Abb. 5–7
Screenshot der KV-Map-Technologie für 7 Dimensionen. Rote Felder deuten auf betrügerische Transaktionen hin, blaue Felder zeigen unbedenkliche Transaktionen, weiße Felder enthalten keine Transaktionen. (©Fraunhofer IGD)

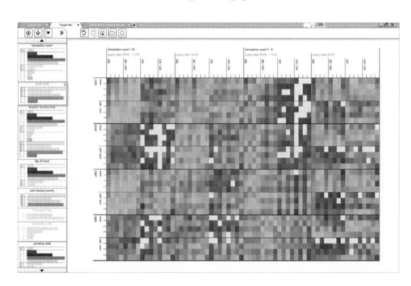

Interaktion eines Experten mit der KV-Map

Als Fazit dieses Beispiels möchten wir auf die Rollen von Mensch und Computer in diesem Szenario eingehen. Der Switch in Abbildung 5–5 kann alle Transaktionen und Regeln in Echtzeit verarbeiten, aber er verhindert damit nur die bekannten Betrugsmethoden. Ein System kann nicht alle Transaktionen 1:1 visualisieren, da dies für die Menge an Transaktionen unmöglich ist. Wenn der Experte aber nur einen Teil der Transaktionen gezeigt bekommt, werden vielleicht gerade die wichtigen Betrugsfälle nicht gezeigt. Das System muss also statistisch sinnvoll verdichten und dies dem Experten visualisieren. Am Ende müssen die menschlichen Experten entscheiden, ob verdächtige Fälle andere Gründe hatten, Einzelfälle waren oder ob sie sich mit einer Regel verhindern lassen.

5.2.3   Der Begriff Visual Analytics

Arbeitsteilung von Mensch und Maschine

Die Erkenntnisse aus unserem einführenden Beispiel können wir allgemeiner formulieren, indem wir feststellen, dass Mensch und Computer für unterschiedliche Aufgaben prädestiniert sind. Daniel Keim, einer der Vorreiter in der Forschung zu Visual Analytics in Europa, hat bereits vor einigen Jahren die Darstellung in Abbildung 5–8 gewählt, um diesen Umstand deutlich zu machen [Keim 1997]. Computersysteme sind hervorragend geeignet für die Speicherung von Daten und die schnelle Berechnung von Algorithmen. Dabei unterstützen sie Aufgaben wie Planung, Diagnose und Vorhersage. Die Nutzer der Systeme bestechen jedoch durch ihre vielfältige Wahrnehmung, ihre Kreativität und die Nutzung von Allgemeinwissen, das sehr schwierig in Systemen repräsentiert werden kann.

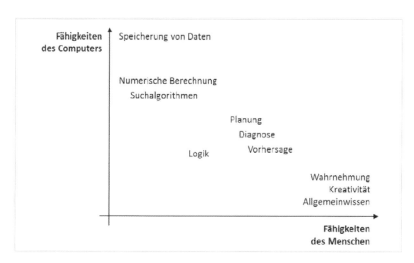

Abb. 5–8

Vergleich der Fähigkeiten von Mensch und Computer [Keim 1997]

Ein Ziel der Visual-Analytics-Forschung ist es, diese verschiedenen Fähigkeiten möglichst gut miteinander zu kombinieren. Hier möchten wir kurz festhalten, was wir genau unter Visual Analytics verstehen:

> Visual Analytics kombiniert automatische Analysetechniken mit interaktiven Visualisierungen für ein schnelles Verstehen, Schlussfolgern und Entscheiden auf Basis von extrem großen, dynamischen und heterogenen Datenmengen (Big Data).

Definition

Es geht bei Visual Analytics also um eine bessere Arbeitsteilung zwischen Mensch und Maschine unter Nutzung besserer Mensch-Maschine-Schnittstellen. Dabei können wir auf sehr viele statistische Methode und automatischen Algorithmen zugreifen, eine Domäne der Mathematik und der Informatik. Die Anbindung der menschlichen Fähigkeiten an diese Arbeitsteilung ist sehr viel schwieriger, wie wir es schon in den Abschnitten zum menschlichen Wahrnehmen und der Informationsvisualisierung gesehen haben.

Das Problem automatischer Algorithmen ist, dass sie nur in den Situationen gut funktionieren, die zum Zeitpunkt ihrer Implementierung bekannt waren. Ein Algorithmus, der überprüft, wie viel Zeit zwischen zwei Kreditkartentransaktionen vergangen ist und ob die Nutzungsorte auch plausibel dazu passen, findet auch nur genau solche zeitlichen Zusammenhänge in den Daten. Das Problem reiner Visualisierungstechniken ist die starke Einschränkung der darstellbaren Datenmenge. Spätestens wenn die Anzahl der Datensätze die Anzahl der Pixel des Bildschirms übersteigt, benötigen wir andere Methoden, die die Visualisierung ergänzen.

Erkennen vs. Entdecken

Jim Thomas identifizierte das Zusammenspiel von zwei Aspekten in der Analyse: das Erkennen von bekannten Dingen (mit einer starken Beteiligung von automatischen Verfahren) und das Entdecken von unbekannten Zusammenhängen und Mustern (eine Aufgabe, die ohne den Menschen undenkbar wäre). Im Englischen klingen dieses zwei Aufgaben noch eingängiger: *Detect the Expected, Discover the Unexpected* [Thomas & Cook 2005]. Bei der Analyse von Big Data sind Computersysteme also verantwortlich für die automatische Verarbeitung großer Datenmengen und die Abbildung auf eine für den Menschen sinnvoll nutzbare grafische Darstellung. Das System verarbeitet und filtert in unserem obigen Beispiel Millionen von Transaktionen am Tag, sodass sich der Experte nur noch um die verdächtigen Fälle kümmern muss.

Basis von Visual Analytics

Das Thema Visual Analytics basiert auf verschiedenen Forschungsrichtungen und kombiniert diese in neuartiger Weise. Zu diesen Gebieten gehören vor allem folgende:

- Informationsvisualisierung
- Data Mining
- Datenmanagement
- Statistik
- Menschliche Kognition und Wahrnehmung

Fast alle dieser Themen haben wir bereits im Buch behandelt. Auf die Informationsvisualisierung sind wir bereits in Abschnitt 4.2 eingegangen. Das Datenmanagement ist besonders im Bereich Big Data ein Thema dieses Kapitels (vgl. Abschnitt 5.1). Auf die sogenannten Human Factors sind wir nur im Rahmen der Informationsvisualisierung eingegangen. In diesem Themenbereich gibt es eine Fülle an Ansätzen und Theorien, die den Rahmen dieses Buches sprengen würden. Bleiben die Themen Data Mining und Statistik, die wir im nächsten Abschnitt als Teil des Visual-Analytics-Prozesses näher beleuchten möchten. Sie stehen für die automatische Verarbeitung von Daten, eine wesentliche Komponente von Visual Analytics.

5.2.4 Der Visual-Analytics-Prozess

Zur genaueren Betrachtung des Zusammenspiels von automatischen Methoden und Visualisierung hat sich in den letzten Jahren das in Abbildung 5–9 dargestellte Referenzmodell des Visual-Analytics-Prozesses durchgesetzt (im Folgenden *VA-Modell* genannt). Dieses Modell ist etwas abstrakter als das CMS-Modell aus Abschnitt 4.2.5. Dennoch kann es uns wieder bei der Einordnung der verschiedenen Aspekte von Visual Analytics helfen. Die Ovale stellen dabei die verschiedenen Schritte von Daten zu Wissen dar. Die Pfeile zeigen den Übergang von einem Schritt zum nächsten an. Wir sehen bereits, dass die zwei getrennten Wege über Visualisierung und über Modelle miteinander verbunden werden.

VA-Modell

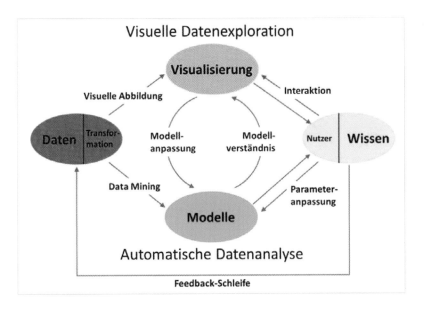

Abb. 5–9

Der Visual-Analytics-Prozess, der durch eine Verbindung von Daten, Visualisierung, Modellen und dem Wissen der Benutzer gekennzeichnet ist. Der gesamte Prozess dient dabei der Erarbeitung neuer Erkenntnisse [Keim et al. 2010].

Visuelle Datenexploration

Beginnen wir mit der Betrachtung des oberen Wegs des VA-Modells, der dem CMS-Modell entspricht. Beschränkt man sich auf die interaktive Visualisierung von Daten, befindet man sich auf genau diesem Weg. Daten werden transformiert und auf visuelle Strukturen abgebildet. Der Nutzer interagiert mit den Ansichten auf diese visuellen Strukturen und steigert im Verlauf der Interaktion sein Wissen über die Daten. Denken wir beispielsweise an das Gapminder-Beispiel aus Abschnitt 4.2.5. Was geschieht aber, wenn wir mehr Daten haben und darstellen wollen als in diesem Beispiel? Für mehrere Hundert Punkte funktioniert ein Streudiagramm noch sehr gut, auch wenn sich bereits

Interaktive Visualisierung

bei dieser recht kleinen Datenmenge vielen Glyphen (im Gapminder-Fall: Kreise) gegenseitig verdecken.

Dieser Effekt ist in Abbildung 5–10 beispielhaft dargestellt. Ein Streudiagramm ist für sehr viel mehr Datensätze geeignet als ein Balkendiagramm oder Liniendiagramm. Aber auch diese Visualisierungstechnik stößt irgendwann an ihre Grenzen. Auf der rechten Seite sieht man aufgrund der Menge an Punkten nur noch größere Gruppen ähnlicher Farben, aber das Auge greift nur noch schwer einzelne Punkte heraus. Mithilfe von interaktiven Filtern und dem Shneiderman-Mantra (vgl. Abschnitt 4.2.7) kann man die Nutzung einzelner Visualisierungstechniken noch ausreizen. Dies ist jedoch nicht mehr möglich, wenn aufgrund der Datenmenge kein sinnvoller Überblick mehr gezeigt werden kann. Wir kommen weiter unten auf eine Anpassung des Mantras für Visual Analytics zu sprechen.

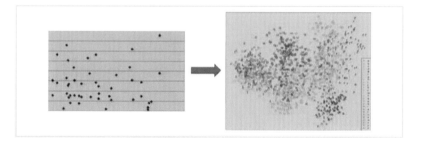

Abb. 5–10
Streudiagramme werden mit zunehmender Datenmenge immer schwerer lesbar. Man erkennt zwar noch Gruppen von ähnlichen Punkten, kann aber einzelnen Punkten nur noch eingeschränkt folgen. Viele Punkte überdecken sich gegenseitig.

Automatische Datenanalyse

Sehen wir uns nun den unteren Weg im VA-Modell an, also den der automatischen Datenanalyse. Dieser Weg basiert auf einem weiteren Referenzmodell, nämlich dem des Knowledge-Discovery-Prozesses nach [Fayyad et al. 1996], der in Abbildung 5–11 dargestellt ist (im Folgenden *KD-Prozess* genannt). Wie wir sehen, ist der Anfang dieses Prozesses ähnlich zum CMS-Modell. Rohdaten werden selektiert und in Zieldaten umgewandelt, vorverarbeitet und transformiert. Vor dem zentralen Data-Mining-Schritt liegen die Daten dann üblicherweise in einer strukturierten Form vor.

Knowledge Discovery-Prozess

Data Mining

Im Data-Mining-Schritt wird ein vorher gewähltes Verfahren auf die transformierten Daten angewendet. Das Ergebnis sind Muster oder Modelle. Muster sind dabei irgendwelche Gemeinsamkeiten oder Beziehungen in den Daten. Beispielsweise erzeugen Clustering-Verfahren aus einer Gesamtmenge von Daten Gruppen von Datensätzen, sodass die Datensätze innerhalb einer Gruppe möglichst ähnlich sind. Ein Modell wiederum ist die formale Beschreibung dieser Gemeinsamkeit oder Beziehung. Ein definiertes Modell kann dann auch für neue Daten angewendet werden. Beispielsweise kann ein Entscheidungs-

baum zur Klassifikation verwendet werden, also zur Zuordnung neuer
Daten zu einer Gruppe.

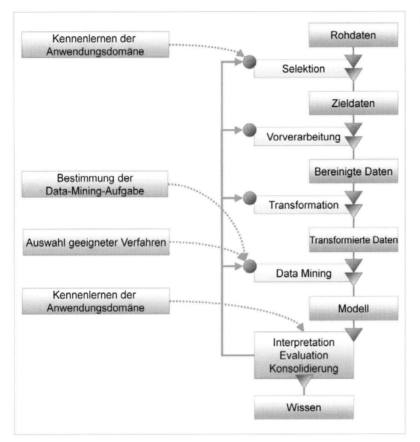

Abb. 5–11

Das Modell des Know-
ledge-Discovery-Prozesses
nach [Fayyad et al. 1996]
in einer erweiterten Form
von [May 2011].

Die wesentlichen Ziele des KD-Prozesses sind die Beschreibung der
Daten (in einer für den Menschen nutzbaren Form) und die Vorher-
sage. Wie man an den blaugefärbten Abschnitten in Abbildung 5–11
sieht, bedeutet *automatische Datenanalyse* dabei nicht, dass es keinen
Nutzereinfluss auf den Ablauf des KD-Prozesses gibt. Auch im KD-
Prozess muss der Nutzer die Anwendungsdomäne kennenlernen, um
die richtigen Daten zu selektieren. Er oder sie muss zudem das Ziel des
Prozesses kennen, um die entsprechende Data-Mining-Aufgabe und
die dazu passende Methode zu bestimmen. Zum Beispiel ist für eine
Kundengruppenanalyse ein Clustering-Verfahren nötig, um Gruppen
ähnlicher Kundentypen zu bestimmen. Ob ein statistisches Verfahren
oder eher ein Text-Mining-Verfahren eingesetzt wird, hängt von den
Daten und den Zielen ab.

Ziele des KD-Prozesses

   Wir gehen davon aus, dass die Business-Intelligence-Welt und die
Leser dieses Buches bisher sehr viel stärker mit statistischen Verfahren

Nutzung von Data Mining

und Data-Mining-Methoden in Berührung gekommen sind als mit Visualisierungstechniken. Seit vielen Jahren bieten Werkzeuge von SPSS oder SAS (um nur zwei Beispiele zu nennen) eine Fülle an Methoden und Techniken zur statistischen Auswertung von Daten und zur Nutzung und Erstellung von Modellen für die automatische Datenanalyse. Wir werden uns daher nicht tiefer gehend mit den unterschiedlichen Methoden und Techniken in diesem Bereich auseinandersetzen.

Verknüpfung mit Visualisierung

Ganz allgemein bieten die Teilgebiete von Data Mining, Knowledge Discovery, künstlicher Intelligenz und Statistik mit ihrem Schwerpunkt auf der automatischen Datenverarbeitung nicht genügend Ansatzpunkte für eine Darstellung und Erklärung der verwendeten Modelle. Menschliches Expertenwissen – des Analysten wie auch des Anwenders – spielt eine Schlüsselrolle in jeder komplexeren Analyse. Betrachtet man allein den unteren Weg in Abbildung 5–9, ist das Expertenwissen und die Erfahrung des Entscheiders, der ja selten auch Data-Mining-Experte ist, erst einmal nur über den Umweg der Parameteranpassung und der Evaluation der Ergebnisse gegeben. Die Beschleunigung dieses Vorgangs ist der wesentliche Punkt des VA-Modells: die interaktive Verknüpfung der beiden Wege.

Verknüpfung von Visualisierung und Modell

Aktueller Trend

Die Entwickler von BI-Software fragen sich jetzt vielleicht, welchen Weg sie zur Unterstützung der Entscheidung ihrer Kunden am besten gehen sollten. Es gibt ja bereits verschiedene Anbieter am Markt, die sich eher durch ihre große Auswahl an automatischen Verfahren auszeichnen, und andere, die eher für ihre Visualisierung bekannt sind. Beide Anbietergruppen bewegen sich aktuell in Richtung der Mitte von Abbildung 5–9. Analytics-Anbieter möchten ihren Kunden bessere Visualisierungen bieten, die direkt mit den automatischen Verfahren verknüpft sind. Visualisierungsanbieter möchten ihr Portfolio an Analytics-Verfahren erweitern. Wir werden in der Beschreibung eines Visual-Analytics-Mantras und später in Abschnitt 5.3.3 noch konkrete Vorschläge für ein gezieltes Vorgehen beim Aufbau von Visual-Analytics-Fähigkeiten geben.

Voraussetzungen

Es gibt eine wesentliche Voraussetzung dafür, dass eine Verknüpfung von automatischer Verarbeitung und visueller Exploration funktioniert. Diese Voraussetzung hat zwei Seiten, was in Abbildung 5–9 durch die Pfeile zwischen Visualisierung und Modell symbolisiert wird: Die *Erklärung* und Darstellung der Funktionsweise des Modells (also der Auswirkungen des automatischen Verfahrens) und die Möglichkeit zur *interaktiven Anpassung* des Modells bis hin zur Auswahl verschiedener Modelle. Die Nutzer in diesem Bereich sind selten

Geschäftsführer oder Entscheider, sondern Datenanalysten, die bereits eine gute Vorstellung von verschiedensten Statistikverfahren haben. Diese Nutzer sollen im Zentrum von Visual Analytics stehen und dafür muss – bildlich gesprochen – die *Blackbox* der automatischen Verfahren geöffnet werden. Hierzu möchten wir einen Satz hervorheben.

Öffnen der Blackbox

> Bei der Erklärung und der Anpassung der Modelle sollte ein gutes Verständnis der Auswirkungen im Vordergrund stehen, nicht die theoretischen Grundlagen.

In unserem einführenden Beispiel (Abschnitt 5.2.2) können wir diese Forderung des VA-Modells nachvollziehen. Das Karnaugh-Veitch-Diagramm ist ursprünglich ein mathematisches Verfahren aus der Kombinatorik. Die theoretischen Grundlagen hierzu könnten Sie zum Beispiel auf Wikipedia nachlesen [Wikipedia 2012], was für die Nutzung der KV-Maps nur mittelbar hilfreich wäre. Viel wichtiger ist das Verständnis, dass die Nutzer selbst entscheiden können, welche Attribute sie in der KV-Map korrelieren, um so das Verhalten des Modells zu beeinflussen. In unserem Beispiel wählten wir die Zeit, den Betrag und die Einsatzart der Transaktion. Natürlich könnten auch Branchenkennung, Zeit seit der letzten Transaktion und räumlicher Abstand zum Ort der letzten Transaktion extrem interessant sein. Am Ende der Interaktion mit dem Modell (also dem Karnaugh-Veitch-Diagramm) entsteht eine Visualisierung wie in Abbildung 5–7, mit der über weitere Interaktionen neues Wissen über die vorliegenden Daten und auch (da das Modell nun definiert ist) neu hinzukommende Daten entsteht.

Verständnis des Modells

Das Visual-Analytics-Mantra von Keim

In Abschnitt 4.2.7 haben wir das Mantra von Shneiderman kennengelernt, das uns eine gute Richtschnur für interaktive Visualisierungstechniken geliefert hat. Im Visual Analytics-Bereich ist dieses Mantra nur schwer einsetzbar, wobei es vor allem beim ersten Schritt hapert. Wenn die Datenmenge zu groß wird, ist es schwierig, einen guten Überblick zu visualisieren. Stattdessen ist eine Menge Zeit notwendig, um die Daten erst einmal zu sichten und sie kennenzulernen. Hat man die relevante Untermenge der großen Datenmengen gefunden (oder hat man ein Modell gefunden, das aus den großen Datenmengen die relevanten Daten extrahiert), sind die Voraussetzungen für eine gute Visualisierung auf Basis von Big Data gegeben.

VA-Mantra   Genau dieses Vorgehen hat Daniel Keim mit seiner Gruppe im Jahr
2006 in einem neuen *Visual-Analytics-Mantra*[4] zusammengefasst
[Keim et al. 2006]:

1. Einarbeitung in die Daten
2. Auswahl der wichtigen Daten im Überblick
3. Zoomen, Filtern und weitere Einarbeitung
4. Details auf Anfrage

Das Mantra soll vor allem bei der Erstellung von Visual-Analytics-
Techniken und ganzer Analyseumgebungen helfen. Wir sehen uns die
Schritte noch einmal genauer an. Die Einarbeitung in die Daten und
das Kennenlernen aller Datenbereiche sowie der Semantik ist ein
wesentlicher Schritt, den ein Visual-Analytics-System unterstützen
sollte. Häufig wird in den BI-Werkzeugen eine Liste der Tabellen angezeigt, man kann sich meist auch ein Datenbankschema anzeigen lassen. Es gibt aber auch weitere Ansätze, die die Einarbeitung in unbe-
kannte Daten beschleunigen. Diese werden wir in Abschnitt 5.3
vorstellen.

Explorative Analyse   Visual Analytics ist explorativ. Der Experte startet die Exploration
der eigentlichen Daten mit einer ersten Menge an wichtigen Attribu-
ten, die er auswählt, um einen ersten Überblick zu erhalten. In diesem
Schritt sollte ein Visual-Analytics-System einfache Möglichkeiten zum
Zoomen in die Daten, zum Filtern und zur Erweiterung der Attribut-
menge bereitstellen. Dabei sollte jederzeit die Möglichkeit bestehen,
Details auf Anfrage zu betrachten, um ein noch besseres Gefühl für die
Daten zu bekommen. Jeder Schritt beinhaltet dabei nicht nur die Visu-
alisierungsseite, sondern auch die automatische Verarbeitung von
Daten. So will der Experte auch in der Lage sein, Modelle zu testen,
um auf Basis bestimmter Datenkombinationen Voraussagen zu treffen.

5.2.5   Zusammenfassung

Wir haben Sie in diesem Abschnitt näher mit dem Thema Visual Analytics vertraut gemacht. Die Visualisierung großer Datenmengen wird
von vielen Untersuchungen als eine der wesentlichen Techniken in den
nächsten Jahren gesehen und Visual Analytics hält einige gute Antworten und Vorgehensweisen parat. Uns war vor allem wichtig, das Thema
Visual Analytics nicht allzu akademisch einzuführen, daher haben wir

---

4. Auch hier sei der Vollständigkeit halber die englische Originalversion angegeben,
    die mehr wie ein Mantra klingt: Analyze first; show the important; zoom, filter,
    and analyze further; details on demand [Keim et al. 2006].

ein einführendes Beispiel verwendet, an dem sich auch die späteren tiefer gehenden Beschreibungen des VA-Modells festmachen lassen.

Das VA-Modell zeigt die zwei Wege von Daten zum Wissen auf, die heute noch zu einem Großteil getrennt gegangen werden. Sowohl in kleinen als auch massiven Datenmengen können über automatische Methoden interessante Muster entdeckt werden, die erst einmal nur für den Computer einen Sinn ergaben und den menschlichen Experten erläutert werden müssen. Daten können aber auch direkt visualisiert werden, sodass die Muster im menschlichen Gehirn entstehen. Dies funktioniert aber nur bis zu einer gewissen Größe der Datenmengen. Das Ziel von Visual Analytics ist die Kombination der beiden Wege. Wie dies zu verstehen ist, haben wir in diesem Abschnitt beschrieben. Das Mantra von Keim gibt uns außerdem noch ein Vorgehensmodell an die Hand, um sinnvolle Visual-Analytics-Techniken und -Systeme zu erstellen. Auf den Einsatz von Visual Analytics und das detailliertere Vorgehen in Big-Data-Szenarien gehen wir im nächsten Abschnitt ein.

Verbindung automatischer Methoden mit Visualisierung

5.3   Visual Analytics in Big-Data-Szenarien

5.3.1   Aktuelle Situation in Unternehmen

Visual-Analytics-Technologien bieten Unternehmen immer dann Vorteile, wenn es um das Finden und Verstehen von unternehmensrelevanten Informationen in großen und komplexen Datenbeständen geht. Schon lange liegt das Problem nicht mehr in der Datenakquisition. Big-Data-Technologien helfen vor allem in der Datenaufbereitung und – überspitzt formuliert – beim Verarbeiten massiver Datenmengen aus externen Quellen, um daraus massive interne Datenmengen zu machen. Automatische Methoden, wie statistische Verfahren, sind dringend erforderlich, müssen aber durch adäquate Benutzeroberflächen und Visualisierungen ergänzt werden.

Wie bereits in Kapitel 1 beschrieben, bezeichnen wir den Nutzer von Big Data Analytics und Visual-Analytics-Technologien im Unternehmen als *Data Scientist*. Dieser Begriff hat sich in den letzten Jahren für solche Analysten herausgebildet, die verschiedene Werkzeuge und Programmiersprachen einsetzen können, um interessante Aspekte aus großen Datenmengen herauszuarbeiten. Abbildung 5–12 zeigt den Wirkungsbereich des Data Scientist im VBA-Modell. Massive, ggf. auch dynamische Mengen an Rohdaten werden mit Big-Data-Technologien für Unternehmenszwecke vorverarbeitet und stehen dem Data Scientist zur Verfügung. Dabei konzentrieren wir uns hier auf die visu-

Data Scientist

ellen Aspekte und schließen nicht aus, dass der Data Scientist bereits bei der Extraktion der relevanten Datenmengen aus den Rohdaten involviert ist. Der mit »Big Data« bezeichnete Datentopf ist als Cache zwischen den Rohdaten und den Visual-Analytics-Technologien zu verstehen und könnte beispielsweise auf Hadoop basieren (vgl. Abschnitt 5.1). Üblicherweise liegen die Daten für die Analyse in vielen verteilten Datenquellen und in unterschiedlichen Formaten vor. Findet der Data Scientist unternehmensrelevante Informationen durch seine Analysearbeit, werden diese in die strukturierten Daten des Unternehmens überführt, um für weitere Analysen und Auswertungen durch BI-Anwender zur Verfügung zu stehen.

Abb. 5–12

Der Wirkungsbereich des Data Scientist im VBA-Modell. Visual-Analytics-Technologien arbeiten mit großen Datenmengen, die aus Rohdaten extrahiert werden. Unternehmensrelevante Aspekte werden in strukturierte Daten überführt.

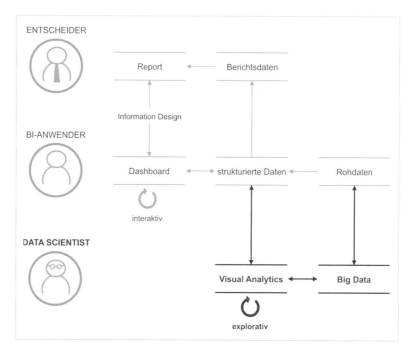

Unterstützung durch die IT-Abteilung

Das Diagramm in Abbildung 5–12 ist, wie bereits erwähnt, eine Vereinfachung der tatsächlichen Vorgänge im Unternehmen. Eine wesentliche Rolle kommt dabei der IT-Abteilung zu. [Kandel et al. 2012] erkannten in ihren Untersuchungen amerikanischer Unternehmen vor allem vier Wege der Unterstützung von Visual Analytics durch die IT-Abteilung:

- Pflege und Erweiterung der Datenbanken und Data Warehouses im Unternehmen
- Informationen über verfügbare Datenquellen

■ Zugriff auf Datenquellen
■ Operationalisierung wiederkehrender Arbeitsabläufe

Der letzte Punkt bezeichnet die Umwandlung eines Ergebnisses der Analyse in einen implementierten Prozess. In unserem einführenden Beispiel in Abschnitt 5.2.2 könnte das Ergebnis eine neue Regel sein, deren laufende Überprüfung einen Teil des Kreditkartenbetrugs verhindert. Die Implementierung dieser Überprüfung im Regelsystem wird üblicherweise nicht vom Data Scientist, sondern von der IT-Abteilung übernommen, die dann auch dafür sorgt, dass der Prozess fehlerfrei und skalierbar läuft.

Verwendung der Analyseergebnisse

Um eine effektive Nutzung von Visual Analytics im Unternehmen zu erreichen, genügt es nicht, die richtigen Programme zu installieren und Zugriff auf große Datenmengen zu haben. Wie wir noch einmal im Visual-Analytics-Modell in Abbildung 5–9 auf Seite 179 sehen können, spielt der Mensch eine wesentliche Rolle in Visual Analytics. Doch nicht jeder Mitarbeiter im Unternehmen ist für die Big-Data-Analyse gleichermaßen entscheidend. [Manyika et al. 2011] haben im McKinsey-Report drei verschiedene *Talente* im Big-Data-Umfeld benannt:

Rollen der Mitarbeiter

■ Analyseexperten (Data Scientists)
■ Big-Data-kundige BI-Anwender
■ IT-Experten

Die erste Gruppe ist ähnlich zu unserer Definition der Data Scientists[5]. Vor allem sieht der Report hier einen stark steigenden Bedarf. Den erklären [Kandel et al. 2012] vor allem mit der Heterogenität der vielen Techniken, die im Big-Data-Bereich aktuell noch kombiniert werden müssen. Die dritte Gruppe enthält die Mitarbeiter und Experten der gerade angesprochenen IT-Abteilung. Die zweite Gruppe in unserer Liste haben wir in Anlehnung an unser VBA-Modell mit *Big-Data-kundige BI-Anwender* übersetzt[6]. Der Data Scientist hat zwar das statistische Know-how und die Tool-Fähigkeiten, um eine Big-Data-Analyse durchzuführen. Er hat jedoch nicht den Einblick, welche Fragen für das Unternehmen relevant sind und wie die Ergebnisse der Analyse in die Unternehmensentscheidungen einfließen können.

Auch auf der Entscheidungsebene, den Empfängern von Analyseergebnissen, benötigt das Unternehmen also Experten, die genügend

Big-Data-Experten auf Entscheidungsebene

---

5. Im McKinsey-Report wird diese Gruppe *deep analytical talent* genannt.
6. Im McKinsey-Report *data savvy talent* genannt.

Wissen über Statistik und automatische Methoden besitzen, um eine Vorstellung der möglichen Fragen zu haben, die eine bestimmte Datenmenge potenziell beantworten kann. Diese Mitarbeitergruppe kann auch die Antworten und Ergebnisse interpretieren, bewerten und darauf Entscheidungen treffen. Diese BI-Anwender können dabei in verschiedenen Abteilungen sitzen, zum Beispiel Marketing, Verkauf oder Business Development. Bezug nehmend auf die viel zitierte Talentlücke im Big-Data-Bereich kann man sagen, dass die Gruppe der Big-Data-kundigen Manager künftig sicherlich ähnlich gefragt sein wird wie die der Data Scientists. Denn was nützen die interessantesten Ergebnisse, wenn sie nicht zu einer besseren Unternehmensausrichtung führen?

5.3.2   Aktueller Einsatz von Visual Analytics

In der Studie, die wir Ende 2012 gemeinsam mit dem TDWI e.V. durchführten, stellten wir auch einige Fragen zur aktuellen Bedeutung von Big Data und zum Einsatz von Visual Analytics in den Unternehmen. Die erste Frage behandelte die Relevanz von Big Data. In den bereits angesprochenen Reports und Studien wurde der immer dringender werdende Bedarf an Big-Data-Technologien bereits angesprochen. Auch unsere Studie zeigt das aktuell große Interesse deutscher Unternehmen in diesem Bereich (vgl. Abb. 5–13). 50 % der Befragten sehen das Thema dabei als relevant oder sehr relevant an.

Abb. 5–13
Relevanz von Big Data
im Unternehmen
[Kohlhammer et al. 2012]

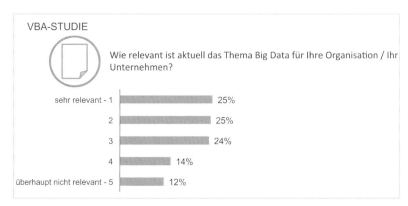

Interessant war für uns auch, ob das Thema Visual Analytics denn bereits in den Unternehmen angekommen ist. Abbildung 5–14 zeigt, dass dieser Themenbereich den meisten Unternehmen (ca. 86 %) zumindest bekannt ist. Gerade die Unternehmen, die Big Data relevant oder sehr relevant finden, haben sich auch schon intensiver mit dem Thema beschäftigt. Aus der Befragung zeigte sich auch ein weiterer interessanter Zusammenhang. Gerade die Befragten, die Big Data als relevant oder sehr relevant einstuften, erachten Visual-Analytics-Technologien als hilfreich, um entscheidungsorientierten Herausforderungen in Big Data zu begegnen (vgl. Abb. 5–15).

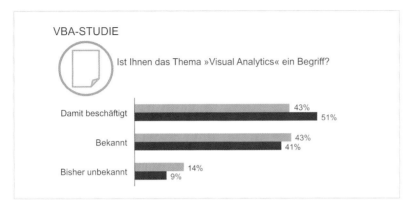

Abb. 5–14

Bekanntheitsgrad von Visual Analytics. Fast allen Befragten war das Thema bereits bekannt (hellblaue Balken). Von denen, die Big Data als relevant oder sehr relevant einschätzten, haben sich sogar über 50 % bereits mit dem Thema intensiver auseinandergesetzt (dunkelblaue Balken) [Kohlhammer et al. 2012].

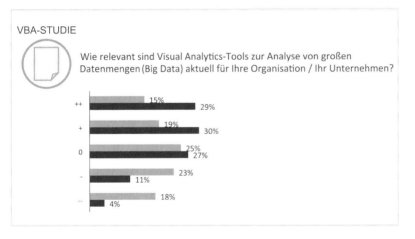

Abb. 5–15

Relevanz von Visual-Analytics-Tools zur Analyse großer Datenmengen (Big Data). Die hellblauen Balken stellen die Antworten aller Befragten dar. Die dunkelblauen Balken zeigen die Antworten der Befragten, die Big Data als relevant oder sehr relevant einstuften [Kohlhammer et al. 2012].

Zusätzlich sieht man in Abbildung 5–16, dass besonders die Big-Data-interessierten Unternehmen (48 % statt 33 %) bereits Visual-Analytics-Werkzeuge testen oder verstärkt einplanen.

Abb. 5–16

*Geplanter Einsatz von
Visual-Analytics-Werk-
zeugen. Die hellblauen
Balken stellen die
Antworten aller Befragten
dar. Die dunkelblauen
Balken repräsentieren die
Antworten der Befragten,
die Big Data als relevant
oder sehr relevant
einstuften
[Kohlhammer et al. 2012].*

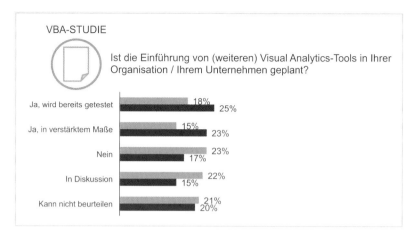

Wie wir bereits in vorherigen Kapiteln dargestellt haben, nahmen besonders viele große Unternehmen an der Umfrage teil, die das Thema Big Data auch auffällig stark als relevant oder sehr relevant einstuften. Über alle Unternehmen kann man jedoch folgendes Fazit festhalten:

Unternehmen, für die Big Data relevant oder sehr relevant ist, haben Visual-Analytics-Technologien im Testbetrieb oder nutzen sie bereits.

Die Aufteilung, welche Technologien in diesem Bereich eingesetzt werden, sieht man in Abbildung 5–17. Dabei haben wir sowohl Visual-Analytics- als auch Self-Service-BI-Werkzeuge abgefragt. Eine der am häufigsten installierten und verwendeten Software ist in vielen Unternehmen eindeutig Microsoft Excel, auch für erste Analysen von nicht allzu großen Datenmengen.

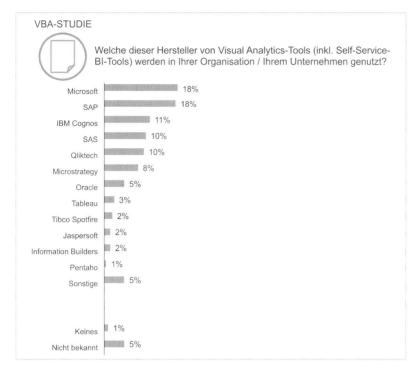

Abb. 5–17
*Einsatz von Visual-
Analytics-Werkzeugen
und Self-Service-
BI-Werkzeugen*
[Kohlhammer et al. 2012]

In einem von Fraunhofer IGD und BARC-Institut gemeinsam verfass-
ten Artikel [Kohlhammer et al. 2008] betrachteten die Autoren verschiedene, damals verfügbare Business-Intelligence-Werkzeuge mit
dem Fokus auf Visualisierung. Damals konnten drei Gruppen unterschieden werden.

Die erste Gruppe beinhaltete klassische Data-Mining-Werkzeuge
(z.B. von SAS, SPSS, Oracle, IBM, StatSoft oder KXEN) sowie spezi-
elle visuelle Werkzeuge mit sehr umfangreichen Möglichkeiten zur
Darstellung der Daten (z.B. Miner3D, StarProbe Visual Data Miner,
SAS JMP, Business Objects). Die zweite Gruppe enthielt erste visuelle
Analysetools und Self-Service-BI-Werkzeuge, die als »fachanwender-
tauglich« bezeichnet werden konnten (z.B. InfoZoom, Tableau oder
TIBCO Spotfire). Die dritte Gruppe wiederum umfasste marktgängige
BI-Werkzeuge, deren grafische Möglichkeiten selten über die von
Microsoft Excel hinausgingen.

Vergleich mit 2008

Seit 2008 haben sich grafische Elemente immer stärker in den
Werkzeugen durchgesetzt. Gerade bei den Werkzeugen, die vor allem
für Fachanwender gedacht sind, hat sich im Hinblick auf Visualisierung und Benutzerschnittstelle sehr viel getan. Neben den oben
beschriebenen Vorreitern in dieser Richtung haben sich andere Hersteller – auch über Akquisitionen – in diesem Bereich verstärkt. Die

klassischen Data-Mining-Werkzeuge bewegen sich immer stärker in Richtung Visualisierung, während sich die Werkzeuge mit den traditionell umfangreichsten Visualisierungsmöglichkeiten um mehr Data-Mining-Funktionalität bemühen.

Studie der Universität Konstanz

  Eine gerade durchgeführte Auswertung der Universität Konstanz und Siemens hat aktuelle Versionen der verfügbaren Visual-Analytics-Werkzeuge im Hinblick auf die Verarbeitung großer Datenmengen überprüft, wenn auch konzentriert auf einige spezielle Aufgaben [Zhang et al. 2012]. Interessant sind dabei vor allem die beschriebenen weiteren Herausforderungen für die Softwarehersteller:

- Umgang mit unstrukturierten und semistrukturierten Daten, die einen immer größeren Teil der Daten ausmachen.
- Weiter gehender Einbau von neuartigen Visualisierungen, die im Moment noch nicht den Weg aus der Forschung in die Praxis finden.
- Anpassbare Visualisierungen, die einen flexibleren Einsatz der Visualisierungen durch verschiedene Benutzer erlauben.
- Echtzeit-Analysewerkzeuge, die effizient mit Datenströmen und Sensoren umgehen können
- Vorhersageanalyse, die integriert mit Visualisierung verfügbar gemacht wird.

In Abschnitt 5.4 zeigen wir einige Beispiele für Technologien, die bereits große Schritte in einige dieser Richtungen unternommen haben. Wir können festhalten, dass die Softwareindustrie sich stark in Richtung der visuellen Schnittstellen und Visual Analytics bewegt. Es gilt nun immer mehr, das richtige Werkzeug und die richtige Vorgehensweise auszuwählen – basierend auf den relevanten Daten und den zu treffenden Entscheidungen im Unternehmen.

5.3.3   Auswahl einer geeigneten Vorgehensweise

Nach unserer Betrachtung der existierenden Werkzeuge stellt sich die Frage, welche Technologie den Data Scientist nun eigentlich in welcher Situation am weitesten bringt. Basierend auf den Erklärungen in [Keim et al. 2008] und [Kandel et al. 2012] haben wir in Abbildung 5–18 eine Antwort auf diese Frage zusammengestellt. Wie wir schon in Abschnitt 5.2.4 gesehen haben, führen dabei drei verschiedene Wege potenziell ans Ziel: die automatische Datenanalyse, die visuelle Exploration oder die Kombination der beiden Wege: Visual Analytics.

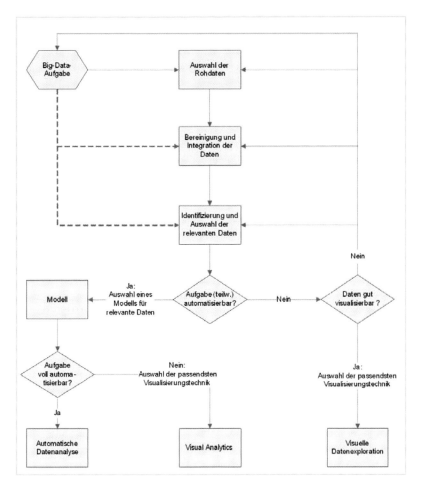

Abb. 5–18

Flussdiagramm zur Auswahl der geeigneten Vorgehensweise für die Analyse großer Datenmengen. Drei Wege stehen zur Lösung einer datenintensiven Aufgabe potenziell zur Verfügung.

Der Beginn der drei Möglichkeiten ist dabei im Big-Data-Bereich identisch. Die Aufgabe des Data Scientist beeinflusst dabei maßgeblich die Auswahl der Rohdaten aus internen und externen Quellen. Die Rohdaten müssen üblicherweise bereinigt werden, bevor sie integriert werden können. Dies ist meist ein sehr zeitaufwendiger Schritt. Im nächsten Schritt möchte der Data Scientist die Daten möglichst gut verstehen. Das ermöglicht dann die Identifizierung und die Auswahl der relevanten Datenbereiche und Attribute.

Initiale Schritte

Ein wesentlicher Trennpunkt in der Big-Data-Analyse ist die Frage, ob die Aufgabe mit den verfügbaren Daten zumindest teilweise automatisierbar ist. Hier ist ein gutes Verständnis der statistischen und automatischen Verfahren von Nöten. Es ist wichtig, dass diese Entscheidung zuerst getroffen wird. Denn jeder Arbeitsschritt, der automatisiert werden kann, sollte auch automatisiert werden. Nur dort,

Automatisierbarkeit

wo der Mensch zwingend eingreifen sollte, werden visuelle Techniken wirklich benötigt. Wird die erste Frage im Diagramm also mit Nein beantwortet, stellt sich die Frage nach der direkten Visualisierbarkeit der Daten. Dies ist nur dann der Fall, wenn die Datenmenge klein genug ist, die Daten nicht zu hochdimensional sind und die Aufgabe auch zu diesen Möglichkeiten passt. In diesem Fall kann eine geeignete Visualisierungstechnik zur gewünschten Lösung führen. Man wählt damit den oberen Weg im Visual-Analytics-Modell.

In unserem einführenden Beispiel wäre eine reine Visualisierung nicht denkbar gewesen. In solch einem Fall muss der Data Scientist einen oder mehrere Schritte zurückgehen und die Auswahl der relevanten Attribute, die Integration und die Datenquellen überprüfen. Eventuell muss sogar die Aufgabe neu überdacht werden. Hat sich ein Betrugsanalyst beispielsweise das Ziel gesetzt, sämtliche Attribute aller Kreditkartentransaktionen visuell-interaktiv überprüfen zu wollen, so wird er schnell feststellen, dass diese Aufgabe keinen Sinn ergibt. Das mag ein übertriebenes Beispiel sein. Die Entscheidungsfindung, welche Daten relevant sind und welche Teile der Aufgabe über welche statistischen Modelle erschlossen werden können, ist sehr iterativ und hat viele Sackgassen.

Ist eine Aufgabe also teilweise automatisierbar, wählt der Analyst ein geeignetes Modell (z. B. ein lineares Regressionsmodell) aus. An dieser Stelle muss die Frage gestellt werden, ob mithilfe dieses Modells bereits die gesamte Aufgabe erledigt werden kann. Die Entscheidung über Privatkredite wird heute teilweise schon online ohne Mitwirkung eines Mitarbeiters getätigt. Andere Entscheidungen benötigen die Zustimmung eines befugten Mitarbeiters. Hier wurden klare Richtlinien etabliert, welche Entscheidungen man dem System überlassen kann.

Wir können noch weiter gehen und die Frage anders formulieren: Wie viel besser wird die Entscheidung mit welchem Aufwand und welchen Kosten, wenn zusätzlich Experten eingebunden werden? Die Antwort auf diese Frage ist sicherlich nicht allein mit Big-Data-Technologien zu beantworten. Reine Onlinehändler wie Amazon oder eBay haben Recommender-Systeme im Einsatz, die auf Basis von Big-Data-Quellen (z. B. jeder Klick eines jeden Nutzers auf Amazon wird gespeichert) entscheiden, welche Produkte dem Nutzer zur Begrüßung angezeigt werden.

Ist die Aufgabe voll automatisierbar, kann der untere Weg im Visual-Analytics-Modell verfolgt werden. Diese Lösung ist dann meist gut skalierbar und parallelisierbar. Ist die Aufgabe nicht voll automatisierbar, so ist der menschliche Experte notwendig, um sinnvolle Ergebnisse für das Unternehmen zu erhalten. Im einführenden Beispiel, einer typischen Visual-Analytics-Anwendung, konnte das System zwar über das KV-Modell eine farbliche Musterbildung unterstützen und dem Experten eine Menge Zeit sparen. Doch nur der Experte konnte die Muster überprüfen und sehen, ob ein Muster zufällig entstanden ist, z.B. durch ein deutlich anderes Kaufverhalten in der Weihnachtszeit, oder ob Betrugsversuche dahinter stecken.

5.3.4   Einführung von Visual Analytics im Unternehmen

Neue Herangehensweise

Aus den bisherigen Beispielen und der Einführung von Visual Analytics ergibt sich vor allem eine Erkenntnis: Visual-Analytics-Werkzeuge erfordern eine andere Herangehensweise im Unternehmen. Die BI-Anwender müssen den Visualisierungen der Daten vertrauen können, mit ihnen interagieren und sie interpretieren. Wie es Chinchor und Kollegen in [Chinchor et al. 2012] ausführen, gilt es in Unternehmen, vor allem die richtigen Mitarbeiter für die ersten Schritte in Visual Analytics zu finden. Wir legen Ihnen diesen Artikel ans Herz, wenn Sie sich besonders für die unternehmens-kulturellen Herausforderungen bei der Einführung neuer Visual-Analytics-Techniken interessieren.

Herausforderungen bei der Umsetzung

Daneben identifizieren die Autoren sechs wesentliche Herausforderungen bei der Einführung von Visual-Analytics-Technologien, die über die grundsätzlichen Aspekte bei der Einführung jeder anderen neuen Software hinausgehen. Sie teilen sich in vier technologische und zwei kulturelle Herausforderungen auf:

1. Neue Visual-Analytics-Werkzeuge müssen akribisch getestet und evaluiert werden, um den Vorteil des neuen Ansatzes auch kritischen Mitarbeitern zu verdeutlichen.
2. Bereits zu Beginn der Einführung müssen Datensicherheit und der Schutz personenbezogener Daten adressiert werden; ein Punkt, der im gesamten Big-Data-Bereich eine große Rolle unternehmensintern wie -extern spielt.
3. Das Zusammenspiel der VA-Komponenten mit existierenden Datenbeständen und Analysesoftware muss unterstützt werden.
4. Neue Visual-Analytics-Werkzeuge müssen in existierende Arbeitsprozesse integriert werden; teilweise verändert die Nutzung der Werkzeuge solche Prozesse auch, was eine schrittweise Überführung in neue Arbeitsprozesse notwendig macht.
5. Die typischen Nutzer neuer Visual-Analytics-Techniken stehen oft unter Zeitdruck, müssen aber involviert und überzeugt werden. Es gilt, die potenziellen Nutzer zu identifizieren, die am meisten von den neuen Ansätzen durch Zeiteinsparung und neue Möglichkeiten profitieren können.

6. Die Analysten müssen entsprechend geschult werden, wobei sich die Art des Trainings stark an der Rolle des Benutzers (BI-Anwender vs. Data Scientist) orientieren muss.

Kommerzielle Lösungen Einige Visual-Analytics-Technologien existieren bereits in heutigen BI-Werkzeugen, wie SAS Visual Analytics, TIBCO Spotfire oder Tableau, und können mehr oder weniger *off-the-shelf* erworben werden. Auch für diese Technologien sind die obigen sechs Punkte hilfreiche Anhaltspunkte bei der Einführung. Für Probleme, für die es bisher noch keine kommerziellen Lösungen gibt, sind sehr spezifische Visualisierungen gefragt, wie wir sie in Abschnitt 5.2.2 vorgestellt haben und in Abschnitt 5.4.3 noch sehen werden. Wie bereits beschrieben, bieten sich auch hier Designstudien an, um zu einem gegebenen Problem eine *Individuelle Lösungen* möglichst passende Visualisierungs- oder Visual-Analytics-Technik zu finden. Gerade die Bereitstellung besserer Datenvisualisierung und Visual Analytics-Techniken für das Entscheider-Level wird in den nächsten Jahren ein interessanter Bereich werden, wie es auch [Stodder 2013] in seinem TDWI-Bericht zusammenfasst.

5.4 Anwendungsbeispiele

Die VBA-Studie hat gezeigt, dass das Thema Big Data für die meisten Unternehmen relevant ist und dass Visual Analytics und Self-Service BI in deutschen Unternehmen angekommen sind. Auch die Softwarehersteller im Business-Intelligence-Markt haben sich zunehmend dem Thema Visualisierung und Visual Analytics verschrieben. Wir hatten einige der Tools, die in dieser Richtung bereits die größten Schritte getan haben, in Abschnitt 5.3.2 kurz vorgestellt.

Aktuelle Werkzeuge Wie dort ausgeführt, treffen sich bei den heutigen BI-Werkzeugen im Bereich Visual Analytics zwei Richtungen. Softwarehersteller wie SAS hatten ihre besondere Stärke bisher eher im Analytics-Bereich und bewegen sich nun in den Visualisierungsbereich hinein. Bisherige Nischenanbieter wie TIBCO Spotfire oder Tableau entstanden aus der Visualisierungsforschung und hatten in diesem Bereich ihr Alleinstellungsmerkmal. Diese Anbieter erweitern ihre Werkzeuge nun mit Analytics-Aspekten.

Im folgenden Abschnitt haben wir Beispiele aus diesen beiden Richtungen zur näheren Betrachtung ausgewählt: SAS Visual Analytics, Tableau und TIBCO Spotfire. Zusätzlich zeigen wir (neben unserem einführenden Beispiel in Abschnitt 5.2.2) ein weiteres Beispiel aus der angewandten Forschung in Visual Analytics. Diese Techniken sind heute in noch keinem BI-Werkzeug zu finden, zeigen aber unseres Erachtens die Richtung für die nächsten Jahre auf.

5.4.1   SAS Visual Analytics

SAS hat im Laufe der letzten Jahre das Werkzeug SAS Visual Analytics (im Folgenden SAS VA genannt, auch um es besser vom Thema Visual Analytics abzugrenzen) entwickelt, das nach eigenen Aussagen komplett neu aufgesetzt wurde und erst in den kommenden Releases immer stärker mit den bestehenden SAS-Technologien verbunden wird. Mit SAS VA hat sich SAS das Ziel gesetzt, vor allem Fachanwender im Unternehmen zu unterstützen und diese in die Lage zu versetzen, auch ohne direkte IT-Unterstützung eigene Analyseprozesse durchzuführen. Dabei kommt die direkte Verbindung der In-Memory-Technologie mit den Analytics- und Data-Mining-Methoden von SAS der Performance von automatischen Methoden zugute. Die Visualisierungsmöglichkeiten, die in SAS JMP zur Verfügung standen, wurden dabei noch erweitert.

Neu entwickelte Technologie

Mit SAS VA ist dabei ein großer Schritt in die Richtung unserer Definition von Visual Analytics gelungen. In Abbildung 5–19 ist die Verbindung von statistischen Methoden und Visualisierung ersichtlich. Auf Basis von historischen Daten zu Ausgaben, Profit und Umsatz wurde eine 6-jährige Prognose berechnet. Auf der rechten Seite der Visualisierung wird die Unsicherheit der drei Kurven übereinandergelegt. Nichtexperten können sich dabei den verwendeten Algorithmus zur Prognoseberechnung anzeigen lassen, wobei diese Information eher für die Kommunikation mit Statistikexperten im Haus gedacht ist. Ein Nichtexperte weiß sicherlich auch nach der Information, dass ein »Damped-Trend Exponential Smoothing«-Algorithmus verwendet wurde, nichts über die tatsächlichen statistischen Eigenschaften.

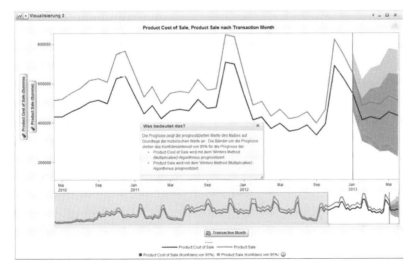

Abb. 5–19

Screenshot der Prognosefunktionalität von SAS Visual Analytics. Auf Anfrage kann eine Erklärung der verwendeten statistischen Methode angezeigt werden. (©SAS, mit Genehmigung)

Eine weitere Visualisierungsmöglichkeit ist in Abbildung 5–20 dargestellt. Ähnlich zu unserem Einführungsbeispiel werden hier alle paarwei-
sen Korrelationswerte mehrerer Attribute in der Datenbank (siehe linke
Seite) berechnet. Je nach Stärke der Korrelation werden die Felder heller
oder dunkler gefärbt. Hier wäre noch eine erweiterte Farbgebung hilfreich, die es erlaubt, negative und positive Korrelationen farblich zu
unterscheiden. Diese doch umfangreiche n:n-Korrelationsberechnung
wird durch die In-Memory-Technologie und Parallelisierung serverseitig
innerhalb weniger Sekunden berechnet. Je nach Hardwareausstattung
scheint ein interaktiver Umgang mit alternativen automatischen Berechnungen im Sinne der Visual-Analytics-Definition in greifbarer Nähe.

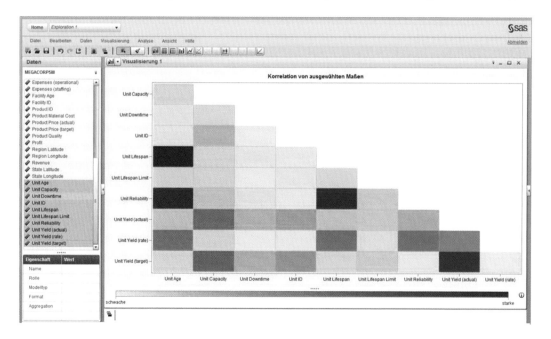

Abb. 5–20
Screenshot der Korrelati-
onsvisualisierung in SAS
Visual Analytics (© SAS,
mit Genehmigung)

Nach dem weltweiten Launch von SAS VA im 1. Halbjahr 2012 sind
erste Testinstallationen bei vorhandenen Kunden zu verzeichnen.
Unter den ersten offiziellen Kunden, die SAS VA einsetzen, ist die Cos-
mos Bank aus Asien. Hier steht die Verfügbarkeit von Analysemöglichkeiten des Vorstands im Vordergrund. Die Verkürzung des Ent-
scheidungsprozesses durch die direkte Interaktion mit den neuesten
Detaildaten ermöglicht eine schnellere Reaktion, zum Beispiel auf
Änderungen des Zinsniveaus bei der Konkurrenz. Einen ähnlichen
Vorteil versprechen sich auch Handelsunternehmen auf Basis von großen Mengen an Transaktionsdaten oder Versicherungsunternehmen,
die vor allem mit komplexen Daten für die Berechnung von Versiche-
rungsrisiken umgehen müssen.

5.4.2 TIBCO Spotfire

TIBCO Spotfire verfolgt in seiner BI-Software traditionell einen visuell-interaktiven Ansatz, der bereits in den ersten Versionen die direkte Interaktion mit den Rohdaten im Fokus hatte. Die Wurzeln von Spotfire gehen zurück auf Ahlberg und Shneiderman, den wir in diesem Buch schon vielfach zitiert haben. Betrachtet man sich einen Screenshot des Systems wie in Abbildung 5–21 fällt auch sofort auf, dass hier viele der Visualisierungskonzepte aus Abschnitt 4.2 umgesetzt wurden. Über das Einfärben verknüpfter Daten erarbeitet sich das Auge die Zusammenhänge in den hier kombinierten Visualisierungen. Auf der linken Seite zeigen Liniendiagramme in kompakter Weise den Trend pro Land auf. Diese Trends können auch in der geografischen Sicht und im Balkendiagramm wiedergefunden werden.

Traditioneller Visualisierungsfokus

Abb. 5–21

Screenshot aus TIBCO Spotfire, der eine Kombination mehrerer Visualisierungstechniken zeigt, die über Einfärben verknüpft sind. (© TIBCO, mit Genehmigung)

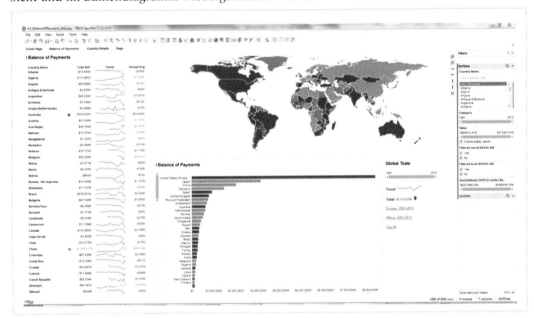

Neben einer großen Auswahl an möglichen Visualisierungen hat TIBCO Spotfire seine Software zunehmend um analytische Funktionen wie Prognosen, statistische Methoden und What-If-Analysen erweitert. Spotfire hat dazu auch in eine neue In-Memory-Technik investiert, die mit In-Database-Ansätzen verbunden ist. Extrem große Datenmengen, die das verfügbare RAM übersteigen, werden dann durch Datenbankalgorithmen unterstützt, die auf Oracle, Teradata oder Microsoft laufen. Die bereits erwähnte Studie von [Zhang et al. 2012] verdeutlicht den positiven Effekt dieses skalierbaren Handlings großer Datenmengen.

Spotfire hat es sich zum Ziel gesetzt, eine dynamische und Echtzeit-Interaktion der Geschäftsanwender mit statistischen und prädiktiven Modellen zu ermöglichen. Dies soll die zeitaufwendigen Interaktionsschleifen zwischen Fachabteilungen und IT-Abteilung minimieren. Im Sinne eines Self-Service-BI-Ansatzes sollen die IT-Abteilungen sich dabei auf Methodenentwicklung und Validierung konzentrieren können. Die Fachanwender wiederum haben eine Auswahl von validierten Methoden, zum Beispiel für What-If-Analysen, zur Verfügung, um Szenarien zu analysieren oder einen besseren Einblick in zu erwartende Veränderungen zu erhalten.

Abbildung 5–22 zeigt ein Beispiel für solche What-If-Analysen, die in Spotfire verarbeitet und visualisiert werden. Die violette Linie in der Mitte zeigt den aktuellen Stand. Links davon befinden sich die historischen Werte, rechts davon die Vorhersagewerte. Weitere Visualisierungen auf der rechten Seite unterstützen das Verständnis verschiedener Aspekte der Vorhersagedaten.

Abb. 5–22

What-If-Analyse in TIBCO Spotfire, die durch mehrere Visualisierungen der Vorhersagedaten unterstützt wird. (© TIBCO, mit Genehmigung)

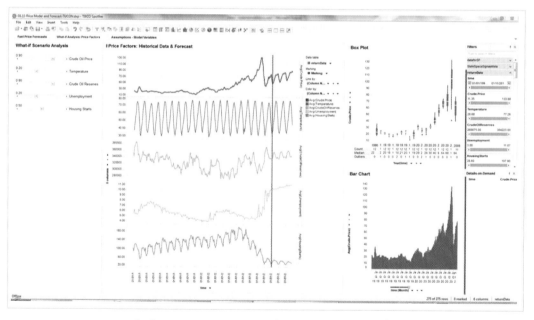

In ihrer neuesten Version betont TIBCO Spotfire vor allem die Zusammenarbeit zwischen BI-Anwendern und Analysten. Kollaboration und kollaborative Entscheidungsfindung, wie wir sie bereits in Kapitel 1 umrissen haben, ist auch im Rahmen von Visual Analytics ein wichtiges Thema. Denn selten werden Analysen von einer Person im Unternehmen durchgeführt. TIBCO Spotfire wird beispielsweise von Procter & Gamble im Unternehmensvorstand genutzt, um auf Großbildschirmen visuelle Datenanalysen in Echtzeit zu fahren [Demesmaeker

2012]. So werden zeitnah und datenbasiert Entscheidungen im Brand Management, Marketing und Vertrieb vom relevanten Team getroffen und über Hypothesen diskutiert.

5.4.3 Tableau

Vor allem in den USA hat Tableau Software in den letzten 5 Jahren ein immenses Wachstum gezeigt, ist aber auch in Deutschland immer stärker sichtbar. Tableau wurde 2003 gegründet und baut in seiner Entwicklung unter anderem auf die Erfahrung von Pionieren der Informationsvisualisierung wie Pat Hanrahan und Jock Mackinlay, dessen Arbeit am Modell für Informationsvisualisierung wir in Abschnitt 4.2.5 bereits dargestellt haben. Tableau hat dabei verschiedene Produkte für unterschiedliche Nutzergruppen. Neben dem Self-Service-BI-Ansatz geht Tableau auch noch einen Schritt weiter in Richtung der allgemeinen Nutzer und dem visuellen Verständnis von persönlichen Daten. Der Tableau Server ist dagegen für Business Intelligence in Unternehmen konzipiert. Mit den verschiedenen Produkten kann Tableau tatsächlich alle drei Wege der Entscheidungsfindung in diesem Buch unterstützen.

Rasantes Wachstum

Ähnlich wie TIBCO Spotfire hat Tableau in der neuesten Version 8 nun zusätzlich zu den vielen existierenden Techniken noch weitere Visualisierungen ins Portfolio genommen, zum Beispiel verschiedene Varianten der Treemap [Tableau 2013]. Alle Visualisierungen können über das Brushing & Linking-Konzept verbunden werden. Die Wurzeln in der Informationsvisualisierung bewirken ein gutes Information Design in den Standardeinstellungen. Tableau hat sich ausgehend von einer sehr auf das Benutzerinterface fokussierten Software noch breiter aufgestellt und mit seiner Data Engine auch die Unterstützung von Big Data ins Visier genommen. Das Portfolio an automatischen Analysemethoden ist allerdings bei SAS noch deutlich stärker.

Breites Spektrum an Visualisierungen

5.4.4 Individuelle Lösung im Risikomanagement

Um auch ein Beispiel einer individuellen Lösung zu zeigen, stellen wir hier ein Projekt im Bereich Risikomanagement vor. Dieser Bereich ist eine der größten Herausforderungen jedes Unternehmens. Über die Auswahl eines Risikomodells werden möglichst viele relevante Daten in die Vorhersage des Risikos miteinbezogen, um möglichst gute Resultate zu erhalten. Die Qualität des Risikomodells und die Qualität der Vorhersage sind für Experten und Entscheider jedoch nicht einfach und nachvollziehbar zu kommunizieren und zu verstehen.

Individuelle Lösung für
eine Großbank

In einer deutschen Großbank wurde in dieser Ausgangslage nach Möglichkeiten gesucht, die Nachvollziehbarkeit des Risikomodells zu erhöhen und gleichzeitig zusätzliche Daten in die Berechnung des Risikoportfolios einzubeziehen. Dabei bezogen sich die Arbeiten vor allem auf die Betrachtung von Kunden und deren Ratings. Wo vorher eine isolierte Betrachtung des Risikos pro Kunde durchgeführt wurde, sollte stärker als bisher die Beziehung zwischen den Kunden in Bezug auf Transaktionen, regionaler Zugehörigkeit und Branche betrachtet werden. Ziel war es dabei nicht, die Einzelrisiken über Bord zu werfen, sondern sie mit einer Netzwerkbetrachtung zu kombinieren.

Netzwerkvisualisierung

In Abbildung 5–23 ist eine Visualisierung dieser Netzwerkanalyse zu sehen. Jeder Kreis steht hier für einen Kunden. Je größer die Firma ist, desto größer wird auch der Kreis dargestellt. Die Dicke der Verbindungskanten zwischen den Kunden zeigt das Transaktionsvolumen zwischen den Kunden, soweit es der Bank aus eigenen Daten bekannt ist. Die Einzelratings der Kunden werden durch die Pfeile in den Kreisen dargestellt. Das Rating geht dabei stufenweise von grün/sehr gut bis rot/sehr schlecht. Die Richtung der Pfeile geht von steil aufwärts bis steil abwärts in der üblichen Lesart.

Abb. 5–23
Visuelle Netzwerkanalyse eines Risikoportfolios. Die Kreise repräsentieren Kunden; je größer der Kunde, desto größer der Kreis. Die Pfeile in den Kreisen zeigen das aktuelle Rating (Farbe) und die Tendenz auf Basis des Risikomodells (Richtung). Die Kunden sind über Transaktionen miteinander verbunden.

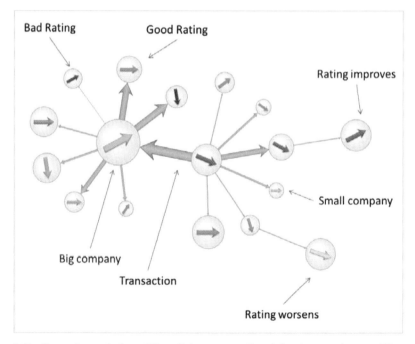

Mit dieser interaktiven Visualisierung ergibt sich ein erweiterter Eindruck des Risikonetzwerks, vor allem wenn ein bestimmter Kunde und sein direktes Umgebungsnetzwerk betrachtet werden. In unserem Beispiel in Abbildung 5–23 sehen wir zwei Kunden, die offensichtlich eine Reihe von Zulieferern haben, die von dem jeweiligen Kunden mehr oder weniger abhängen. Durch Interaktion mit der Visualisierung kann sich ein Risikomanager durch das Netzwerk bewegen. Zusätzlich kann eine themenspezifische Auswahl getroffen werden, um weitere Informationen über Tendenzen (Risiken, aber auch Chancen) in Branchen oder Regionen erkennen zu können.

5.5   Ein Blick in die Forschung

Die Forschung im Bereich Visual Analytics hat in den letzten Jahren eine rasante Entwicklung genommen. Während ursprünglich der Fokus klar auf sicherheitsrelevanten Themen lag, hat sich vor allem in Europa eine wachsende Gruppe an Forschungsinstituten um Anwendungen in der Industrie gekümmert. Ein EU-Projekt namens VisMaster CA hat diese Ansätze gebündelt und exzellente Forschung aus den Bereichen Datenmanagement, Datenanalyse, räumliche und zeitliche Daten sowie menschliche visuelle Wahrnehmung mit der breiten Forschungsgemeinde der Visualisierung zusammengebracht. Das Hauptergebnis dieses Projektes war eine Forschungsroadmap für Visual Analytics in der EU, die neben den Grundlagen der Visual Analytics und den verwandten Gebieten auch auf Trends und Chance in der Industrie eingeht [Keim et al. 2010].

VisMaster

Die größte Forschungskonferenz zum Thema Visual Analytics findet jährlich in den USA statt [VIS 2013]. Dort werden neben den neuesten Forschungsergebnissen auch zunehmend Anwendungen vorgestellt, die gemeinsam von Forschung und Industrie entwickelt wurden. Auch spezielle Workshops zum Thema Visualisierung und Sicherheit (VizSec) oder Visualisierung in der Biologie (BioViz) gehören seit einiger Zeit zum umfangreichen Programm der Konferenzwoche. Das Pendant in Europa ist der EuroVis Workshop on Visual Analytics (EuroVA), der deutlich kleiner ist und vor allem die Visual Analytics-Trends in der EU aufgreift [EuroVA 2013].

IEEE VIS

Wir haben in diesem Buch verschiedene Beispiele aus der Finanzbranche vorgestellt. Natürlich gibt es auch weitere Anwendungsgebiete, die Gegenstand der Forschung und erster Anwendungen von Visual-Analytics-Werkzeugen sind. So können Zusammenhänge im Customer Relationship Management (CRM) zwischen Kunden und Produkten deutlicher feiner und auf breiterer Datenbasis aufgelöst werden, als dies üblicherweise geschieht. Auch im Versicherungsbereich ist die Betrugsaufdeckung mithilfe größerer Datenmengen ein wichtiges Thema, wie auch die nutzungsabhängige Preisfindung. Und

Weitere Anwendungsgebiete

auch wenn der Sicherheitsbereich nicht der wichtigste Treiber der Visual-Analytics-Forschung in Europa war, so unterhält auch die EU im Bereich Cyber-Security Projekte wie VIS-SENSE, das sich um Verbrechensbekämpfung im Internet mithilfe von Visual Analytics kümmert [VIS-SENSE 2013].

Angewandte Forschung   Angewandte Forschungsinstitute wie das Fraunhofer IGD[7] im Visualisierungsbereich oder das Fraunhofer IAIS[8] im Knowledge-Discovery-Bereich arbeiten an verschiedenen Enden von Visual Analytics an einer beschleunigten Umsetzung von Forschungsergebnissen in wirksame Technologien für die Industrie. Hochschulen in Deutschland, die neue Visual-Analytics- und Informationsvisualisierungsansätze erforschen und auch Partner in VisMaster waren (siehe oben), sind die Universitäten in Darmstadt, Konstanz, Rostock und Stuttgart.

Grundlagenforschung   Daneben gibt es einige weitere in Europa verteilt. Alle beteiligten Forschungseinrichtungen sind sich einig, dass die Herausforderungen in der Business Intelligence und in vielen weiteren Anwendungsgebieten aufgrund des Datenwachstums weiter zunehmen werden. Aus Forschungssicht ist dies ein interessanter Trend, aus Industriesicht lässt sich hoffen, dass viele neue Lösungen in noch kürzerer Zeit die Werkzeuge am Markt erreichen.

Technologietrends   Doch nicht nur das Datenwachstum sorgt für Veränderungen. Zu den 10 wichtigsten strategischen Technologietrends in 2013 zählt Gartner *Actionable Analytics* und *Strategic Big Data* [Gartner 2013]. Actionable Analytics bezeichnet dabei den Umgang mit Daten und das Treffen von Entscheidungen auf Basis dieser Daten in Echtzeit. Der Umgang mit den Daten wird dabei auch zunehmend über mobile Geräte erfolgen, eine große Herausforderung auch für die Visualisierung und interaktiven Schnittstellen. Strategic Big Data folgt der Beobachtung, dass nicht mehr alle Daten strukturiert in einem Data Warehouse abgelegt werden können. Aus dem Zusammenspiel von traditionellen DWH-Ansätzen und Big Data Repositories wird ein »logisches« Data Warehouse, so Gartner, für die Entscheidungsfindung in Unternehmen. Beide Trends verlangen noch mehr als heute ein Umdenken und Umstrukturieren von Prozessen im Unternehmen – ein idealer Zeitpunkt, um auch immer stärker einen visuellen Zugang zu Daten zu finden und das Unternehmen in das Zeitalter der *Visual Business Analytics* zu bringen.

---

7.   Fraunhofer-Institut für Graphische Datenverarbeitung
8.   Fraunhofer-Institut für Intelligente Analyse- und Informationssysteme

5.6   Zusammenfassung

In diesem Kapitel haben wir die Grundlagen von Visual Analytics und die Anwendungsmöglichkeiten im heutigen Unternehmensumfeld dargestellt. Visual Analytics hat besondere Vorteile für Unternehmen, die ihre Entscheidungen auf massive Datenmengen basieren wollen. Daher haben wir das Thema Big Data in etwas breiterer Art und Weise eingeführt, auch wenn der aktuelle Fokus von Big Data eher auf dem Datenmanagement liegt. Visual Analytics ist ohne hocheffizientes Datenmanagement, Datenqualität und Data Governance nicht sinnvoll möglich. Doch ein hocheffizientes Datenmanagement ohne eine effektive Verwendung für unternehmensrelevantes Handeln ist genauso wenig hilfreich.

Visual Analytics im Unternehmen von morgen

Die Herausforderungen im Umgang mit großen Datenmengen werden in Zukunft stärker den menschlichen Nutzer und die entscheidungsorientierte Verwendung der Daten ins Zentrum von Überlegungen und Investitionen stellen. Gleichzeitig werden die Mitarbeiter im Unternehmen immer wichtiger, die die richtigen Anfragen an Big Data stellen, und solche, die die Anfragen auch effizient in Softwarewerkzeugen umsetzen können. Verschiedene Softwarehersteller wie SAS, Spotfire und Tableau streben aus verschiedenen Richtungen neue Softwarelösungen für visuelles Arbeiten mit großen Datenmengen an. Gleichzeitig arbeitet die Grundlagenforschung und angewandte Forschung an neuen Lösungen für unterschiedliche Datentypen.

Der Entscheider im Mittelpunkt

Am Ende dieses Kapitels und am Ende dieses Buches erscheint eines sicher: Es bleibt in den visuellen Bereichen von Business Intelligence und Business Analytics extrem spannend und innovativ. Dabei greifen Information Design, Visual Business Intelligence und Visual Analytics ineinander und wirken zusammen. Mithilfe dieses Buches kann eine sinnvolle Nutzung von Information Design im Reporting und von Dashboards im Monitoring umgesetzt und Vorteile im Unternehmensablauf realisiert werden. Dieses Buch steht auch für die Überzeugung, dass die Unternehmen, die über Visual-Analytics-Ansätze auf großen Datenmengen flexibel agieren lernen, im Informationszeitalter die Nase vorn haben werden.

Wettbewerbsvorteile durch Visual Business Analytics

Literaturverzeichnis

[Abouzeid et al. 2009] Abouzeid, A.; Bajda-Pawlikowski, K.; Abadi, D.; Silberschatz, A.; Rasin, A.: HadoopDB: an architectural hybrid of MapReduce and DBMS technologies for analytical workloads. Proceedings of the VLDB Endowment, Vol. 2, No. 2, 2009, pp. 1626-1629.

[Agarwal et al. 2012] Agarwal, S.; Panda, A.; Mozafari, B.; Iyer, A. P.; Madden, S.; Stoica, I.: Blink and It's Done: Interactive Queries on Very Large Data. Proceedings of the VLDB Endowment, Vol. 5, No. 12, pp. 1902-1905.

[Aigner et al. 2011] Aigner, W.; Miksch, S.; Schumann, H.; Tominski, C.: Visualization of Time-Oriented Data. Springer-Verlag, Heidelberg, 2011.

[Andrienko & Andrienko 2006] Andrienko, N.; Andrienko, G.: Exploratory Analysis of Spatial and Temporal Data – A Systematic Approach. Springer-Verlag, Heidelberg, 2006.

[Andrienko & Andrienko 2013] Andrienko, N.; Andrienko, G.: Visual Analytics of Movement: an Overview of Methods, Tools, and Procedures. Information Visualization, Vol. 12, No. 1, 2013, pp. 3-24.

[Apel et al. 2011] Apel, D.; Behme, W.; Eberlein, R.; Merighi, C.: Datenqualität erfolgreich steuern. Hanser Verlag, München, 2011.

[Bange 2013] Bange, C.: Trend in Business Intelligence (Vortrag). CEBIT, Hannover, 2013.

[Bassler 2010] Bassler, A. : Die Visualisierung von Daten im Controlling. Dissertation, Universität der Bundeswehr, München, 2010.

[Berners-Lee et al. 2001] Berners-Lee, T.; Hendler, J.; Lassila, O.: The Semantic Web. Scientific American, 2001.

[Bertin 1983] Bertin, J.: Semiology of Graphics: Diagrams, Networks, Maps. University of Wisconsin Press, Madison, WI, USA, 1983.

[Beyer & Laney 2012] Beyer, M. A.; Laney, D.: The Importance of Big Data: A Definition. Gartner, 2012.

[Bosbach & Korff 2011] Bosbach, G.; Korff, J. J.: Lügen mit Zahlen. Heyne Verlag, München, 2011.

[Brinton 1919] Brinton, W.: Graphic Methods for Presenting Facts. The Engineering Magazine Company, 1919.

[Card et al. 1986] Card, S. K.; Moran, T. P.; Newell, A.: The Psychology of Human-Computer Interaction. Lawrence Erlbaum Associates, Hillsdale, NJ, USA, 1986.

[Card et al. 1991] Card, S. K.; Robertson, G. G.; Mackinlay, J. D.: The Information Visualizer, an Information Workspace. CHI'91 Proceedings of the SIGCHI Conference on Human Factors in Computing. ACM, New York, NY, USA, 1991, pp. 181-186.

[Card et al. 1999] Card, S. K.; Mackinlay, J. D.; Shneiderman, B.: Introduction. In: Card, S. K.; Mackinlay, J. D.; Shneiderman, B.: Readings in Information Visualization – Using Vision to Think. Morgan Kaufmann Publishers, San Francisco, CA, USA, 1999.

[Chinchor et al. 2012] Chinchor, N.; Cook, K.; Scholtz, J.: Building Adoption of Visual Analytics Software. In: Dill, J.; Earnshaw, R.; Kasik, D.; Vince, J.; Wong, P. C.: Expanding the Frontiers of Visual Analytics and Visualization. Springer-Verlag London Ltd., London, UK, 2012, pp. 509-529.

[Cleveland 1994] Cleveland, W.: The Elements of Graphing Data. Hobart Press, Summit, NJ, USA, 1994.

[Davenport & Harris 2007] Davenport, T. H.; Harris, J. G.: Competing on Analytics: The New Science of Winning. Harvard Business School Press, Boston, 2007.

[Davenport & Prusak 1998] Davenport, T. H.; Prusak, L.: Working Knowledge. Harvard Business School Press, Boston, 1998.

[Dean & Ghemawat 2004] Dean, J.; Ghemawat, S.: MapReduce: Simplified Data Processing on Large Clusters. Proceedings of the 6th Conference on Symposium on Operating Systems Design & Implementation, 2004.

[Demesmaeker 2012] Demesmaeker, M.: Von BI zur Erschließung kollektiver Intelligenz. BI Spektrum 4/2012, S. 42-44.

[Eckerson & Hammond 2011] Eckerson, W.; Hammond, M.: Visual Reporting and Analysis – Seeing is Knowing. TDWI, Renton, WA, USA, 2011.

[EuroVA 2013] EuroVA: EuroVA: EuroVis Workshop on Visual Analytics, *www.eurova.org*, Abruf am 08.02.2013.

[Evelson 2012] Evelson, B.: Forrester Wave: Advanced Data Visualization (ADV). Cambridge, MA, USA, 2012.

[Fayyad et al. 1996] Fayyad, U. M.; Piatetsky-Shapiro, G.; Smyth, P.: Knowledge discovery and data mining: Towards a unifying framework. International Conference on Knowledge Discovery in Database (KDD'96). AAAI Press, Portland, Oregon, USA, 1996, pp. 82-88.

[Feinberg o.J.] Feinberg, J.: Wordle, *www.wordle.net*, Abruf am 10.10.2012.

[Few 2004] Few, S.: Show me the Numbers: Designing Tables and Graphs to Enlighten. Analytics Press, Oakland, 2004.

[Few 2006] Few, S.: Information Dashboard Design: Effective Communication of Data. O'Reilly, Sebastopol, CA, USA, 2006.

[Few 2009] Few, S.: Now you see it. Analytics Press, Oakland, 2009.

[Fischer 2013] Fischer, F.: TRIAGE Graph Viewer, *www.vis-sense.eu/triage-graph/?cat=triagegraph&sub=_list&page=_list*, Abruf am 26.02.2013.

[Forrester 2012] Forrester: Measure And Manage Brand Health. Forrester Research, 2012.

[Friendly 2006] Friendly, M.: A Brief History of Data Visualization. Springer Handbooks of Computational Statistics. Springer-Verlag, Heidelberg, 2006.

[Gartner 2013] Gartner: Gartner Research, *www.gartner.com/news-room/id/2209615*, Abruf am 08.03.2013.

[Gerths & Hichert 2013] Gerths, H.; Hichert, R.: Geschäftsdiagramme mit Excel nach den SUCCESS-Regeln gestalten. Haufe Verlag, Freiburg, 2013.

[Harris 1999] Harris, R. L.: Information Graphics. Oxford University Press, New York, 1999.

[Harris 2012] Harris, R.: Virtualsalt, 9. Juni 2012, *www.virtual-salt.com/crebook5.htm*, Abruf am 22.03.2013.

[Hartmann 2009] Hartmann, F.: Sprechende Zeichen – Otto Neuraths revolutionäre Methode der Bildpädagogik, 2009.

[Jacobs 1994] Jacobs, B.: Der Einfluß von Graphtyp und Graphanordnung auf das Graphverstehen bei der Analyse von Verläufen. Experimentelle Analysen zur graphischen Präsentation von Daten in Liniendiagramm und Säulendiagramm unter Superposition und Juxtaposition. Saarbrücken, Arbeitsberichte des Medienzentrums der Universität des Saarlandes, Nr. 13, 1994.

[Jacobs 1995] Jacobs, B.: Experimentelle Analysen zur Wahrnehmung von Kurven-verläufen und Kurvenvergleichen in Säulendiagramm und Liniendiagramm unter Superposition und Juxtaposition. Saarbrücken, Arbeitsberichte des Medienzent-rums der Universität des Saarlandes, Nr. 15, 1995.

[Jacobs 2009] Jacobs, A.: The Pathologies of Big Data. ACM Queue, 2009.

[Kandel et al. 2012] Kandel, S.; Paepcke, A.; Hellerstein, J. M.; Heer, J.: Enterprise Data Analysis and Visualization: An Interview Study. IEEE Transactions on Visualization and Computer Graphics, Vol. 18, No. 12, 2012, pp. 2917-2926.

[Keim 1997] Keim, D.: Visual Techniques for Exploring Databases. International Conference on Knowledge Discovery in Database (KDD'97). ACM, Newport Beach, CA, USA, 1997.

[Keim et al. 2006] Keim, D. A.; Mansmann, F.; Schneidewind, J.; Ziegler, H.: Challenges in visual data analysis (Invited Paper). Information Visualization. IEEE Press, London, UK, 2006.

[Keim et al. 2008] Keim, D. A.; Andrienko, G.; Fekete, J.-D.; Görg, C.; Kohlhammer, J.; Melançon, G.: Visual Analytics: Definition, Process, and Challenges. In: Kerren, A.; Stasko, J. T.; Fekete, J.-D.; North, C.: Information Visualization – Human-Centered Issues and Perspectives. Springer-Verlag, Berlin, Heidelberg, 2008, pp. 154-176.

[Keim et al. 2010] Keim, D. A.; Kohlhammer, J.; Ellis, G.; Mansmann, F.: Mastering the Information Age – Solving Problems with Visual Analytics. Eurographics Association, Goslar, 2010.

[Klein 1999] Klein, G.: Sources of Power – How People Make Decisions. The MIT Press, Cambridge, MA, USA, 1999.

[Kohlhammer 2005] Kohlhammer, J.: Knowledge Representation for Decision-Centered Visualization. GCA-Verlag, Herdecke, 2005.

[Kohlhammer et al. 2008] Kohlhammer, J.; Tekušová, T.; Bange, C.: Visual Business Intelligence. Is-Report 2008/12, pp. 20-25.

[Kohlhammer et al. 2010] Kohlhammer, J.; May, T.; Davey, J.; Ruppert, T.: Visual Analytics – Verbindung von Analyseverfahren und Visualisierungstechniken. IM – Die Fachzeitschrift für Information Management & Consulting, 25, 2010, S. 10-17.

[Kohlhammer et al. 2012] Kohlhammer, J.; Proff, D.; Stahl, K.; Wiener, A.: Visual Business Analytics Studie 2012. TDWI, Hamburg, Darmstadt, 2012.

[Koomey 2001] Koomey, J.: Turning Numbers into Knowledge: Mastering the Art of Problem Solving. Analytics Press, Oakland, 2001.

[Krämer 2001] Krämer, W.: Statistik verstehen. Eine Gebrauchsanweisung. Piper Verlag, München, 2001.

[Landesberger et al. 2011] Landesberger, T.; Kuijper, A.; Schreck, T.; Kohlhammer, J.; van Wijk, J.; Fekete, J.-D. et al.: Visual Analysis of Large Graphs: State-of-the-Art and Future Research Challenges. Computer Graphics Forum, Vol. 30, No. 6, 2011, pp. 1719-1749.

[Laney 2001] Laney, D.: 3D Data Management: Controlling Data Volume, Velocity, and Variety. Application Delivery Strategies, Meta Group Inc., 2001.

[MacEachren 1995] MacEachren, A.: How Maps Work. The Guilford Press, New York, 1995.

[Manyika et al. 2011] Manyika, J.; Chui, M.; Brown, B.; Bughin, J.; Dobbs, R.; Roxburgh, C. et al.: Big data: The next frontier for innovation, competition, and productivity. McKinsey Global Institute, 2011.

[May 2011] May, T.: Modelle und Methoden für die Kopplung automatischer und visuell-interaktiver Verfahren für die Datenanalyse. Dissertation, TU Darmstadt, Darmstadt, 2011.

[May & Kohlhammer 2008] May, T.; Kohlhammer, J.: Towards Closing the Analysis Gap: Visual Generation of Decision Supporting Schemes from Raw Data. Computer Graphics Forum, Vol. 27, No. 3, 2008, pp. 911-918.

[Meißner 2004] Meißner, J.: Statistik verstehen und sinnvoll nutzen: Anwendungsorientierte Einführung für Wirtschaftler. Oldenbourg Wissenschaftsverlag, München, 2004.

[Melnik et al. 2010] Melnik, S.; Gubarev, A.; Long, J. J.; Romer, G.; Shivakumar, S.; Tolton, M. et al.: Dremel: Interactive Analysis of Web-Scale Datasets. Proceedings of the VLDB Endowment, Vol. 3, No. 1, 2010, pp. 330-339.

[Mertens 2010] Mertens, P.: Führungsinformationssysteme für Kontrollorgane. Informatik-Spektrum 33, 2010, S. 14-26.

[Neurath 1930] Neurath, O.: Atlas Gesellschaft und Wirtschaft. Bildstatistisches Elementarwerk. Das Gesellschafts- und Wirtschaftsmuseum in Wien zeigt in 100 Farbigen Bildtafeln Produktionsformen, Gesellschaftsordnungen, Kulturstufen, Lebenshaltungen. Leipzig, 1930.

[Olston et al. 2008] Olston, C.; Reed, B.; Srivastava, U.; Kumar, R.; Tomkins, A.: Pig Latin: A Not-So-Foreign Language for Data Processing. Proceedings of SIGMOD 2008. Vancouver, Canada, 2008.

[Pavlo et al. 2009] Pavlo, A.; Paulson, E.; Rasin, A.; Abadi, D. J.; Dewitt, D. J.; Madden, S. et al.: A Comparison of Approaches to Large-Scale Data Analysis. Proceedings of SIGMOD 2009. Providence, RI, USA, 2009.

[Playfair 1801] Playfair, W.: Statistical Breviary. London, 1801.

[Robbins 2005] Robbins, N. B.: Creating More Effective Graphs. Wiley, Hoboken, NJ, USA, 2005.

[Russom 2011] Russom, P.: Big Data Analytics. TDWI, Renton, WA, USA, 2011.

[Schulz o.J.] Schulz, H.-J.: Treevis – A Visual Bibliography of Tree Visualization 2.0, *www.treevis.net*, Abruf am 13.10.2012.

[Sedlmair et al. 2012] Scdlmair, M.; Meyer, M.; Munzner, T.: Design Study Methodology: Reflections from the Trenches and the Stacks. IEEE Transactions on Visualization and Computer Graphics, Vol. 18, No. 12, 2012, pp. 2431-2440.

[Shneiderman 1996] Shneiderman, B.: The Eyes Have It: A Task by Data Type Taxonomy for Information Visualizations. Proceedings of the 1996 IEEE Symposium on Visual Languages, 1996.

[Shneiderman & Plaisant 2009] Shneiderman, B.; Plaisant, C.: Designing the User Interface. Strategies for Effective Human-Computer Interaction. Addison-Wesley, Reading, MA, USA, 2009.

[Spradlin 1997] Spradlin, T.: A Lexicon of Decision Making, 1997, *www.gdrc.org/decision/lexicon.htm*, Abruf am 22.03.2013.

[Stodder 2013] Stoddcr, D.: Achieving Greater Agility with Business Intelligence. TDWI Research, Renton, WA, USA, 2013.

[Tableau 2013] Tableau: Kostenloser Tableau-Test, *www.tableausoftware.com/de-de/products/trial*, Abruf am 23.05 2013.

[Thomas & Cook 2005] Thomas, J.; Cook, K.: Illuminating the Path – Research and Development Agenda for Visual Analytics. IEEE Press, 2005.

[Thusoo et al. 2009] Thusoo, A.; Sarma, J. S.; Jain, N.; Shao, Z.; Chakka, P.; Anthony, S. et al.: Hive – A Warehousing Solution Over a Map-Reduce Framework. Proceedings of the Conference on Very Large Databases (VLDB). Lyon, Frankreich, 2009.

[Tominski & Schumann 2008] Tominski, C.; Schumann, H.: Enhanced Interactive Spiral Display. Proceedings of the Annual SIGRAD Conference. Linköping University Electronic Press, Stockholm, Schweden, 2008.

[Troester 2012] Troester, M.: Big Data Meets Big Data Analytics. SAS Institute Inc., 2012.

[Tufte 1983] Tufte, E. R.: The Visual Display of Quantitative Information. Graphics Press, Cheshire, CT, USA, 1983.

[Tufte 1990] Tufte, E. R.: Envisioning Information. Graphic Press, Chesire, CT, USA, 1990.

[Tufte 1997] Tufte, E. R.: Visual Explanations. Graphics Press, Chesire, CT, USA, 1997.

[Urbanski & Weber 2012] Urbanksi, J.; Weber, M.: Big Data im Praxiseinsatz – Szenarien, Beispiele, Effekte. BITKOM, Berlin, 2012.

[VIS 2013] VIS: IEEE VIS Conference, *www.ieeevis.org*, Abruf am 08.02.2013.

[VIS-SENSE 2013] VIS-SENSE: Visual Analytics Representation of Large Datasets for Enhancing Network Security (VIS-SENSE), *www.vis-sense.eu*, Abruf am 08.02.2013.

[Ward et al. 2010] Ward, M.; Grinstein, G.; Keim, D.: Interactive Data Visualization. A K Peters, Inc., Natick, MA, USA, 2010.

[Ware 2004] Ware, C.: Information Visualization – Perception for Design. Academic Press, San Diego, CA, USA, 2004.

[Wikipedia 2012] Wikipedia. Karnaugh-Veitch-Diagramm, *http://de.wikipedia.org/wiki/Karnaugh-Veitch-Diagramm*, Abruf am 07.12.2012.

[Willson 2011] Willson, I. A.: The Evolution of the Massively Parallel Processing Database in Support of Visual Analytics. Information Resources Management Journal (IRMJ), Vol. 24, No. 4, 2011, pp. 1-26.

[Zaharia et al. 2011] Zaharia, M.; Chowdury, M.; Das, T.; Dave, A.; Ma, J.; McCauley, M. et al.: Resilient Distributed Datasets: A Fault-Tolerant Abstraction for In-Memory Cluster Computing. Electrical Engineering and Computer Sciences. University of California at Berkeley, Berkeley, USA, 2011.

[Zelazny 2009a] Zelazny, G.: Das Präsentationsbuch. Campus Verlag, Frankfurt/Main, 2009.

[Zelazny 2009b] Zelazny, G.: Wie aus Zahlen Bilder werden. Gabler Verlag, Wiesbaden, 2009.

[Zhang et al. 2012] Zhang, L.; Stoffel, A.; Behrisch, M.; Mittelstädt, S.; Schreck, T.; Pompl, R. et al.: Visual Analytics for the Big Data Era – A Comparative Review of State-of-the-Art Commercial Systems. IEEE Conference on Visual Analytics Science and Technology. IEEE, Seattle, WA, USA, 2012, pp. 173-182.

Index

W

Ziffern